푸코의 예술철학

푸코의 예술철학

모더니티의 계보학

조지프 J. 탄케 지음 | 서민아 옮김

그린비

몰리에게 이 책을 바칩니다.

감사의 말

이 책은 보스턴 대학 철학과에 재직할 당시 집필을 시작했고, 캘리포니아 샌프란시스코와 오클랜드에 위치한 캘리포니아 예술대학 찰스티 이니셔티브에서 미학과 철학 연구에 아낌없이 지원해 준 덕분에 완성되었다. 두 학교의 교수들과 지인들, 동료들, 학생들과의 토론 역시 이 책을 완성하는 데 큰 도움이 되었다. 수년 동안 열심히 함께 토론하고 가르침을 준 데이비드 라스무센, 케빈 뉴마크, 리차드 카니에게 감사를 드린다. 내가 이번 작업에 충분히 몰두할 수 있도록 자극을 준, 지혜를 향한 강한 열망을 품은 지인들에게도 감사를 드린다. 특히 애드 맥거신, 콜린 맥킬란, 브렌다 위쿠스, 댄 러셀, 매트 파우스트, 피트 드앤젤리스, 레슬리 커티스, 애덤 코노프카, 줄리아 레가스에게 많은 도움을 받았다. 짐 베르나우어의 전문적인 지식과 해석, 그리고 조언은 이 책을 완성하는 데 큰 도움이 되었다. 푸코에 대한 그의 전설적인 세미나는 이 책을 시작하도록 영감을 주었으며, 그의 현명한 판단 덕분에 푸코와 시각 예술에 대한 나의 관심이 생산적인 연구의 토대를 이룰 수 있었다. 캘리포니아 예술대학의 동료들과 학생들에게 특별히 감사의 인사를 전한다. 당신들의 독창성, 협력 관계, 그리고 학제 간 결과물과 연구에 대한 헌신은 나에게 늘 예술의 중요성과 잠재성을 일깨워 준다. 아무쪼록 이 책을 통해 상호 간 연구의 흔적들을 확인하길 바란다. 마지막으로 컨티뉴엄 출판사의 사라 캠벨과 톰 크릭 그리고 시리즈 에디터 휴 실버만의 열의에 대해서도 감사드린다.

내 가족들, 특히 수년간 나의 교육에 힘써 주시고 나의 작업을 격려해 주신 어머니가 계시지 않았더라면 이번 작업은 결코 가능하지 못했을 것이다. 무엇보다 내 동반자 몰리 슬로타에게 이 책을 바친다. 이 책이 완성되기까지 물심양면으로 도와준 그녀에게 끝없는 감사를 전한다. 이밖에 미처 언급하지 못한 고마운 분들이 많다. 그분들께 이 말을 꼭 전하고 싶다. 여러분의 삶을 예술 작품으로 만드시라고, 그리고 타인에 대한 관심 깊숙이에 자기에 대한 배려가 뿌리박혀 있음을 삶을 통해 보여 주시라고. 푸코와 관련된 저작에서 이 이상의 찬사는 없으리라 생각한다.

약어표

미셸 푸코

AME *Aesthetics, Method, and Epistemology: Essential Works of Foucault, 1954-1984, Vol. 2*, ed. James D. Faubion(New York: The New Press, 1988).

AK *The Archaeology of Knowledge and The Discourse on Language*, trans. A. M. Sheridan Smith(New York: Pantheon Books, 1972).

BC *The Birth of the Clinic: An Archaeology of Medical Perception*, trans. A. M. Sheridan Smith(New York: Vintage Books, 1994[1963]).

CP *Ceci n'est pas une pipe*(Paris: Fata Morgana, 1973[1968]).

DE1 *Foucault: Dits et écrits I, 1954-1975*, eds. Daniel Defert, Francois Ewald & Jacques Lagrange(Paris: Editions Gallimard, 2001).

DE2 *Foucault: Dits et écrits II, 1976-1988*, eds. Daniel Defert, Francois Ewald & Jacques Lagrange(Paris: Editions Gallimard, 2001).

EST *Ethics: Subjectivity and Truth: Essential Works of Foucault, 1954-1984, Vol. 1*, ed Paul Rabinow(New York: The New Press, 1997).

FF "La force de fuir", DE1[1973], pp. 1269~1273.

FL *Foucault Live*, ed. Sylvere Lotringer(New York: Semiotext(e), 1996).

FLib "Fantasia of the Library", LCMP, pp. 87~109.

FN "The Father's 'No'", LCMP, pp. 68~69.

FS *Fearless Speech*, ed. Joseph Pearson(Los Angeles: Semiotext(e), 2001).

GSA1 *Le gouvernement de soi et des autres: Cours au Collège de France, 1982-1983*(Paris: Seuil / Gallimard, 2008).

GSA2 Le gouvernement de soi et des autres: le courage de la vérité(1984), 콜레주드프랑스 강의 미출간 원고.

    GSA2: 2월 1일   콜레주드프랑스 1984년 2월 1일 강의.
    GSA2: 2월 8일   콜레주드프랑스 1984년 2월 8일 강의.
    GSA2: 2월 29일   콜레주드프랑스 1984년 2월 29일 강의.

GSA2: 3월 7일   콜레주드프랑스 1984년 3월 7일 강의.

GSA2: 3월 14일   콜레주드프랑스 1984년 3월 14일 강의.

GSA2: 3월 21일   콜레주드프랑스 1984년 3월 21일 강의.

HEM   "L'homme est-il mort?", DE1, pp. 568~572.

HER   *The Hermeneutics of the Subject, Lectures at the Collège de France, 1981-1982*, ed. Frédéric Gros, trans. Graham Burchell(New York: Palgrave Macmillan, 2005[2001]).

HM   *History of Madness*, trans. Jonathan Murphy & Jean Khalfa(London: Routledge, 2006[1972]).

IP   "Intellectuals and Power"(with Gilles Deleuze), FL, pp. 74~82.

LCMP   *Language, Counter-Memory, Practice: Selected Essays and Interviews*, ed. Donald F. Bouchard(Ithaca, New York: Cornell University Press, 1977).

LMC   *Les mots et les choses: Une archeologie des sciences humaines*(Paris: Editions Gallimard, 1966).

LJF   "Le jeu de Michel Foucault", DE2, pp. 298~329.

LM1   "Les mots et les images", DE1, pp. 648~651.

NGH1   "Nietzsche, Genealogy, History", LCMP, pp. 139~164.

NGH2   "Nietzsche, la généalogie, l'histoire", DE1, pp. 1004~1024.

OGE   "On the Genealogy of Ethics", EST, pp. 253~280.

OT   *The Order of Things: An Archaeology of the Human Sciences*(New York: Vintage Books, 1994[1966]).

PB   "Pierre Boulez, Passing Through the Screen", AME, pp. 241~244.

PM   *La Peinture de Manet*, ed. Maryvonne Saison(Paris: Editions du Seuil, 2004).

PP   "Photogenic Painting", *Gérard Fromanger: Photogenic Painting*, ed. Sarah Wilson, trans. Dafydd Roberts(London: Black Dog Publishing Limited, 1999 [1975]).

PE   "La pensée, l'émotion", DE2[1982], pp. 1062~1069.

QRP   "À quoi rêvent les philosophes?", DE1, pp. 1572~1575.

QV   "Qui êtes-vous, professeur Foucault?", DE1, pp. 629~648.

SP   "Structuralism and Post-Structuralism", AME, pp. 433~458.

SSS   "Sade, sergent du sexe", DE1, pp. 1686~1690.

ST   (Sans titre), DE1, pp. 321~353.

TNP   *This is Not a Pipe*, trans. James Harkness(Berkeley: University of California Press, 1983[1968]).

TP   "Theatrum Philosophicum", LCMP, pp. 165~196

UP   *The Use of Pleasure: Volume 2 of The History of Sexuality*, trans. Robert

Hurley(New York: Vintage Books, 1990[1984]).

WE   "What is Enlightenment?", EST, pp. 303~319.

그 밖의 참고 도서

19CA   Robert Rosenblum & H. W. Janson, *19th-Century Art*(New York: Harry N. Abrams, Inc., 1984).

AP   Aaron Scharf, *Art and Photography*(London: Allen Lane The Penguine Press, 1968).

AR1   John T. Paoletti & Gary M. Radke, *Art in Renaissance Italy*(New York: Harry N. Abrams, Inc., 1997).

AV   Gary Shapiro, *Archaeologies of Vision: Foucault and Nietzsche on Seeing and Saying*(Chicago: The University of Chicago Press, 2003).

DR   Gilles Deleuze, *Difference and Repetition*, trans. Paul Patton(New York: Columbia University Press, 1994).

HMA   H. H. Arnason, *History of Modern Art*, 3rd ed. Daniel Wheeler(New York: Harry N. Abrams, Inc., 1986).

LM   Ana Martín Moreno, *Las Meninas*, trans. Nigel Williams(Madrid: Aldeasa, 2003)

LMF   David Macey, *The Lives of Michel Foucault: A Biography*(New York: Pantheon Books, 1993).

MF   Didier Eribon, *Michel Foucault*, trans. Betsy Wing(Cambridge: Harvard University Press, 1991).

PMLO   Charles Baudelaire, *The Painter of Modern Life and Other Essays*, trans. Jonathan Mayne(New York: Phaidon Press Inc., 2005).

RM   Jacques Meuris, *René Magritte*, trans. Michael Scuffil(Los Angeles: Taschen, 2004).

SAP   Gilles Deleuze, "The Simulacrum and Ancient Philosophy", *The Logic of Sense*, trans. Mark Lester & Charles Stivale(New York: Columbia University Press, 1990), pp. 253~279.

차례

| 일러두기 |

1 이 책은 Joseph J. Tanke, *Foucault's Philosophy of Art: A Genealogy of Modernity*(London: Continuum, 2009)를 옮긴 것이다.

2 본문의 주석은 모두 각주이며, 옮긴이 주는 끝에 '―옮긴이'라고 표시했다. 독자의 이해를 위해 옮긴이가 본문에 추가한 내용은 대괄호([ ])로 묶어 표시했다.

3 단행본·정기간행물에는 겹낫표(『 』)를, 논문·보고서에는 낫표(「 」)를, 예술 작품과 영화 제목에는 화살괄호(〈 〉)를 사용했다.

4 각주에 나오는 해외 문헌 중 한국어 번역본이 있는 것은 서지 사항을 밝혀 두었다.

5 외국 인명과 지명, 작품명은 2002년에 국립국어원에서 펴낸 '외래어 표기법'에 따르되, 관례로 굳어서 쓰이는 것들은 그것을 따랐다.

서론 · 모더니티의 계보학

무척 짧은 기간이지만 미셸 푸코는 그의 연구 작업 말미에 자신의 입장을 명확히 하고, 자신이 지적으로 심취해 있는 연구 과제와 현 상황에서 긴급히 해결해야 할 과제들을 접목시키기 위해 많은 노력을 기울였다. 푸코의 후기 인터뷰 내용과 이따금 기고한 글들, 방법론에 관한 여담들을 살피다 보면, 그가 자기 연구의 잠재적인 의미를 개략적으로 소개해야겠다는 생각에 점점 다급해하고 있다는 인상을 받게 된다. 또한 이러한 연구를 시작하기로 마음먹게 된 동기와 자신의 연구와 현 사회 문제의 관련성에 대해 투명하고 명쾌하게 밝히고 싶은 푸코 자신의 욕구를 읽을 수 있다. 푸코의 연구에서 그가 가장 강력하게 제시한 주장 가운데 하나는, 그의 연구 작업이 '우리 자신의 존재론'으로 이해될 수 있다는 것이다. 푸코는 자신이 추구하려는 연구가 인간 본성에 대한 숙고를 통해서가 아니라 현재의 역사를 재구성함으로써, 다시 말해 우리의 모더니티를 형성하는 일련의 담론과 실천, 사건과 우연들을 재구성함으로써 이루어지게 될 거라고 설명한다.

자신의 견해를 뒷받침할 역사적 내용들을 지속적으로 찾던, 푸코는 칸트의 「계몽이란 무엇인가」라는 짧은 글에서 그 근거를 확인했다. 푸코는 1983년 콜레주드프랑스에서 했던 강의 '자기통치와 타자통치', 그리고 칸트의 논문 제목과 동일한 제목의 논문 「계몽이란 무엇인가」에서 자신의 자화상 가운데 일부를 보여 주었다. 푸코에 따르면, 칸트의 텍스트는 우리라는 존재 안에서 과연 우리는 누구인가라는 문제를 역사상 가장 독특한 방식으로 제기함으로써 철학적 사고가 그것을 둘러싼 일련의 사건들에 명확하게 접근할 수 있었던 첫 시대를 보여 주었다. 푸코는 칸트의 텍스트를 읽으면서 칸트가 제기하는 두 종류의 '비판적' 철학의 경향을 구별했다. 그 첫 번째 전통은 분석철학에 공통적으로 사용되는 연구 방식을 통해, 어떤 것이 진실이라고 인식할 수 있게끔 하는 조건들에 대해 분석한다. 푸코의 견해와 일맥상통하는 두 번째 전통은 현재를 자극하고 진단하고 변모시키려고 시도한다. 이것은 특정 가치와 그 안에 있을 수 있는 여러 가지 입장들을 제기하면서 경험의 장들이 역사적으로 어떻게 구성되고 있는지 분석하는 사고의 한 형태다. 이 두 번째 '비판적' 전통의 핵심은 현실태l'actualité를 목적론이라는 틀 안에 끼워 넣지 않으면서도 철학적 사고에 접목시키는 것이다. 푸코가 설명했듯이, '계몽'에 대한 글에서 칸트는, [다른 사람들이] 흔히 그랬던 것처럼 그의 시대에 일어난 문제를 다른 시대와 비교해, 즉 불사불멸의 고대나 미래에 일어난 문제와 비교해 제기하는 것이 아니라, 현재 자체를 직접 연구함으로써 제기할 수 있었다. 푸코는 "계몽Aufklärung에 대한 글에서 칸트는 동시대의 현실에서 일어나는 문제만을 다루고 있다"고 말한다.[1]

---

1 Michel Foucault, "What is Enlightenment?"(이하 'WE'로 인용함), *Ethics: Subjectivity and*

모더니티는 새로운 철학적 사고방식이 예시된 형태이자, 세계 내 문제를 철학이 진지하게 숙고할 수 있는 구실이 되었다. "하나의 현실태가 출현하는 표면으로서의 철학, 철학 자신이 속한 현재의 철학적 의미le sens philosophique를 묻는 것으로서의 철학 […] 철학을 모더니티의 담론이자 모더니티에 대한 담론으로 특징짓는 철학"(GSA1, 14)을 가능하게 해준 것이다. 따라서 푸코는 모더니티를 한 시대로 바라보기보다 에토스ethos, 즉 태도로 바라본다. 이러한 태도는 한 사람이 현재와 맺는 관계이며, 그 관계는 현재에 균열을 내고 현재를 낯설게 만들며 현재를 철학적 분석의 대상으로 삼을 수 있게 해준다. 바로 이러한 이유로 푸코는, 자신이 시도했던 분석의 형태들을 이해하는 데 필수적인 개념으로 모더니티 개념을 제시하는 것이다. 푸코는 두 번째 비판적 전통에 자신의 입장을 위치시키면서 다음과 같이 설명한다. "모더니티는 진실을 분석하는 문제가 아니라 […] 현재의 존재론, 현실태의 존재론, 모더니티의 존재론, 그리고 우리 자신의 존재론이라고 부를 수 있는 것에 대한 문제다."(GSA1, 22) '계몽이란 무엇인가?'라는 칸트의 질문에 답하면서 푸코는, 칸트의 질문을 계보학적 시도로 변형시킨다. 단순히 우리가 누구인지 이야기하는 데 그치는 것이 아니라, 전략적인 요소요소에 개입하면서 전체적인 구성을 새롭게 배치하기 쉽도록 한 것이다. "중요한 것은, 간단히 말해, 불가피하게 한정적인 방

Truth: Essential Works of Foucault, 1954-1984, Vol. 1(이하 'EST'로 인용함), ed. Paul Rainbow(New York: The New Press, 1997), p. 305. 1983년 강의는 모더니티와 맺을 수 있는 두 가지 관계의 차이를 구별한다. 즉, '종적 관계'는 모더니티가 상승하는 시대인지 쇠퇴하는 시대인지 물으면서 고대와 모더니티를 비교하고, 칸트의 '화살 모양 관계'는 현재와 직접 '수직' 관계를 이룬다. Michel Foucault, *Le gouvernement de soi et des autres: Cours au Collège de France, 1982-1983*(Paris: Seuil / Gallimard, 2008), p. 15 참조. 이하 'GSA1'으로 인용함. 이 텍스트의 모든 내용은 저자가 직접 번역함.

식으로 이루어진 비평을, 가능한 한 각 분야를 넘나드는^{franchissement} 방식을 취하는 실질적 비평으로 변형시키는 것이다."(WE, 315) 이러한 역사는 우리를 형성해 온 역사적 한계에 대한 분석, 그리고 그 역사적 한계를 뛰어넘는 데 필요한 실험 모두에 실질적으로 '대단히 중요할 것'이라고 푸코는 설명했다.

푸코가 칸트를 넘어서기 위한 방법을 찾으면서 샤를 보들레르^{Charles Baudelaire}의 저서, 특히 콩스탕탱 기^{Constantin Guys}를 기리는 에세이 『현대생활의 화가』를 언급한 사실은 주목할 만하다. 푸코는 보들레르의 글을 논하면서, 모더니티 개념이 작품 분석에서 수행하는 역할에 대해 날카로운 통찰력으로 언급한다. 이처럼 현재에 대한 '역설적 영웅화'는 무엇보다 현재를 변모시키려는 노력의 일환이다. 보들레르에게 '모더니티'는 칸트에게서 그랬던 것처럼 재구성의 과정을 시작하기 위해 자기 자신으로부터 벗어나게 하는 장치로서 기능한다. 여기에서 푸코는, 욕망을 해석하는 것과 자기 자신을 예술 작품으로 창조해 내는 것의 구별, 그의 후기 연구에 필수적인 이 구별을 전개한다.

> 보들레르에게 현대인이란 자기 자신과 자신의 비밀, 자신의 숨겨진 진실을 발견하기 위해 길을 떠나는 사람이 아니다. 그에게 현대인은 자기 자신을 발명하는 사람이다. 이러한 모더니티는 '자기 존재 안에 있는 인간을 해방'시키는 것이 아니라, 그가 자기 자신의 생산이라는 과제에 직면하도록 재촉한다. (WE, 312)

보들레르에게 이처럼 역동적인 모더니티는 정치의 영역이 아닌 예술의 영역 안에서 창조된다. 보들레르는 비가^{悲歌}를 통해, 자신이 다루는 주제들을 신화-역사적 의복 속에 끊임없이 감추려 드는 예술가들을 조롱하는 한편, 자신이 살고 있는 역사의 순간순간에 성실하게 참여하는 기의 태도를 칭찬한다. 보들레르에 따르면, 기의 천재성은 변화무쌍한 현대 생활에서 순수한 시각적 시visual poetry를 끌어내는 것이었다. 기는 자신의 삽화 작품들을 통해 자기 자신이 속한 장소와 시대를 주의 깊게 관찰하길 좋아하는 한편, 학문적 형식의 거짓된 약속과 살롱에 전시되는 작품의 오만함을 거부한다. 보들레르의 설명처럼 기는 "현대 생활의 순간적이고 덧없는 아름다움, 우리가 '모더니티'라고 불러온 […] 뚜렷한 특징을 추구했다".[2] 기의 초상화는 그 자체로 과거의 예술적 관습을 끊으라는 타인을 향한 권고이다. "그림을 배우기 위해 과거 대가들의 작품을 연구하는 것은 […] 대단히 훌륭하다. 하지만 당신의 목표가 현대의 아름다움이 지닌 특수한 본질을 이해하는 것이라면 이 방법은 헛수고에 지나지 않을 것이다."(PMLO, 13) 보들레르는 예술가들에게 자신의 주변에 주의를 기울이고, 관찰력을 기르며, 덧없는 세상 속에 살아 있는 아름다움을 발견하도록 장려한다. 보들레르의 에세이는 규칙에 지배받는 고전주의 미술 체계와의 절연 및 영원과 순간의 화해를 바탕으로 한 낭만주의적 미학에 대한 옹호로 읽을 수 있다.[3] 그러나 이 에세이는 푸코의 설명처럼 모더니티 개념에 필수인 자기self와 사회의 변화가 "보들레르가 예술이라고 부르는 또

2　Charles Baudelaire, *The Painter of Modern Life and Other Essays*, trans. Jonathan Mayne(New York: Phaidon Press Inc., 2005), p. 41. 이하 'PMLO'로 인용함 [『현대 생활의 화가』, 박기현 옮김, 인문서재, 2013].

3　보들레르는 유일무이하고 절대적인 아름다움이라는 미(美)에 대한 학문적 이론과 대조적으로 "미에 대한 이성적이고 역사적인 이론"을 확립할 필요성에 대해 언급한다. 이러한 이론은 어떻게 "미가 언제나 이중으로 구성"되는지, 올바르게 바라보았을 때 어떻게 일상의 상황들이 변함없는 미의 요소들을 제공하는 데 이용될 수 있는지 보여 줄 것이다. PMLO, p. 3.

다른 장소에서만 생성될 수 있다"(WE, 312)는 사실을 상기시키기도 한다.

세상을 변화시키기 위한 방편으로 보들레르가 예술에 독점적 우위를 주었던 데 반해, 푸코는 이를 단호히 거부하지만 여기서 푸코가 예술을 활용하는 것을 보면, 우리 자신에 대한 역사적 존재론이 보다 완벽해지기 위해 예술이 차지했어야 할 위치를 짐작할 수 있다. 계보학적 비판에 대한 간략하고 방법론적인 개요에서 푸코가 소위 '미학적 경험'이라는 것에 꽤 많은 지면을 할애하고 있다는 사실은 인상적이다. 이는 우리가 누구인지, 우리의 존재는 무엇으로 이루어져 있는지, 그 두 가지가 어떤 식으로 변형될 것인지를 이해하는 데 있어서 예술이 필수적인 요소라는 사실에 대한 자각이다 ― 물론 푸코가 이러한 사실을 처음으로 자각한 사람은 결코 아니다. 그러나 보들레르에 대한 이 같은 깊은 숙고를 통해서도 예술에 대한 푸코의 전반적인 접근 방식을 상당 부분 엿볼 수 있다. 푸코는 예술, 특히 현대 예술을 부당한 합의에 반대하는 능력, 우리의 관습에 문제를 제기하는 능력, 새로운 가치관을 받아들이는 능력을 지닌 반문화적 힘으로 이해한다. 푸코가 칸트의 철학을 현대적인 방식으로 사유하는 것과 마찬가지로, 푸코에게 예술은 그것이 자리잡고 있는 윤리적-정치적 현실태와 불가분의 관계에 있다. 푸코의 에세이들이 마침내 학계의 관심을 끌게 된 덕분에 이 주제에 대한 그의 사유를 수집할 수 있게 되었는데, 이 책 전반에 걸쳐 내가 주장하듯 푸코는 이 같은 계보학적 관점에서 근대의 이미지를 분석하려고 시도한다. 다시 말해, 이것은 역사적 특수성이라는 관점에서 예술을 사고하고 분석하려는 시도이자, 근대 예술이라고 일컬어지는 예술 집합체에 형태를 부여했던 예술사 안에서 파열의 순간들을 지목하려는 시도이다.

이 연구는 17세기에서 현대에 이르기까지 시각 예술가의 작품을 이용해 푸코의 사유를 따라가면서, 잃어버린 계보학, 보다 정확히 말하면, 우리 자신에 대한 역사적 존재론의 또 다른 요소를 재구성한다. 이 책에서는 푸코가 마지막 강의에서 보여 준 그의 관점을 바탕으로 디에고 벨라스케스Diego Velázquez의 〈시녀들〉Las Meninas과 르네 마그리트René Magritte의 〈이미지의 배반(이것은 파이프가 아니다)〉The Treason of Images(Ceci n'est pas une pipe)을 다룬다. 모더니티라는 실재의 출현과 관계된 이 관점은 그의 저작들의 계보학적 특징을 강조함으로써 우리에게 예술에 대한 이 저작들의 체계적 관점에 눈을 뜨게 해준다. 뿐만 아니라 영어 사용권 독자들에게 아직 알려지지 않은 푸코의 저작들, 예를 들어, 최근에 그가 발표한 에두아르 마네Édouard Manet에 대한 강의록과 그의 마지막 강의 '자기통치와 타자통치: 진실의 용기'Le gouvernement de soi et des autres: le courage de la vérité에서 현대 예술을 언급한 내용도 함께 소개한다. 그러나 문화에 대한 푸코의 기호를 옹호하려는 시도는 하지 않는다. 흔히 그렇듯이 자칫, 그리고 일부의 경우, 이런 시도들이 그가 선호하는 바와 상충될 수 있기 때문이다. 대신 그의 에세이들을 종합적으로 보다 보면, 철학적 미학의 반역사적 경향을 수정하는 데 필수적인 역할을 수행하는 사고방식들이 등장하고 있음을 읽을 수 있을 거라 믿는다.

이 계보학적 프로젝트는 어떻게 근대적 시각이 과거 몇 세기의 문화적 산물과의 교환을 통해 형성되어 왔는지에 대해, 주로 '미술'의 영역에서 설명하려 한다. 아무쪼록 이 계획이 한 유럽 사상가의 시각 예술에 대한 접근을 이해할 뿐 아니라 우리 자신의 경험의 한계를 발견하고 벗어나려는 노력에 도움이 되길 바란다. 또한 광기, 임상의학, 인간과학, 감옥, 성의 역사 등의 연구에서 푸코가 만든 방법론을 탐구함으로써 시각 예술에 대한 분석 및 숙고와 관련된 현대 사유의 장에 기여하길 바란다. 많은 경우 그렇듯이, 푸코가 분석의 장을 확대하고, 역사적 전파에 대한 의식을 복잡하게 만들며, 계보학을 언급하면서 발표 방식을 수정하기 시작했지만, 그럼에도 불구하고 나는 고고학의 기치 아래 그가 만들었던 도구를 부인할 생각은 없다. 우리의 모더니티에 대한 비평은 "그 설계에 있어서 계보학적이고 방법에 있어서 고고학적"(WE, 315)이어야 한다는 푸코의 권고에 따라, 이 연구는 두 가지 방법을 동시에 채택한다. 이 연구는 미술 사학자와 다른 시각으로 이 에세이들을 읽고 예술가들을 바라본다. 그러므로 양식의 역사를 이야기한다든지 영향력의 논리와 화풍의 발전 과정을 언급할 생각은 없다. 푸코의 접근 방식 역시 이러한 작품들이 출현한 역사적–사회적 가치관의 네트워크를 재구성하도록 강요하지 않는다. 이 에세이들은 예술이 근대적이기 위해 어떻게 전통적 소명을 벗어던지는지 이야기한다. 또한 각각의 예술 작품들이 가치와 실천, 유통에 대해 일반적으로 용인되는 시스템하에 작동하면서 스스로 새로운 존재 형태를 발굴하는 과정을 관찰한다.

이러한 계보학적 기획은 예술 작품이 형식적 · 존재론적 · 윤리적 · 인식론적 특성 측면에서 얼마나 독특한지, 그 변화를 어떻게 이용하려 애쓰는지 설명하려 한다. 이런 점에서 계보학은 형이상학에 대한 추구와 소위 역사학자의 중립이라고 하는 두 측면과 대조적이다. 푸코가 그의 에세이에서 니체의 계보학을 바탕으로 설명했듯이, 계보학은 "잘라내고 삭제하기 위해 만들어진" 지식이다.[4] 계보학은 '자명한' 듯 보이는 개념적 · 언어

---

4 이 책에서는 도널드 부샤르(Donald F. Bouchard)와 셰리 사이먼(Sherry Simon)이 공동으로 번역하고 편집한 *Language, Counter-Memory, Practice: Selected Essays and Interviews*(이하 'LCMP'로 인용함) 가운데 "Nietzche, Genealogy, History"(Ithaca, New York: Cornell University Press, 1977), p. 154를 인용했다. 이하 'NGH1'로 인용함. 번역 과정에서 내용이 수정된 부분은

적·시각적 퇴적물들을 산산이 부서뜨린다. 계보학은 힘과 사건과 우연의 영역을, 그것을 추상화하여 우리의 존재라고 여겨온 바로 그 영역을 다시금 사고하게 하려 애쓴다. 계보학의 역사적 의미는 일종의 시각적 형태, 혹은 푸코에 따르면, 역사학자의 관습적인 분류와 형이상학자의 고정된 본질들을 '식별하고 분리하고 해체하는 시선regard의 예리함'이라고 말할 수 있을 것이다. 계보학은 대략적으로 말해 시각적 실천, 놀라운 발견을 가능하게 하고 그것을 우리 자신이 변화하는 데 이용하는 '해체하는 시선'regard dissociant인 것이다(NGH1, 153; NGH2, 1015. 번역 일부 수정). 그러므로 예술의 모더니티에 대한 계보학은 전통적 연대표를 확인하는 것도, 역사 발전의 목적론들을 지지하는 것도 아니다. 계보학은 우리가 스스로를 형성해 온 일련의 역사적 상황들에 몰두하고, 그럼으로써 다른 방식으로 생각하고 바라보게 하려고 시도한다.

> 계보학이 이끄는 역사의 목적은 우리 정체성의 뿌리를 발견하는 것이 아니라, 정체성을 분산시키는 작업에 전념하는 것이다. 이것은 형이상학자들이 우리가 돌아갈 것으로 장담한 우리의 고향, 즉 우리 근원의 고유한 문턱을 정의하려는 것이 아니라, 우리 자신을 관통하고 있는 이 모든 불연속성들을 보여 주려고faire apparaître 하는 것이다. (NGH1, 162; NGH2, 1022. 번역 일부 수정)

예술사와 예술 이론은 과거를 미래의 양식, 표현, 구성의 의미가 담긴

Foucault: Dits et écrits I, 1954-1975(이하 'DE1'로 인용함) 가운데 "Nietzsche, la généalogie, l'histoire", pp. 1004~1024를 참조했다. 이하 'NGH2'로 인용함.

초기 단계로 간주할 뿐 아니라 기원에 대한 탐구를 실천할 정도로 여전히 경건하다. 형이상학자와 전통적 역사학자는 기원을, 훗날 예술사에서 원숙하게 발달하게 될 유일하고도 뚜렷한 방향으로 간주하는 반면, 계보학자들은 "역사적인 시선에 의해 희미한 흔적과 색채들이 쉽사리 드러나는 무수한 시작들을 겨냥한다"(NGH1, 145). 진화와 진보의 이야기를 엮기 위해 예술의 실상을 이야기하는 관습적인 전략과는 대조적으로, 계보학은 예술사를 복잡하게 얽힌 사건의 망으로, 즉 온갖 사건들이 한데 얽혀 작품의 제작·전시·반응·담론이 불확실하게 구성되는 과정으로 본다. 예술의 출현을 생각할 때, 계보학자는 예술의 순조로운 전달을 막아서려 한다. 다시 말해, 새로운 관점에서 예술을 창조하고 실천하고 바라볼 수 있게 하려는 것이다. 칸트에 대한 푸코의 글을 통해 알 수 있듯이, 모더니티의 계보학은 동시에 모더니티에 대한 비판이기도 하다. 그러므로 우리는 어떤 예술이 일시적으로 응고되었는지에 대한 푸코의 역사적 분석을 반드시 지지할 필요는 없다. 푸코의 예술철학에서 여러 이론들은 한 시대의 규칙성들이 다른 시대의 규칙성들과 근본적으로 어떻게 다른지 파악할 수 있게 해주는 진단적 역할 쪽으로 향하게 된다. [두 시대의 서로 다른 규칙성들 간에 나타나는] 이러한 차이는, 필연적인 것처럼 보이는 현재를 해체한다. 이처럼 계보학의 목표는 괴상한 관점을 체계적으로 정교하게 다듬는 것이라고 할 수 있다.

푸코의 계보학은 기존 관점과 다른 관점을 취하면서, 담론적 실천, 그리고/혹은 시각적 실천의 두 시기를 분리하는 이질성을 뚜렷이 부각시키는 비교연구법인 고고학의 수완들을 이용한다. 2장에서 나는, 예술에 대한 푸코 식의 다소 특이한 접근 방법을 이해하려면 이러한 방법론을 잘 아는 것이 중요하고, 이 방법론이 예술에 대한 철학적 담론에 꼭 필요한 구체성을 제공할 수 있다고 주장한다. 좀 더 구체적으로 말하면, 고고학의 방법을 시각 문화에 적용할 때 이 방법은, 어떤 대표적인 시각 예술 —— 담론적이고 회화적이며 정서적이고 경제적인 상품을 만들어 내는 예술 —— 이 그에 앞선 예술의 전통을 어떻게 대체하는지 보여 준다. 이 방법은, 과도기의 순간을 드러내는 작품들이 회화의 형식적 요소를 분배하기 위해 어떻게 새로운 규칙들을 이용하는지, 이 작품들이 어떻게 다양한 방식으로 진실과 관계 맺고 있는지, 그리하여 이 작품들이 어떻게 필연적으로 제작자와 관람자의 행동 변화들을 수반하게 되는지를 묻는 것이다. 따라서 우리는 예술에 대한 푸코의 저작을 두고 논의함으로써, 이 작품이 무엇을 의미하는지를 묻는 해석학적 질문이, 이 예술 작품이 무엇을 하고 있느냐고 묻는 고고학적 질문으로 대체되고 있음을 보게 된다. 예술에 대한 고고학적 분석은 어떤 작품이 이전의 역사적 전통을 더욱 분명하게 확인하거나 그것에 이의를 제기하는 방법들을 명백히 하려 애쓴다. 그러므로 고고학적 방법은 특정 작품이 역사의 시각적 태피스트리 안에서 어떻게 자기 위치를 적극적으로 확보하는지에 대해 민감하게 사고하려고 시도한다.

　이 연구 전반에 걸쳐 나는 예술 작품, 이미지, 시각적 배열을 일종의 사건으로, 다시 말해 『지식의 고고학』에서 담론적 사건들에 관한 푸코의 논의를 바탕으로 추론되는 언표 및 언표–사건으로 간주한다. 고고학과 계보학 모두 이 사건이라는 것을 표적으로 삼으며, 사건의 특이성과 특수성을 보호할 책임이 있다. 푸코는 담론을 일련의 사건으로 간주하면서 역사적 단절이 이루어지는 순간, 다시 말해 이후로는 같은 방법으로 지식을 실행하기 불가능한 전환점을 이루는 순간을 구분하려 시도하고 있었다. 언표는 그것이 담론적인 것이든 시각적인 것이든 외부와 단절된 상태에서는 일어나지 않는다. 언표들은 다른 언표들의 장을 토대로 작동된다. 사건으로서의 예술 작품을 기술하면서, 우리는 ——푸코의 방식에 따라—— 이러한 문화적 산물에 실재를 회복시키려 한다. 고고학적 관점은 예술사를 형태·양식·실천·이론들이 집대성되어 있는 먼지 쌓인 저장고로 다루기보다는, 예술 작품이 남긴 자취 속에서 변화를 살펴보기 위해 작품들이 작업되었던 현장을 재구성하려 한다. 예술 작품은 박물관이나 갤러리, 개인 전시실에 폼 잡고 서 있는 단순한 대상이 아니다. 예술 작품들은 그 출현에 영향을 미치는 현장에 대한 응답이며, 경우에 따라서는 그 현장을 변화시키는 데 기여하기도 한다. 예술 작품을 일련의 사건으로 다룬다는 것은 푸코가 화가 폴 레베롤Paul Rebeyrolle에 천착한 그의 에세이에서 설명하듯, "힘을 이동하게 한다"[5]는 점에서 실존적으로 유일무이한 대상을 다루고 있다는 것을 염두에 두려는 시도이다. '힘을 이동하게 한다'는 표현은 푸코가 사건에 부여하는 상당히 구체적인 의미 가운데 하나인 만큼 우연히 나온 표현이 아니다. 푸코는 계보학에 관한 에세이에서 다음과 같이 설명한다. "하나의 사건은 […] 결정이나 조약, 군림, 전쟁이 아니라, 힘의 관계가 역전되는 것이다 […]."(NGH1, 154) 예술 작품을 철학자가 해독해야 할 수수께끼가 아닌 사건으로 다룬다는 것은, 작품의 시각적 특성들, 그 특성들이 서양 예술의 아카이브와 주고받는 상호작용들, 그리고 그 특성들이 그 이전 방식으로부터 얼마나 벗어나 있는지 분석하

---

5 Michel Foucault, DE1 가운데 "La force de fuir", p. 1269. 이하 'FF'로 인용함. 이 에세이는 Michel Foucault, *Derrière le miroir: Rebeyrolle*, no. 202(March, 1973), pp. 1~8에서 "La force de fuir"로 처음 선보임. *Derrière le miroir*는 파리, 매그 미술관의 간행물로, 전시 작품에 대한 간략한 에세이와 컬러 복제화를 수록한 얇은 책자였다. 202호 간행물은 1973년 3월에 열린 레베롤의 전시회를 다루었다. 본문의 모든 내용은 저자가 직접 번역했으며, 제임스 베르나우어의 미출간 번역본으로부터 도움을 받았다.

는 것에 비하면, 해석은 부차적인 작업임을 의미한다. 이것은 무엇보다 예술 작품이 역동적이고 적극적이며, 경우에 따라서는 공격적인 실재임을 의미한다. 예술 작품은 그것이 놓인 역사적 위치에 의해 완전히 좌지우지되기도 하지만 또 동시에 역사를 만들어 내고 변형시키는 수단이 되기도 한다. 아무쪼록 이 같은 사건들의 표현을 통해, 모더니티가 특정 작품들 간의 경쟁에 의해 구성된 방식과 더불어 특정 작품들에 수반되는 인과 관계의 다소 구체적인 형태를 볼 수 있길 바란다.

계보학적 시선으로 서양 미술을 볼 때 우리는 모더니티가 근본적으로 재현과 양립할 수 없으며, 실제로 재현의 가치와 분포가 변화하면서 모더니티가 등장한다는 것을 알 수 있다. 1장에서는 〈시녀들〉에 대한 푸코의 담론을 알아볼 텐데, 『말과 사물』*The Order of Things*에서 18세기 말에 일어난 인식론적 변화에 대한 푸코의 주장과 함께 여러 예술 작품들을 살펴보고 모더니티에 대해 구체적으로 설명한다. 〈시녀들〉은 『말과 사물』에서 일종의 안내자 역할을 담당하는데, 서양의 지식이 모더니티의 문턱에 접근할 무렵 서양의 지식 안에서 일어나고 있는 변화들을 시각적 형태로 보여 주기 때문이다. 여기에서 나는 모더니티에 대한 신생 학문들이 성장한 결과, 고전주의 시대를 대표하는 재현의 격자들이 쇠퇴한 현상에 대한 담론적 작업을 통해 가시적으로 드러나는 변화의 실마리를 찾고자 많은 작품들을 독해했다. 『말과 사물』과 〈시녀들〉을 종합하면 근대 미술을 특징짓는 중심 주제 가운데 일부, 즉 유한성, 보이지 않는 것에 대한 관심, 회화의 물질성에 대한 강조 등이 출현하고 있음을 엿볼 수 있다. 요컨대 이 장에서는, 포스트-재현적인 모더니티를 이루는 학문과 회화가 공통적으로 지니는 인식론적이고 미적인 조건들을 다룬다.

2장에서는 특히 회화가 어떻게 재현에 대한 요구로부터 멀어지게 되었는지 탐구하기 위해 에두아르 마네의 작품을 향한 푸코의 지속적인 관심을 재구성한다. 이 장에서는 마네의 작품이 예술 작품의 새로운 존재론적 조건을 예고하는 한편, 수 세기 동안 내려온 시각적 전통을 어떤 식으로 파괴하는지 설명한다. 또한 『지식의 고고학』의 관점에서 푸코의 강연을 읽음으로써 예술에 대한 푸코의 전반적인 접근 방식을 설명하고 발전시키며 옹호하는 한편, 어떻게 고고학이 철학을 역사적-시각적 경험에 더욱 민감하게 만들 수 있는지 입증하고 예술을 사건으로 개념화할 때의 방법론적 이점을 짚어 본다.

　푸코에 따르면 마네는 회화tableau가 갖는 재현의 조건들을 작품에 포함시킴으로써 서양 회화의 전통을 근본적으로 바꾸어 버린다. 그리고 그렇게 함으로써 회화의 물질성을 감상 경험에서 피할 수 없는 부분으로 만들고, 회화의 입체적 구성을 하나의 대상object으로 바라보게 만든다. 이장은 회화의 재현적 요소들이 어떻게 내동댕이쳐지는지, 그에 대한 예리한 담론을 통해 구체적인 예를 제공한다. 이 강의록을 예리한 시선으로 따라가다 보면, 이 장이 근대 회화에 대한 클레멘트 그린버그Clement Greenberg의 영향력 있는 주장을 그저 '순진하게' 재발견한 것만은 아님을 이해하게 될 것이다.[6] 푸코는 마네 그림의 평면성을 강조하긴 하지만 그린버그처럼 그것을 회화의 본질로 바꾸려 하지는 않았다. 푸코에게 평면성은 여러 수단 가운데 하나에 불과했는데, 이 평면성이라는 수단을 통해서 재현 기능은, 재현 기능 자체를 논하기 위해 왜곡되었고, 그렇게 함으로써 재현은 재현 자체를 극복할 수 있었다. 앞으로 보겠지만, 마네의 회

6　Benjamin H. D. Buchloh, "The Group That Was (Not) One: Daniel Buren and BMPT", *Artforum*, vol. 46, no. 9(May, 2008), p. 313.

화들은 두 가지 주요한 수단(조명과 관람자의 위치 선정)을 이용하면서, 그 회화들이 남겨 놓고 떠나는 와중에 있는 재현의 공간에 이목을 집중시킨다. '타블로 오브제'tableau-object⁷라는 개념은 푸코가 고고학적 관점에서 르네상스나 고전주의 시대의 예술과는 근본적으로 다른 것으로서의 근대 예술을 가리키는 방식이고, 이 근대 예술에서 재현의 물질적 조건은 그림을 보는 경험에서 불가피한 일부를 이루고 있다. 이제 우리는 마네가 포문을 열어 폴 레베롤에게로 바통을 넘긴 파열과 단절을 따라간다. 여기에서 우리는 거의 알려지지 않은 푸코의 에세이 한 편을 살펴볼 텐데, 푸코는 이 에세이에서 포스트-재현적 작품을 포스트-재현적 방식으로 생각할 필요가 있다고 주장한다. 다시 말해, 힘들의 경과에 귀를 기울이고, 그림의 물질성이 갖는 기능을 섬세한 눈으로 바라보며, 관점의 변화가 만들어 내는 에너지를 인식하자는 것이다.

3장에서는 르네 마그리트의 작품 〈이것은 파이프가 아니다〉에 대한 푸코의 유명한 분석을 읽으면서, 모더니티 안에서 예술의 지위에 대해 살펴보게 될 것이다. 푸코가 보기에 마그리트의 작품은 회화의 지시적 기능, 즉 회화가 언어와 다른 영역에 있으면서도 역사의 상당 기간 동안 궁극적으로 회화 외부의 것을 가리켜 왔다는 사실을 침묵하게 만든다. 우리는 근대 회화가 재현을 비판하고 배제함으로써 감행한 모험에 대해 보다 깊이 이해하게 된다. 이런 점에서, 마네와 마그리트의 양식상의 차이가 뚜렷함에도 불구하고, 마그리트에 대한 푸코의 에세이가 마네에 대한 푸코의 논의를 보충한다고 봐야 할 것이다. 겉으로 보기에 이 두 화가만

---

7 그림 자체가 독립된 생명력을 가져 외부 세계를 반향하거나 모방하지 않고, 독립된 방식으로 그 자체의 리얼리티를 재창조하는 하나의 축조되고 구성된 대상 또는 실체라는 의미.—옮긴이

큼 성격이 판이한 화가들을 상상하기도 힘들다. 마네는 회화의 재현 능력을 지탱하는 물질적 속성을 강조하는 반면, 마그리트는 엄격한 상사相似, similitude를 찾아낸다. 그러나 고고학적 차원에서 보면, 두 화가 모두 일반적으로 인정되던 회화의 법칙들을 대체할 작업들을 발명했다고 볼 수 있다. 마네와 마그리트 모두 재현에 의해 확립된, [우리가 회화를] 감상하는 양식들을 비웃어 주겠다는 의도로 작품을 만들었다. 이들의 작품은 재현에 수반되는 확언으로부터 회화를 떼어 냈고, 모더니티 예술 안에서 서로 대항하는 두 경향을 창시했다. 마네의 캔버스가 재현의 가능 조건들을 파내려 간 것이었다면, '마그리트'라는 사건으로부터 흘러나온 포스트-재현적 예술은, 완전히 가상적인 공간, 다시 말해 미술 작품the art object이 제공하는 시각이 이제 더 이상 작품과 세계의 관계와 관련된 문제에 종속되지 않는 공간을 열어젖힌다. 푸코에 따르면 마그리트는 확언affirmation과 유사resemblance를 분리함으로써, 즉 상사의 창조를 통해 이것을 획득한다. 푸코가 이해한 대로, 시뮬라크르적 이미지는 그 비현실성에도 불구하고 중요성이 없지 않으며, 그 이미지가 갖는 유일무이한 인과 관계가 눈에 보일 수 있도록 하는 사유의 형태를 요구한다.

이처럼 새로운 유형의 예술 작품을 평가할 능력을 기르기 위해, 질 들뢰즈, 앤디 워홀, 제라르 프로망제, 듀안 마이클에 대한 푸코의 주옥같은 글을 소개했다. 4장에서 푸코는 우리에게 시뮬라크룸simulacrum에 대한 철저하게 윤리적인 사유를 제공하는데, 이러한 사유를 통해 우리는 현대 이미지들이 갖는 비물질적 인과 관계에 민감해질 수 있고, 우리가 스스로와 맺는 관계를 변경할 수 있다. 이 같은 접근 방법은 플라톤 철학, 다시 말해 이미지에서 분출하는 다양한 사건들 안에서 우리 자신을 표현하지 못하도록 막는 '낡은 도덕성'에 대한 거부를 바탕으로 한다. 전통에 얽매인 미학 담론과 대조적으로, 푸코는 이미지의 비실재성을 찬양하는 예술 철학을 전개시킨다. 변화하는 문화적 관습에 대한 이 같은 분석에서 이러한 이미지가 존재하게 된 데 대단히 중요한 역할을 한 사진의 발전과 보급 또한 간과해서는 안 된다. 나는 사진과 회화 사이의 관계를 고찰하기 위한 방편으로, 이러한 이미지의 비전문가적 실천을 다룬 푸코의 짧은 역사 ─ 1860년에서 1900년 사이에 활발했던 문화로, 푸코는 프로망제의 작품을 이해하기 위한 필수 작업이라고 생각했다 ─를 예로 들었다. 푸코의 분석 덕분에 우리는 회화의 모더니티가 출현하게 된 상호작용의 중심이 무엇인지 가리킬 수 있다. 이 장에서 우리는 다음과 같은 질문을 접하게 될 것이다. 사진을 통한 현실 접근은 어떤 형태의 새로운 보기seeing를 가능하게 하는가? 그로 인해 회화는 어떤 결과를 맞는가? 우리는 사진과 회화가 역사적 상호작용을 거치면서 안정된 정체성을 거부하고 새롭고 복합적인 이미지를 제공하게 된 과정을 탐구할 것이다. 또한 미국 사진작가 듀안 마이클에 관한 푸코의 에세이를 살펴보면서, 먼 곳에서 찾아오는 '사고-감정'에 뒤이어 우리를 형성하는 이미지의 능력, 다시 말해 현대 이미지의 '비신체적 물질성'에 대한 윤리적 평가에 관한 담론을 마무리하게 될 것이다.

예술에 대한 이 같은 윤리적 분석은 푸코의 마지막 강의를 소개한 5장에서 더욱 깊이 다루어진다. 이 같은 후기 연구들은 화가의 주체성이 작품의 진정성을 보증하는 데 기여한다는 관념이 어떻게 서양의 전통에 출현하였는지 보여 준다. 푸코에 따르면 근대 예술은 진실에 도달하기 위해서는 일정한 대가를 지불해야 한다는, 고전적 형태의 진실이 부활한 것이다. 고대 그리스 견유주의에 대한 푸코의 해석을 통해, 나는 근대 예술 특유의 진실의 형태가 어떻게 아스케시스askēsis(자기 수련)와 파레시아

parrhēsia(진실 말하기) 사이의 연결을 다시 전개하는지 설명할 것이다. 파레시아는 윤리적 실천을 기반으로, 다시 말해 진실을 말하려는 사람의 자기 변화를 통해 진실과 신념 사이의 관계를 강화하는 고대의 담화 양식이다. 푸코와 함께 나는 고대 철학의 표현 방식에서부터 현대 예술의 관행에 이르기까지 제반 양상을 통해 진실을 말하는 이 같은 방식을 추적할 것이다. 이러한 방식을 통해 우리는 근대 예술이 ─ 많은 경우 그것의 외부에 대해서는 더 이상 어느 것도 단언하지 않는다는 사실에도 불구하고 ─ 여전히 비판의 수단이 될 수 있음을 이해하게 된다. 이 마지막 사유들은 근대 예술에 대한 푸코의 전반적인 이해 가운데 중요한 내용을 파악하게 해주었다는 점에서 짧지만 매우 중요한 부분이다. 많은 역사적 예시들이 우리에게 납득시키듯, 푸코에게 근대 예술 작품은 결코 스스로 고립되어 있거나 더 큰 문화적 관심사로부터 동떨어져 있는 것으로 간주되지 않는다. 푸코에게 근대 예술의 독특한 점은, 근대 예술은 진실 말하기truth-speaking의 반문화적 형태로서 근대의 예술가들은 이러한 능력을 획득하기 위해 일정 부분 윤리적 수고를 해야 한다는 것이다. 이러한 훈련을 통해 예술은 문화적 변화에서 적극적인 역할을 할 권리를 얻게 된다.

우리는 다섯 개의 장을 통해 예술에 관한 푸코의 저작들을 전체적으로 고찰하면서, 모더니티 안에서 예술의 지위에 관한 교훈을 끌어내려는 노력을 보게 될 것이다. 니체와 푸코에 관한 인상적인 연구서 『시각의 고고학』의 저자 개리 샤피로가 푸코가 논한 예술가들 가운데 몇몇을 소위 '포스트모던'이라고 하는 제4의 고고학적 공간 안에 배치하는 것과 달리, 나는 푸코가 이 같은 이질적인 현상들을 모더니티라는 항목으로 분류해 지속적으로 분석을 진행하고 있었다고 주장한다. 샤피로의 경우, 마그리트, 워홀, 프로망제, 마이클 등의 작품과 같이 상사성을 추구하는 예술,

즉 푸코에 따르면 반복과 순환을 통해 이미지를 비현실적으로 만드는 예술들은 『말과 사물』에서 언급한 근대적 에피스테메epistemē — 인간에 대한 인식과 유한성에 대한 분석 — 로부터 벗어난다. 샤피로의 설명대로 "[…] 푸코는 이 마지막 시대를 이을 새 시대 […] 언어의 도래와 시뮬라크룸의 지배가 대신할 시대가 임박했음을 깨닫는다".[8] 샤피로의 경우, 마그리트의 〈이미지의 배반〉과 워홀의 〈브릴로 박스〉Brillo Boxes, 1964 같은 작품들이 이처럼 새로운 시대를 안내한다. 이러한 작품들은 "인간의 지배와 재현적 이미지를 위협할 요인들"인 것이다.[9] 샤피로는 『말과 사물』 말미에 드러난 '인간의 죽음'에 대한 악명 높은 예측과 『이것은 파이프가 아니다』의 말미에 예술이 이미지의 본래 모습으로부터 해방되리라는 예언이 동시에 결합된 푸코의 예언자적 목소리를 관찰함으로써 주장을 뒷받침한다. 그는 만일 생각하고 있던 특정한 사건이 실제로 일어날 경우, "우리는 그 순간 가능성에 대해서만 막연히 인식할 수 있을 뿐이지만 […] 해변 가장자리 모래 위에 그린 얼굴처럼 언젠가 인간이 사라지게 되리라고 확실하게 장담할 수 있다"[10]는 푸코의 주장과, "상사성 덕분에 […] 이미지는 […] 그 본질identity을 잃을 날이 올 것이다"[11]라는 예언 사이의 관련

---

8 Gary Shapiro, *Archaeologies of Vision: Foucault and Nietzsche on Seeing and Saying* (Chicago: The University of Chicago Press, 2003), p. 271. 이하 'AV'로 인용함.

9 AV, p. 338. 11장, "Pipe Dreams: Recurrence of the Simulacrum in Klossowski, Deleuze, and Magritte", pp. 325~346 참조.

10 Michel Foucault, *The Order of Things: An Archaeology of the Human Sciences* (New York: Vintage Books, 1994[1966]), p. 387. 이하 'OT'로 인용함. Michel Foucault, *Les mots et les choses: Une archeologie des sciences humaines* (Paris: Éditions Gallimard, 1966), p. 398 참조. 이하 'LMC'로 인용함. 프랑스 원서에서는 이 대목에서 주의를 환기시키려 하며 망설이는 어조를 느낄 수 있다.

11 이는 *Les Cahiers du Chemin*, 15, no. 2(1968)에 푸코가 쓴 에세이 "Ceci n'est pas une pipe"(pp. 79~105)에 처음 언급되었다. 이후 *Les Cahiers du Chemin*에 실린 글들을 모아 1973년 책으로 출간될 때 내용이 보충되면서 푸코의 분석을 훨씬 명확하게 하는 데 도움이 되었

성에 대해 언급한다. 여기에서 나는 우리가 동시대의 사상과 예술, 경험을 판단하는 방법에 대해 푸코 자신이 말을 아끼고 있다는 사실에 주목할 필요가 있다고 제안한다. 1장과 2장에서 보게 되겠지만, 고고학의 부정적인 한계 가운데 하나는 자체의 담론적인 형태를 분석하는 능력이다. 다시 말해, 푸코에게 현재에 대한 분석은 어떤 것이든 늘 잠정적이었으며, 과거의 경향과 다르고 어쩌면 새로운 배치를 예시할지 **모를** 현재의 경향을 가리킨다. 푸코가 문학 분석, 인간과학 비틀기, 우리 시대의 고유성을 통해 발견한 많은 가능성에도 불구하고, 나는 그가 동시대의 사유를 근대의 에피스테메를 넘어 확실하게 '한발 더 나간 것'으로 보았다고 생각하지 않는다. 더 정확하게 말하면, 나는 마그리트, 워홀, 프로망제, 마이클에 대한 푸코의 담론이 예술철학과 관련해서 지니는 중요성에 대해 샤피로와 내가 의견을 달리한다고 생각하지 않는다. 그러나 나는 푸코가 이들 작품들을 소위 모더니티라는 영역에, 다시 말해 그가 평가하고 비평하려고 시도했던 영역에 속한 것으로 보았다고 생각한다. 푸코에게 마그리트, 워홀, 프로망제, 마이클의 시뮬라크르적인 문화의 산물은 단순히 예술이 포스트-재현적 운명을 펼치는 방법 가운데 일부에 지나지 않았다. 다시 말해

다. 따라서 나는 보충된 판본을 우선한다. 한편 푸코는 1968년 텍스트에서 일부 단락을 삭제했다. 그렇지만 이러한 변화들이 이 책에서 주장하는 근대 회화에 대한 진단을 크게 달라지게 하지는 않는다. 이 책에서는 Michel Foucault, *Ceci n'est pas une pipe* (Paris: Fata Morgana, 1973[1968])을 참고로 한다. 이하 'CP'로 인용함[『이것은 파이프가 아니다』, 김현 옮김, 고려대학교출판부, 2010]. 인용문은 영역본 Michel Foucault, *This is Not a Pipe*, trans. James Harkness(Berkeley: University of California Press, 1983[1968])을 참조했으며, 이하 'TNP'로 인용함. 이 번역본을 바탕으로 내용을 수정했고 수정 사항을 언급했다. 본문에서 수정된 내용은 DE1에 수록된 이 논문의 1968년 판본, pp. 663~678을 참조했으며, *Aesthetics, Method, and Epistemology: Essential Works of Foucault, 1954-1984, Vol. 2*, ed. James D. Faubion (New York: The New Press, 1988), pp.187~203에 수록된 영역본 역시 마찬가지다. 이하 'AME'로 인용함. 이 구절은 TNP, p. 54.와 CP, p. 78도 참조.

푸코에게 이들 예술가들은 제작상의 전략이나 외형은 크게 다를지 몰라도 고고학적인 측면에서는 마네와 다를 바 없었다. 이들은 미술, 회화, 그리고/혹은 사진이 재현이라는 무거운 짐을 어떻게든 벗어던지게 할 작업을 꾀한다.

나는 20세기 예술의 두 가지 뚜렷한 국면을 상정하는 역사적·이론적 해석에 길들여진 이들에게 이 같은 주제가 얼마나 파격적으로 다가오는지 모르지 않는다.[12] 벌써부터 각 전문가의 의견과 작품의 연대표와 진행과정에 대한 설명을 죽 나열하면서 실망스러운 목소리로 투덜대는 모습이 보이는 것 같다. "뭐, 워홀이 근대 화가라고? 이 따위 **이론**을 굳이 찾아서 볼 필요가 있겠어?" 푸코가 시험하는 것이 바로 이러한 자신감과 확신이었던 것과 마찬가지로, 모더니티의 개념과 과거 200년 동안의 예술에 대해 우리가 안다고 생각하는 것 중 가장 주의해야 하는 것이 바로 이 지점이다. 푸코가 이 작품들에 관심을 보였다면, 그것은 이 작품들 안에 담겨 있는 우리 자신, 우리의 실재에 대해 무언가를 보았기 때문이다. 후기 인터뷰에서 푸코는 "나는 프랑스에서 말하는 '모더니티'가 도대체 무슨 뜻인지 정말 모르겠다"고 말하며, 소위 포스트모더니즘 논쟁에 대한 무지함을 고백(하거나 가장)했다.[13] 푸코는 1983년 강의에서 그에게 중요했던

12　여기에 대해서는 많은 자료들을 인용할 수 있겠지만, 가장 설득력 있는 철학적 표현을 언급하는 선에서 그치기로 하겠다. Arthur C. Danto, *After The End of Art: Contemporary Art and the Pale of History* (Princeton, New Jersey: Princeton University Press, 1997). 단토는 워홀을 포스트모던 예술가로 여기며 ─사실상 그는 모더니즘 말기 이후에 출현한 예술을 언급할 때 '탈역사적 예술'이라는 자신의 신조어를 사용하길 더 좋아하긴 하지만─ 워홀의 〈브릴로 박스〉를 예술사의 중요한 전환점으로 자주 인용한다. 단토에게 이 작품은 예술의 본질이 일상에서 볼 수 있는 평범한 대상과 다르다는 데에 근거를 두었던 특정한 예술의 한 시대를 마감함을 시사한다.

13　Michel Foucault, "Structuralism and Post-Structuralism", AME, p. 448. 이하 'SP'로 인용함.

칸트의 용어를 자주 인용하면서 자신의 프로젝트에 대해 설명했다.

> 우리가 살고 있는 시대는 대단히 흥미롭다 […] 고 말할 때 […] 우리는 겸
> 손한 마음을 지녀야 […] 한다. 이 말은 분석하고 분해할 필요가 있으며,
> 우리는 "현재란 무엇인가"라고 스스로에게 물을 필요가 있다. 칸트의 「계
> 몽이란 무엇인가」 이후로 철학적 사고의 커다란 역할 가운데 하나는, 철
> 학의 과제를 현재의 본질에 대해 그리고 '현재 우리 자신'의 본질에 대해
> 기술하는 것으로 특징 지을 수 없다는 데 있지 않을까 싶다. (SP, 449)

칸트와 보들레르의 경우와 마찬가지로, 푸코에게도 모더니티는 바로
가까이 있는 것으로부터 거리를 두게 하고 '해체적인 시선' 아래에 종속
시킬 수 있을 만큼 충분히 탄력적인 개념이었다. 예술에 대한 저작들에서
푸코는 다양한 형태의 작품들을 조합하고, 그것들을 분석하며, 그 작품들
이 어떻게 역사적 출발점이 되는지 입증할 수 있었다.

푸코에게 우리 자신의 역사적 존재론은 비판과, 그리고 기왕이면 변
화와 불가분의 것이다. 위에 인용된 인터뷰에서 푸코는 일련의 사유를 계
속하면서 즉시 다음과 같이 덧붙였다.

> 나는 현재가 무엇인지에 관한 어떤 진단의 기능에 대해 몇 가지 말하고자
> 한다. 그것은 우리 자신의 현재에 대한 단순한 정의에 있지 않으며, 그보
> 다는 ── 현재 가장 약한 경향들을 따라감으로써 ── 현재의 모습이 더 이
> 상 현재의 모습이 아닐지도 모를 이유와 방식을 파악해 내려는 노력에 있
> 다. 이런 점에서, 무언가를 기술할 땐 반드시 자유의 공간, 즉 변형 가능한
> 구체적인 자유의 공간을 여는 이 같은 종류의 가상의 균열에 부합하게 기

술해야 한다. (SP, 449~450)

이 책에서 나는 푸코가 예술사를 제멋대로 기술하고 있다는 비난에 맞서 그의 비인습적인 연대표를 옹호하지는 않지만, 이러한 계보학적 서술들은 여전히 대부분 우리 소유인 공간을 어떤 식으로 조명하고 변화시킬 수 있는지 제시한다. 이것은 예술사가 말 없는 사유의 단계에서 벗어나 다른 방식으로 실행될 수 있다는 것을 사고하기 위한 노력임을 어느 정도 확인하는 시도라고 할 수 있을 것이다. 나는 푸코의 역사적 방법들이 예술사와 예술 작품 생산의 범위 안에서 가능한 이행의 지점을 표시하는 것 이상으로, 철학적 미학을 향한 출발점을 탄생시켰다고 주장한다. 여기에서 우리는 하나의 주체가 어떻게 어떤 주어진 배치 방식 앞에서 특정한 종류의 즐거운 감각을 경험할 수 있는지, 어떻게 예술의 본질에 대해 판단하고 심지어 토론하는 걸 당연하게 여길 수 있는지에 대한 설명을 찾을 수 있으리라 기대해서는 안 된다. 푸코가 기여한 바는 인식의 힘을 기르는 데 도움이 되는 특정한 전략들을 철학에 물려주는 데 있다. 지금까지 이 짧은 머리말에서 주장한 것처럼, 계보학은 역사적 시각의 한 종류이며, 계보학의 동류인 고고학은 우리가 이전에 발견한 내용들에 대해 보다 예민하게 반응하게 해준다. 시각에 대한 푸코의 독특한 접근법에 의해, 철학이 자신이 몸담고 있는 세계에 대해 더 많은 것을 보여 주리라는 걸 이 책을 통해 알게 되길 바란다.

보들레르는 정체불명의 '무슈 G'에 대한 시론에서, 이 인물의 실천, 관찰 방식, 생활 방식을 포착하려 애쓰면서, 궁극적으로는 그에게 '철학자'라는 칭호를 부여할 수 없다는 사실을 안타까워한다. 보들레르는 콩스탕탱 기가 철학자라 불리는 영예를 누리기에는 감각적인 것들에 너무 애착을 갖고 있다고 설명한다. "만일 그가 조형적 형태로 응축되어 눈에 보이고 손으로 만질 수 있는 것들을 지나치게 사랑하여, 손으로 만지거나 느낄 수 없는 형이상학자의 왕국을 구성하는 것들에게 반감을 갖지 않았다면, 나는 그에게 철학자라는 직함을 부여할 터이며 그에게 그럴 권리가 한 가지 이상 있다고 할 것이다."(PMLO, 9) 보들레르가 현대의 지식 사조를 알았다면, 그의 판단을 뒤집었을지에 대해서는 논란의 여지가 있지만, 우리가 역사적으로 빚을 지고 있는 키메라들을 못 본 체해 왔다고 말할 수 있다면 그 공은 푸코와 같은 사상가들에게 돌려야 할 것이다. 푸코를 통해 우리는 다시 한 번 가시적인 것들을 사랑하는 법을 배우게 될지 모른다.

푸코의 예술철학

FOUCAULT'S PHILOSOPHY OF ART:
A GENEALOGY OF MODERNITY

1장 · 모더니티의 시작

서문

푸코의 예술철학에 대해 논하려면, 『말과 사물』시작 부분에 소개된 〈시녀들〉(그림 1)의 깊이 있는 분석으로 시작해, 근대성 경험의 특정 형태에 대해 알아보기 위해 보다 큰 작품을 읽는 것이 바람직할 것 같다. 이번 장에서 우리는 시각적 모더니티의 본질에 대한 통찰을 위해 두 가지를 모두 파헤쳐 볼 것이다. 또한 이러한 연구들이 어떻게 우리가 보고 생각하고 창조하는 영역의 윤곽을 특징짓는지도 보여 줄 것이다. 이러한 접근 방법은 푸코의 다소 독특한 시각이 지닌 고유한 역사적 차원을 분리할 수 있다는 방법론적 이점을 지닌다. 〈시녀들〉은 푸코의 계보학 가까이에 위치하는 만큼 우리 여정의 출발 지점이 되어 준다. 푸코에 따르면 이 그림은 모더니티보다 앞선 두 시대, 즉 르네상스와 고전주의 시대의 종말을 보여 주는데, 17세기 중반에서 18세기 말까지 이어진 고전주의 시대에 그려졌으므로, 시대에 앞서 등장한 작품이라 할 수 있겠다. 푸코의 분석에 따르면, 이 그림에는 재현이 파괴되기 시작하는 시기인 초기 모더니티의 씨앗

그림 1. 디에고 벨라스케스, 〈시녀들〉, 1656

이 드러난다. 한편 역설적이지만 모더니티 전반에 걸쳐 서양의 상상력에
지속적으로 따라다니는, 세계에 대한 르네상스적 경험과 관련된 가치들
도 일부 포함되어 있다. 이번 장에서는 〈시녀들〉과 『말과 사물』에 대한 읽
기를 진행하고, 보다 자세한 저작들을 통해 이 내용을 연구하면서, 이 그
림이 역사적으로 세 시대에 속해 있음을 보게 될 것이다. 분명히 말하지
만 나는 〈시녀들〉이 '근대 작품'이라고 주장하지 않는다. 이 그림의 시각

적 전략, 일정한 양식에 따른 복잡한 특징들, 그리고 역사에 관한 참고문헌을 바탕으로, 나는 푸코가 서양 사상을 발굴하면서 목격한 변화의 약칭으로 이 그림을 활용했다고 주장한다.

한 가지 더 당부하고 싶은 말이 있다. 푸코의 거침없는 인간과학 탐구는 세 가지 뚜렷한 역사적 시대, 즉 르네상스 시대, 고전주의 시대, 모더니티를 다룬다. 그러나 예술의 모더니티에 대해 고고학적인 설명을 할 땐 앞의 두 시대를 한데 융합하는 경향을 보인다. 푸코는『말과 사물』에서 역사적 단계가 콰트로첸토^{quattrocento}(15세기 르네상스 초기) 시대와 고전주의 시대로 뚜렷하게 구별된다고 언급한 바 있으며, 이 시대의 규칙을 대체하면서 근대 미술이 탄생하게 되었다고 보았다. 푸코가 모더니티를 대략 15세기 중반인, 르네상스 시대부터 19세기 말까지 회화를 조직했던 관습의 파괴로 보았던 것은 분명한 사실이다. 내가 푸코의 저작들을 연대순으로 제시했다고 해서 이러한 차이들이 묻히는 것은 아니며, 오히려 각각의 저작들을 읽으면서 모더니티 내에서 나타나는 예술의 모습에 차이들이 무엇을 기여했는지 엿볼 수 있다. 이번 장에서 우리는『말과 사물』에서 제시한 세 개의 시대와〈시녀들〉에 담긴 각 시대별 가치를 살펴보고, 시대별로 이질적인 성격이 있지만 각 시대가 근대 미술의 형태와 실천에 기여한 내용에 대해 알아볼 것이다. 이후 다른 장에서는 푸코의 접근 방법을 따라가면서 근대 미술이 콰트로첸토 시대의 관습과 고전주의 시대의 회화를 대체했음을 제시한다.

1. 중심을 비운 무대 배경

푸코는〈시녀들〉을 설명하는 것이 타당한지 잠시 고민한 후, 이 그림의 프랑스어 제목 'Les suivantes'을 책의 첫 장 제목으로 정하고 〈시녀들〉에 대해 기억에 남을 논의를 펼쳤다.[1] 푸코는 그림에 대한 유용한 정보들을 상당 부분 회피하고 캔버스 이곳저곳을 마구 건너뛰면서 대단히 함축적으로 분석을 전개하는 한편, 통찰력의 흔적을 은밀히 감춘 채 그림이 말하고자 하는 바를 막연히 느끼게만 할 뿐이다. 푸코의 방식은 많은 전통적인 접근 방법을 회피할 뿐 아니라, 어떤 지점에서는 눈앞에 펼쳐지는 춤이 계속되도록 하기 위해 캔버스에 표현된 역사적 인물에 대해 모르는 척할 필요가 있다고까지 주장한다. "그러므로 우리는 거울 한복판에 비친 인물에 대해 짐짓 모르는 척하고, 영상에 비친 존재만으로 그 자체의 정보를 얻어야 한다."(OT, 10; LMC, 25. 번역 일부 수정) 실제로 이 글 다음으로는 스페인 국왕 펠리페 4세와 마리아 안나 여왕, 그리고 마르가리타 테레사 왕녀 등 역사적 인물들이 푸코가 담론을 펼치기 좋게끔 관람자의 시선 위에 자유롭게 자리를 잡고 서 있도록 표현된 공간에 대한 분석이 이어진다.

〈시녀들〉은 『말과 사물』에 대한 안내자 역할을 충실히 수행하는데, 그도 그럴 것이 이 그림은 푸코가 다음 작업에서 밝힐 세 가지 상반된 경험 형태를 전개할 중심 배경을 텅 비워 놓았기 때문이다. 그림의 바로 앞 외부는 여백으로 처리되어 있지만, 상징으로 가득한 세 인물이 곧 앞다투어 자리를 차지할 기세이며 오른쪽 인물 배치가 그것을 암시하고 있다. 푸코의 표현을 빌리자면 이 자리는 바로 왕의 자리로, 푸코는 이 장면을 『말과 사물』에서 다룬 세 시대가 동시에 한 화면 안에 위치하고 있다고 해

---

1 Didier Eribon, *Michel Foucault*, trans. Betsy Wing(Cambridge: Harvard University Press, 1991), p. 155. 이하 'MF'로 인용함[『미셸 푸코, 1926~1984』, 박정자 옮김, 그린비, 2012].

석한다. 이처럼 경쟁이 치열한 자리를 우리는 푸코의 표현대로 권력을 지
닌 자리라고 말할 수 있으며, 이 자리를 차지하는 것은 무엇이든 ─ 유사
성이든, 재현이든, 사람이든 ─ 과거에 왕에게 부여되었던 권력을 차지
한다고 상정할 수 있다. 푸코는 다음과 같이 말한다.

> 이야기상에서 이 중심 영역은 펠리페 4세와 그의 아내인 마리아 안나 여
> 왕의 자리인 만큼 상징적으로 군주의 자리라고 할 수 있다. 그림만 놓고
> 보더라도 이 자리는 세 가지 기능을 수행하기 때문에 단연코 군주의 자리
> 이다. 왜냐하면 그림이 그려지는 동안 모델의 시선, 관람자가 그림을 응
> 시할 때 관람자의 시선, 그리고 화가가 그림을 그릴 때 화가의 시선이 정
> 확히 이 한곳에 중첩되기 때문이다. (OT, 14~15)

이 인물들 ─ 펠리페 4세와 마리아 안나 여왕, 즉 모델들과 이들을
그리는 벨라스케스, 그리고 그림을 보는 관람자인 우리 자신 ─ 은 모두
『말과 사물』에 묘사된 각각의 역사적 순서를 대표하는 인물들이다. 푸코
는 이 세 인물들, 그러니까 군주의 자리를 차지함으로써 잠시 그림의 의
미를 고정시키려 하는 인물들 간의 경쟁을 예를 들어 설명한다. 그림은
과거에 누가 어떤 지위에 있었느냐에 따라 완전히 다른 세 가지 의미를
지니는 만큼, 세계를 지시하는 세 가지 방식의 양립 불가능한 형태를 보
여 준다. 이 책의 전반에 걸쳐 묘사와 인물에 대해 제시하는 바대로, 왕의
자리를 빼앗는다는 것은 곧 시각적 장식이 이동하지 못하도록 고정시키
는 역할을 떠맡는다는 걸 의미한다. 『말과 사물』에서 일정한 에피스테메
의 본질, 즉 르네상스 시대의 유사resemblance, 고전주의 시대의 담론, 모더
니티의 인간을 순서대로 기술하기 위해 '군주의'sovereign라는 형용사가 계

속해서 사용되는 것도 바로 이 때문이다. 우리가 고고학적인 시선으로 우리의 사유를 바라볼 때 목격하게 되는 것이 곧 〈시녀들〉에서 관찰하게 되는 것인데, 그러므로 경험에 앞서 있으면서 경험의 요소가 되는 위치에서 서로 꼬리에 꼬리를 물고 이어지는, 세계에 대한 지식을 질서짓는 세 가지 뚜렷한 방식이 여기에서 연이어 나타난다.

〈시녀들〉에 대해 논하는 동안 캔버스의 구성 요소를 분할하고, 독자/관람자의 시선 앞에서 그것들을 재조합하는 등, 푸코 자신의 담론은 모호한 영역으로 옮겨 간다. 지금까지 우리가 말해 왔듯이 이러한 움직임은 캔버스 앞부분의 필수적인 공백이기도 하지만, 보기와 말하기 사이의 관계를 특징짓는 근본적인 이질성에 근거하기도 한다. 푸코가 예술과 시각에 대한 그의 글에서 자주 밝히는 바와 같이, 우리가 보는 것이 말하는 것 안에 존재하지 않으며 그 역도 마찬가지다. 언어가 그림 속 이미지보다 표현력이 부족하다든지, 시력이 신중하게 선택한 언어보다 정확성이 떨어진다든지 하는 말이 아니다. 그보다는 각각이 서로에 대한 표현 양식에 맞추어 해석하려는 노력을 거부하고 있으며, 각각의 전제를 뒤섞어 놓을 때에만 서로에게 가까이 다가가기 시작한다는 의미다. 푸코는 〈시녀들〉에 대해 논하면서 캔버스 앞에서 자신의 노력에 대한 중요한 통찰력을 제시한다.

그러나 그림과 언어의 관계는 무한한 관계다. 이 말은 언어가 불완전하다거나, 언어가 가시적인 것에 직면할 때 대책 없이 부족하다는 것을 입증한다는 의미가 아니다. 다른 표현 방식을 사용한다고 해서 의미가 약화될 수는 없다. 눈에 보이는 것을 말로 표현하려는 것은 헛수고이며, 보이는 것이 온전히 말로 표현되지도 않는다. 그리고 우리가 말하는 내용을 이미지나 은유, 직유를 사용해 보여 주려는 시도 또한 헛된 일이니, 이러한 요소들이 그 화려함을 자랑할 장소는 우리 눈앞에 펼쳐지지 않으며 구문의 순차적인 나열에 의해 정의된다. (OT, 9)

이 구절은 시각 예술에 대한 글을 쓸 때 어려움이 수반된다는 걸 그가 충분히 알고 있음을 독자들이 간파할 수 있게 하는 드문 경우 가운데 하나다. 푸코에 따르면, 말과 이미지는 각기 분석되어야 하는 서로 다른 공간적·시간적 가정들을 따른다. 말과 이미지는 판독을 가능하게 하는 서로 다른 규칙들을 지닌다. 언어가 이미지보다 부족하다거나, 가시적인 것이 그것에 대한 담론을 넘어선다는 말이 아니다. 보기와 말하기의 '문법'은 둘 다 서로에게로 환원 불가능하며, 서로 꼭 들어맞은 후에만 함께 만날 수 있다.

『광기의 역사』에서는 이처럼 촘촘하게 짜인 중세의 상징주의가 붕괴할 때 이 같은 분리가 시작된다고 본다. 푸코는 이미지가 직접적인 의사소통의 수단이 되던 시대가 있었다고 설명한다. 이미지는 교부들이 작성한 암호에 따라 분명하게 의사를 전달할 책임을 맡고 있었지만, 차츰 "추가적인 의미들에 지나치게 부담"을 갖게 되었다.[2] 이 같은 추가적인 의미들은 이미지를 더욱 복잡하게 만들었으며, 급기야 더 이상 언어로 직접 번역이 불가능한 관념들을 없애 버리게 되었다. 그리고 이 과정에서 직접적인 인식의 영역으로부터 이미지의 의미가 제거되었다. 푸코의 설명대로, 르네상스 시대 초기에

---

2 Michel Foucault, *History of Madness*, trans. Jonathan Murphy & Jean Khalfa (London: Routledge, 2006[1972]), p. 17. 이하 'HM'으로 인용함[『광기의 역사』, 이규현 옮김, 나남, 2003].

언어와 이미지 사이, 언어로 파악되는 것과 조형적인 수단에 의해 표현되는 것 사이의 미적 통합이 사라지기 시작했으며, 그것들은 더 이상 직접적으로 식별 가능한 단 하나의 고유한 의미를 공유하지 않았다. 이미지의 사명이 본질적으로 **표현하는 것**이며, 그 역할이 언어와 동질적인 것을 전달하는 것임은 여전하지만, 그럼에도 불구하고 더 이상 과거와 똑같이 표현하고 전달할 수 없는 시대가 왔음은 부인할 수 없다. 회화는 주제의 피상적인 정체성과 관계없이, 언어로부터 멀리 벗어나게 될 기나긴 실험 과정을 시작하고 있었다.[3]

이렇게 르네상스 시대의 이미지는 "더 이상 설명적인 힘이 아닌 […] 매혹을 주는 힘"으로 "근본적인 변화를 겪었다"(HM, 18). 푸코의 설명대로 이러한 이미지들은 여전히 의미를 담고 있지만, 담론으로 흡수되기 어려울 정도로 갈수록 복잡해진다. 3장에서 보게 되겠지만 근대 미술은 회화가 최종적으로 의미와 연결을 절단하는 영역이 된다.

〈시녀들〉에 대한 논의에서 푸코 자신의 담론은 보기와 말하기를 분

---

3 HM, p. 16. 언어와 이미지의 차이는 그것이 광기에 대한 근본적으로 다른 두 개념의 근원이 된다는 점에서 푸코의 역사에서 맨 첫 부분을 차지하는 최고의 중요성을 지닌다. 브란트(Sebastian Brant)와 에라스무스(Desiderius Erasmus)의 도덕에 대한 이야기에서는 '인간에 대한 비판 의식', 즉 보다 다방면에 걸쳐 문제를 일으키는 특질들을 제거하려 시도하는 광기에 대한 개념을 찾아볼 수 있다. 반면 15세기 회화 — 푸코는 보슈(Hieronymus Bosch), 브뤼헐(Peter Breugel), 티에리 부츠(Thierry Bouts), 뒤러(Albrecht Dürer)를 언급한다 — 에서는 "세계의 비극적 광기"라고 하는 다양한 경험을 발견할 수 있다. 이것은 세계가 그 자체로 제정신이 아님을 보여 주는 장면이다. 전자의 개념은 고전주의 시대의 광기를 부조리로 전환하기 위한 필수 단계이며, 보다 비극적인 요소들이 그림자 속으로 깊이 물러나는 동안 이 비판 의식은 "차츰 빛을 향해 드러나고 있다 […]." 그러나 비극적인 경험은 완전히 소멸되지 않고, 광기는 완전히 억눌리지 않으며, 그렇기 때문에 사드나 고야, 아르토, 니체의 마지막 작품들, 그리고 반 고흐의 말년 작품들 속에서 이런 비극적인 경험들이 느닷없이 튀어나오는 것이다. HM, pp. 24~28, pp. 530~538 참조.

리시키는 이 차이에 대해 수행적인 설명의 역할을 한다.[4] 푸코의 텍스트와 함께 〈시녀들〉 앞에 섰을 때 우리는 그림에 대해 구체적으로 표현하기 위해 느낌을 글로 드러내게 된다. 푸코는 이러한 이질성을 이용해 모든 지시들이 일시적이고 해체적일 수 있음을 입증한다. 그리고 우리는 언어와 시각 사이에 메울 수 없는 간극이 있다는 이 같은 견해를 통해 고고학적 과제의 근본에 이른다. 『말과 사물』에 제시된 역사는 다양한 경험 형태를 구성하기 위해 어떻게 이러한 간극이 일시적으로 봉합되었는지에 대한 이야기이다. 이러한 연구들이 우리를 예술의 영역 너머로 데리고 갈지라도, 주로 재현에 대한 경험과 비평이 될 이 책의 더욱 폭넓은 시각적 관심들은 모더니티의 파편들을 자세히 살펴볼 때 마주치게 될 가치와 주제, 실천에 대한 많은 것들을 소개할 것이다.

2. 시각적·철학적 경험의 역사성

『말과 사물』의 논지는 사실 매우 단순하다. 르네상스 이후 서양 문명은 기본적으로 세 가지 다른 방식으로 지식을 질서화했다. 다시 말해 서양 문명은 눈에 보이는 것을 입으로 말하는 것과 관련시키는 방식에서 두 번의 완벽한 재조정 작업을 실시했다. 이러한 재조정 작업은 매우 포괄적으로 이루어져, 차라리 '파열'이라고 칭하면서 그 이질성 안에서 설명하는 편이 이해하기 쉬울 정도다. 이러한 사건들의 마지막 단계가 모더니티의 시초, 즉 우리가 오늘날 생각하고 말하고 보는 공간을 이루며, 이것이 바로

---

4 개리 샤피로는 푸코의 담론이 글과 그림의 이질적인 성격을 지속적으로 반영하는 방식을 주제로 삼아, 〈시녀들〉에 대한 푸코의 분석에 대해 전혀 뜻밖의 해석을 한다. AV, pp. 247~263 참조.

푸코가 분석하고자 했던 근대적 경험의 실재다.

　푸코는 경험은 결코 직접적으로 주어지지 않으며 "문화라고 하는 […] 근본적인 암호들"(OT, xx)에 의해 간접적으로 전달받는다고 말한다. 이러한 암호를 설명하는 것이 고고학이 할 일이며, 이 암호들은 특정한 시대 동안 대상, 언어, 개념, 실천, 지각이 연결되는 방식으로 구조화하는 '숨겨진 네트워크'를 형성한다. 우리가 따라가고 있는 궤적을 고려해 볼 때, 푸코 기획의 명백히 가시적인 취지와, 지각은 결코 중립적이지 않으며 항상 이미 암호화되어 있다는 주장에 주목하는 것이 현명하겠다. 칸트의 주장대로 지각은 개념과, 상상력의 도식화된 작동 둘 다에 의존한다. 보기seeing는 결코 방해를 받는 일이 없지만, 시각을 구조화하는 작동들과 협력하여 만들어진다. 푸코는 칸트의 선험적 해석을 거부하는 한편, 주체의 속성이 아닌 역사에 주목하면서 길잡이가 되는 통찰력에 대체로 동의한다. 다시 말해, 지각과 언어와 실천이라는 격자에서 파생된 결과들 위에서 지각되고 발화되고 실천되고 반영되는 경험은 이미 역사적 아프리오리a prioris의 지위를 지닌 문화 안에서 만들어진다는 것이다. 푸코는 자신의 연구가 "문화라는 근본적인 암호——그 문화의 언어, 그 문화의 지각에 대한 개요, 그 문화의 교환, 그 문화의 기술, 그 문화의 가치관, 그리고 그 문화의 관습 체계를 지배하는 암호"(OT, xx)를 향한다고 설명한다. 이러한 체계들은 "모두를 위해 […] 인간이 다루고 익숙해질 경험 질서를 확립"하기(OT, xx) 때문에, 경험은 결코 직접적으로 기술되지 않는다.

　'이미 암호화된 시선'le regard déjà codé이라는 개념은 임상의학과 아방가르드 문학에 대한 푸코의 관심을 통해 탐구되었다. 『임상의학의 탄생: 의학적 시선의 고고학』은 의학적 담론에서 수행된 근본적인 재편성뿐 아니라 삶, 죽음, 질병에 대한 보편적인 개념을 탐구한다. 19세기 초에 일어난 이러한 변화들은 근대의 의학적 경험에 역사적 전제조건을 제공했는데, 그 가운데 하나가 지각은 그것을 위해 산만하게 준비된 공간 안에서 그 대상들을 만날 수 있다는 것이다. 의사의 '수다스러운 시선'은 미신에 방해를 받지 않고 경험에만 의존하는 의사여서가 아니라, "우리를 볼 수 있고 **말할** 수 있게 하는 언어와 사물 간의 새로운 동맹"[5]의 산물이기 때문이다. 마찬가지로 푸코는 문학 평론, 특히 레몽 루셀Raymond Roussel의 작품 평론에서 공간을 직조하고, 언어와 사물 간의 새로운 관계를 형성하며, 보이는 것과 보이지 않는 것 간의 관계를 재분배하는 언어의 힘에 대해 설명한다.[6] 푸코는 두 경우를 모두 연구하면서 이 같은 경험을 형성하는 역사적 네트워크를 먼저 조사하지 않은 채 곧바로 가시적인 경험을 기술하는 모든 형태의 철학적 반성들을 거부했다.

그러나 특정한 시기의 지식이 갖는 지위에 대한 통찰력을 얻기 위해 데카르트나 칸트와 같은 철학자들을 살펴보는 건 적절하지 못한 일이다. 푸코의 설명대로 경험이라는 격자 외에도 특정한 시대에 이 같은 경험을 통한 암호가 존재하는 이유를 설명하는 이론적 반성이 있다. "사고의 반대쪽 끝에는 […] 왜 일반적으로 질서가 존재하는지 […] (그리고) 왜 이런 특정한 질서가 확립되고 다른 질서는 확립되지 않는지를 설명하는 철학적 해석이 있다."(OT, xx) 철학적 담론은 흔히 생각하는 것 이상으로 삶, 노동, 언어의 경험 영역과 더 많은 공통점을 갖는다. 푸코가 입증하는 것

---

5 Michel Foucault, *The Birth of the Clinic: An Archaeology of Medical Perception*, trans. A. M. Sheridan Smith(New York: Vintage Books, 1994[1963]), p. xii. 이하 'BC'로 인용함[『임상의학의 탄생』, 홍성민 옮김, 이매진, 2006].
6 Michel Foucault, *Death and the Labyrinth: The World of Raymond Roussel*, trans. Charles Ruas(New York: Doubleday & Company, Inc., 1986).

은 철학이 많은 경우 존재와 경제적 사실, 그리고 언어의 법칙을 연구하는 경험과학에 종속된다는 사실이다. 그러므로 요점은 철학적 반성이 중요하지 않다는 것이 아니라, 우리는 철학이 갖는, 사물의 질서로부터의 독립성에 대해 겸손할 필요가 있다는 것이다. 이론적 반성은 우리가 움켜잡을 수 있는 바위가 아니라, 에피스테메의 하류로 스스로 헤엄쳐 내려가고 있다.

『말과 사물』은 이렇게 실증적 경험과 이론적 반성을 연결하는 복잡한 길을 추적한다. 『말과 사물』은 양쪽의 순수성을 가정하는 순진함을 드러내면서 '그 중간 지대'가 어떻게 순수함을 유지하는지 입증한다. 이러한 고고학적 차원은 지식에 대한 적극적 무의식이라든지, 역사적 아프리오리, 지식의 보편적인 공간, 에피스테메, 혹은 단순히 질서와 같은 무수한 이름으로 『말과 사물』에 계속해서 등장한다. 고고학의 원천에 대해서는 2장의 회화에서 고고학의 활용에 대한 문제를 통해, 보다 자세하게 다루겠다. 지금으로서는 고고학적 차원이 사물과 언어가 의미 있는 방식으로 결합할 수 있게 하는 경험에 앞서 먼저 문화 안에 포함된다고 이해하는 것이 좋겠다(OT, xxi). 질서의 역사에는 세 가지 단계가 있는데, 서양 역사에서 15세기에서 17세기 초까지 이어지는 르네상스 시대와, 17세기에서 18세기 말까지 이어지는 고전주의 시대, 그리고 푸코의 말에 따르면, 18세기 말에 시작해 우리가 살고 있는 오늘날까지 이어지는 근대 시대가 그것이다. 각 시대별 사유에는 따라야 할 특정한 방향성이 있다. 푸코는 각 시대가 지식에 지시하는 방식을 나타내는, 유사한 의미의 명칭을 부여하면서 시대별로 조직화된 원칙들을 요약하려 시도한다. 르네상스 시대는 유사의 시대이고, 고전주의 시대는 재현의 시대이며, 근대 시대는 인간의 시대이다. 이것은 유사, 담론, 그리고 인간의 유한성 ── 이후에 설명

하는 전문적인 의미에서 이해되는──이 각기 사유의 순서 안에서 "구조
적인 역할"을 한다는 의미이다(OT, 17). 이 시대들이 우리의 모더니티라
는 뚜렷한 특성에 기여하는 만큼, 이러한 특수성에서 이 세 시대를 이해
하는 것이 중요하다. 우리는 각 시대를 검토하면서 〈시녀들〉을 살펴보고,
푸코가 어떻게 캔버스 앞의 가시적인 춤 안에 이 그림을 위치시키는지 이
해하게 될 것이다.

3. 유사의 경험

르네상스 시대에는 유사의 관계에 의해 서로 관련을 맺는 사물들로 지식
이 이루어졌다. 유사는 주로 시각적 범주, 다시 말해 다양한 존재 형태 사
이에 중심점을 만드는 사유 형태다. 르네상스 시대의 우주론에 따르면
우주의 실체들은 존재론적으로 서로에게 공명한다. 푸코는 이러한 구성
에 대해 다음과 같이 설명한다. "세계라는 방대한 체계 안에서 다양한 존
재들이 서로에게 적응하고 있다. 식물은 동물과, 땅은 바다와, 인간은 자
신을 둘러싼 모든 것과 소통한다."(OT, 18) 그러므로 이러한 상사를 밝히
고 드러내는 것이 지식의 역할이다.[7] 이렇게 지식은 사물 사이의 닮은 점
을 밝히고 그 관계를 분명하게 드러내는 것이다. 예를 들어 상사의 관계
에 의해 인간의 몸통을 '그루터기' 혹은 양배추의 '머리', 나무의 '가지'로

---

7 마그리트에 관한 에세이에서 푸코는 유사(resemblance)와 상사(similitude) 사이의 결정적인 차
이를 끌어낸다. 두 용어 모두 닮음(similarity)을 근거로 한 관계를 나타내지만, 유사만이 이전의
사고나 이미지, 모델에 지배를 받는다. 반면 상사는 주로 모사(simulacrum)를 일컫는다. 마그리
트의 그림에서 푸코는 어떤 것도 확언하지 않는 유사의 관계, 다시 말해 그가 말하는 상사가 유
사의 텅 빈 형태임을 발견한다. 이 차이는 3장에서 자세하게 밝힐 터이며, 이번 장에서는 푸코
가 『말과 사물』에서 사용한 용어를 따르면서, 유사를 설명하는 단어로 상사를 다루겠다.

비유할 수 있다. 르네상스 시대의 사고방식으로는 이러한 예들이 표현의 전환 이상의 의미를 지니며, 우주에 생기를 불어넣는 유사의 역할을 보여 준다. 르네상스 시대에 사물은 다른 사물과 유사하다는 이유로 그 본질을 갖추게 되는 것이다.

유사는 네 가지 방식으로 드러난다. 유사는 우선 공간적으로 **가까운 거리에 있는**[합치되는]convenientia 사물 사이에 위치한다. 세계의 실체는 하나의 사슬을 형성하고, 그 안의 접점들이 유사를 기반으로 예시된다고 여겨진다. 사물이 공간 근접성[8]을 갖는 것처럼, 가까이 있는 사물들이 서로 닮기 마련인 한편 사물이 유사하려면 인접해 있어야 하기 때문이다. 그렇지만 사물은 근접해서 결합되지 않더라도 서로 유사하다고 말할 수 있다(OT, 18~19). 유사의 두 번째 형태는 **대항**aemulatio으로, 첫 번째 장소의 법칙을 뛰어넘는다. 이 법칙은 거리 개념을 파괴해, 우주의 한쪽 끝에서 반대편 끝에 이르기까지 서로 닮은 사물들을 발견할 수 있다(OT, 19). 예를 들어, 인간의 눈에 대해 별과 같다고 이야기할 때 유사를 기반으로 이런 말을 하게 되는데, 이때 두 실체들은 어둠에 대립하는 항으로 빛을 가지고 오기 때문이다(OT, 28). 세 번째, 르네상스 시대의 지식은 **유추적** analogical이다. 다시 말해, 유추의 관계에서 지식은 확연하게 다른 상태에서도 하나의 실체에서 다른 실체로 옮겨 갈 수 있다. 유추의 힘은 어마어마하고, 그것이 적용되는 분야는 전 세계적이다. "유추를 통해 우주 만물의 모든 형상을 한데 모을 수 있다."(OT, 22) 르네상스 시대의 세계에서 인간은 이러한 유사점들을 발견해 의미 있는 전체 안으로 묶어 내는 사명을 지닌 특권적인 위치를 차지한다. 이 개인은 유한성이 끊임없이 연구될 근

---

8 공간적으로 가까운 것끼리 결합되어 지각되는 경향. — 옮긴이

대인과 다르다. 우리의 르네상스 시대 인간은 유추가 발견되고 전달되는 "복사rayonnement의 공간" 안에서 "특권을 지닌 요소"이다(OT, 23). 마지막으로 유사는 우주 깊은 곳에 깔려 있는 **공감**sympathies 위에서 발견된다. 공감은 사물 안에 내재한 **동화**assimilation의 힘과 관련이 있다. "공감은 너무나 강력해서 단순히 비슷한 형태 가운데 하나로는 만족하지 않을, **동일자** the Same의 한 예다. 공감은 사물을 서로 똑같게 만드는 […] 위험한 힘을 지니고 있다."(OT, 23. 강조는 푸코의 것) 사물의 독자성을 유지하게 하는 **반감**antipathies을 이용해 공감이 균형을 이루지 않는다면, 세계는 실제로 순식간에 동일한 집단이 되어 버릴 것이다. 르네상스 시대의 세계는 이렇게 공감의 힘과 반감의 힘 간의 경쟁으로 이해되고, 이 유사의 최종 형태는 존재론적으로 말해 나머지 세 형태의 기초가 된다(OT, 23~25).

이 모든 중복되는 사실에도 불구하고, 르네상스 시대의 세계는 그 자체로 완전히 폐쇄되어 있지 않다. 각각의 독립된 실재물은 기호의 체계를 동반하기 때문에 지식은 상사를 발견할 수 있다. 이러한 기호에 의해 유사한 부분이 눈에 들어오게 되고, 유사에 언어의 힘을 부여하게 된다. 유사에 주의를 기울일 부차적인 체계가 없다면, 지식이 무슨 수로 우주를 구성하는 유사 상태가 될 수 있겠는가? "이처럼 숨어 있는 상사들은 사물의 표면 위에 드러나게 되어 있다. 보이지 않는 유추를 표시할 가시적인 표지가 반드시 존재하기 마련이다."(OT, 26) 예를 들어, 호두를 으깨 독한 술과 섞어 먹으면 두통을 치료할 수 있다고 믿는 건 호두와 뇌의 가시적인 유사성 때문이다(OT, 26). 이처럼 기호는 지식에 유사의 존재를 나타내는 표시다. 그러나 기호는 그 자체로 유사이며, 다시 말해 근접성과 대항, 유추, 공감의 관계이다. "기호와 그것이 나타내는 것은 정확히 똑같은 본성(즉, 유사)을 지닌다. 단지 서로 다른 분배 법칙을 준수할 뿐이며,

그 바탕은 아주 똑같다."(OT, 29) 이 말은 곧 본성을 알 수 있게 해주는 르네상스 시대의 기호 체계는 그 자체로 유사의 관계이나 다른 차원에서 작동하는 유사의 관계라는 의미다. 푸코의 설명대로 르네상스 시기에 언어는 실질적인 존재real being, 다시 말해 "16세기의 역사적인 날것 그대로의 존재"를 지니고 있는 만큼, 르네상스 시대의 담론과 고전주의 시대의 담론을 분명하게 구분하는 것이 중요하다(OT, 35). 르네상스 시대가 언어에 부여한 위치에 따르면 언어는 본질적인 것이며, 아직 고전주의 시대에 언어가 차지하게 될 임의적이고 중립적인 의미의 자리로 물러나지는 않았다. 르네상스 시대의 언어는 "전 세계적인 상사와 기호의 전파에 참여한다. 그러므로 자연 안에 존재하는 하나의 사물로 연구되어야 한다"(OT, 35). 기호는 서로 유사하다는 점에서 의미 기능과 같은 역할을 수행하거나, 푸코의 표현을 빌리자면, 그것이 가리키는 거울 역할을 수행한다.

> 깊은 곳에서 사물이 자신을 응시하고 서로에게 자기 이미지를 반영하는 가장 맑은 거울은 바로 단어들의 속삭임으로 가득 찬 현실에 있다. […] 그리고 나머지 것들을 모두 감싸 하나의 원 안에 에워싸는 유사의 최종적인 방식 덕분에, 세계는 언어 능력을 지닌 인간과 비교될 수 있을지 모른다. (OT, 27)

이처럼 르네상스 시대의 지식에는 사물들 사이에서 발견되는 기본적인 유사성을 반영하는 유사의 질서가 부여된다. 유사를 반영하는 르네상스 시대의 기호의 역할을 이해한다는 것은, 〈시녀들〉에 대한 논의에서 거울의 위치에 대한 푸코의 수수께끼 같은 언급을 이해하는 데 도움이 된다는 점에서 중요한 의미가 있다. 좀 더 정확히 말하면, 이 위치는 방 뒤편 거울에 비친 '유사의 인간' 펠리페 4세와 마리아 안나 왕비를 유사의 시대와 연결하고 있다. 푸코의 논의에서 이들을 르네상스 시대를 대표하는 인물로 만든 것은 바로 거울 속에 있는 그들의 존재다. 푸코가 다른 맥락에서 했던 질문처럼, "유사의 역할은 사물을 드러내는 군주가 되는 것이 아닐까?"(TNP, 46)

4. 왕의 자리에 있는 유사의 인간

이 거울은 원근법을 따르지 않는다. 이 거울은 재현하기에 적당하지 않은 공간을 보여 주면서 방 안에 있는 사물들 ── 화가, 화실, 커다란 캔버스, 공주, 그리고 공주의 시녀들 ── 을 무시한다. 이 재현의 모든 양상으로 미루어 보아 ── 방 안에 있는 모든 인물의 관심이 두 사람에게 초점을 맞추고 있다 ── 펠리페 왕과 마리아 안나 왕비가 알카사르 궁전의 이 공간에 있다는 걸 알 수 있지만, 이 장면에서 두 사람의 영향력은 매우 빈약하다. 푸코는 희미하게 보이는 두 사람의 존재에 대해 이렇게 설명한다. "이목을 집중하는 얼굴들, 화려하게 차려입은 신체들 가운데에서, 이들 두 사람이 가장 창백하고 가장 비현실적이며 그림의 모든 이미지 가운데 가장 흐릿하다. 약간의 움직임과 조명만으로도 그들의 존재를 가리기에 충분할 것 같다."(OT, 14) 그들은 어쩌면 그 목적이 완벽한 복제의 장소일, 거울을 통해서만 재현 안에 존재한다. 그러나 거울은 재현의 공간이 아니다. 거울은 재현 안에 포함될 수 없는 것을 포함시키기 위해 재현 속으로 슬그머니 자리를 차지하게 되었다.

이 거울은 가시적인 대상을 에워싸는 대신, 재현의 장 안에서 파악될 수 있는 모든 대상을 무시하며 전체 재현의 장을 차단하고, 모든 시선의 외부에 있는 것에 가시성을 회복시킨다. 그러나 이런 방식으로 거울이 극복한 비가시성은 숨겨진 대상에 대한 비가시성이 아니다. 거울은 장애물을 돌아서 대상을 비추지 않고, 원근법을 왜곡하지도 않으며, 회화의 구조와 그림으로서의 존재로 인해 볼 수 없는 것들을 드러내고 있다. (OT, 8)

벨라스케스의 거울은 구조적으로 이 캔버스에 담지 못하는 것과 고고학적으로 재현으로서 그림의 존재와 양립할 수 없는 것을 담고 있다. '왕의 자리'라는 장에서 푸코는 "무엇을 그린 건지는 보여 주고 있지만 비현실적인 공간에 너무 멀리, 너무 깊이 묻혀 있어 […] 재현의 아주 희미한 복제에 지나지 않는 영상으로만 드러난다"(OT, 308; LMC, 318~319)고 거울에 대해 설명한다. 사실상 거울은 〈시녀들〉 안에 있는 허구의 화가가 표현하는 인물들을 담고 있다. 푸코의 용어에서 나타나듯이, 거울은 화가가 그리고 있는 것을 묘사하지 않고 '보여 준다'montre. 르네상스 시대 사고방식이 요구하는 바에 따라 거울은 캔버스 위에 재현되고 있는 것을 비춘다. 다시 말해, 캔버스 위에 재현되고 있는 것을 흡사하게 드러낸다. 이 거울이 추가된 덕분에, 펠리페 4세와 벨라스케스가 캔버스 앞에서 동등한 위치를 차지할 수 없는 것과 마찬가지로, 고고학적인 측면에서 근본적으로 재현과 조화를 이루지 못하는 것이 무엇인지 어렴풋이 알게 된다.

왕족은 이 그림이 속한 재현의 시대와 조화를 이루지 못하므로 이러한 굴절은 필요하다. 푸코는 "왕은 이 장면에 속하지 않는다고 생각될 정도로 거울 속 깊숙이에 모습을 드러낸다"(OT, 15; LMC, 30. 번역 일부 수정)고 설명한다. "모든 점에서 재현이 재현되는" 장면에서는 유사의 인간이 존재할 자리가 없다(OT, 307). 〈시녀들〉에서 재현의 역량은 실제 화가이며 재현의 물리적인 구현인, 벨라스케스가 캔버스를 향해 다가가 왕의 지위를 대신한다는 사실에 근거를 둔다. 이렇게 화가가 왕의 자리로 이동함으로써 새로운 배치가 만들어지고, 그로 인해 재현에서 제외된 내용을 거울이 담고 있다. 푸코의 설명대로, 우리가 이 재현에서 목격하게 되는 것은 "재현의 본질이 되는 것 — 유사하게 표현된 인물, 그리고 그의 시선에서 그저 유사할 뿐인 그 인물 — 의 필연적인 사라짐"(OT, 16)이다. 펠리페 왕과 마리아 안나 왕비에게 세계는 단지 유사로만 존재하는데, 벨라스케스는 그들을 재현하기 위해 캔버스에 붓을 대면서, 그들을 막아서서 한쪽 옆으로 안내한다. 그리고 그렇게 함으로써, 서양의 지식에서 재현이 유사의 지배를 끝낸 것과 마찬가지로 유사에 귀속되었던 과거의 권력을 빼앗는다. 이처럼 화가가 왕을 생략하는 방식은 "재현을 방해하는 관계로부터 마침내 벗어난 재현이 그 순수한 형태 안에서 재현으로 다시 모습을 드러낼 수 있음"을 의미한다(OT, 16).

이것은 세계의 낡은 질서를 종식시키는 인식론적 변화 이상이며, 우리 시대의 예술적 모더니티에 영향을 주는 하나의 사건이다. 이처럼 왕의 자리를 뒤로 추방시킴으로써 우리는 근대 예술가를 특징짓게 될 존재 형태의 발단을 마련하게 된다. 왕과 왕비가 차지하던 자리에 화가가 들어섰다는 사실은 우리에게 별로 중요하지 않다. 본질적으로 이러한 자리 배치는 한때 유사에 부여되었던 위엄이 이제는 재현 능력에 부여되리라는 사실을 의미한다. 이번 장과 5장에서 볼 수 있듯이, 푸코가 '예술적 삶'이라고 부르는 것, 다시 말해 우리 시대에까지 계속되고 있는 예술가에 대한 영웅적인 평가는 이러한 르네상스 시대 에피스테메의 붕괴에 뿌리를 두고 있다. 그러나 이 점을 이해하려면 유사에서 재현으로의 주권 이동에 대해 보다 자세히 살펴볼 필요가 있다.

5. 재현의 경험

고전주의 시대는 화가가 왕의 위치에 서고 재현이 군주의 역할을 할 때 시작된다. 고고학적 차원에서 재현은 지식의 분석과 배열을 가능하게 하는 기호^{sign} —— 언어기호든 시각기호든 —— 체계의 도입으로 이해될 수 있다. 고전주의 시대에 기호는 더 이상 사물에 각인된 사인^{signature}으로서 세계에 속해 있지 않는다. 기호는 측정·분류·배열이 용이하도록 독단적으로 확립된 도구다. 유사의 세계가 허물어진 위에 세워진 고전주의 사고방식은 지식의 내용을 모든 사물들의 본질적인 유사성을 제거한 중립적인 언어로 번역할 것을 꾀한다. 르네상스 시대의 지식이 숨겨진 상사를 기반으로 사물을 배열한 데 반해, 고전주의 시대의 기호는 차이에 의해 실체를 분리한다(OT, 50). 재현은 같은 것에 대한 르네상스 시대의 경험 위에 놓인 격자로, 다시 말해 정신의 새로운 방향을 지시하는 분류학적 네트워크로 생각될 수 있다. 우주에 생기를 불어넣는 숨겨진 상사를 발견하는 것은 더 이상 지식의 임무가 아니다. 지식이 해야 할 과제는 차이성 속에서 존재를 분류하는 것이다(OT, 53~55).

이 단절은 단순히 세계관의 변화나 개선된 관찰 방식, 혹은 미신으로부터 이성의 점진적 해방이 아니다. 이 단절은 **기호의 차원에서** 이행된 대규모의 문화적 변화로, 고전주의 시대의 지식에 지대한 영향을 미칠 결과들과 앞으로 설명하게 될 모더니티에 대한 창조적 기획들이 동반된다. 부정적인 측면에서 보면 이 기호는 과거의 기호가 그랬던 것처럼 더 이상 가치 있는 것이 아니다. "언어는 본질 자체로부터 물러나 명료성과 중립성의 시대로 들어왔다."(OT, 56) 분석의 도구로서 기호는 그것이 지목하는 것과의 내적인 관계를 기반으로 하지 않는 임의적인 것에 불과하지만,

최대한 명료한 의미를 나타내기 위해 고안되었다. 고전주의 시대에 기호는 더 이상 보이지 않는 깊은 곳에서부터 끌어올린 미리 정해 놓은 의미는 아니지만, 시야를 분류할 수 있도록 조작된 의미로서 항상 그 **기능적인** 측면에서 판단된다(OT, 58~62). 기호의 역할은 이미 알고 있는 것을 다른 언어로 **번역**하고, 다양한 표현들을 지식이라는 형태로 한데 모을 수 있게 하는 것이다. 마지막으로 재현 역시 기호 안에서 드러나야 한다. 이렇게 해서 **반복**reduplication은 기호가 기호가 될 수 있게 하는 "없어서는 안 되는 조건"이 된다(OT, 64; LMC, 78. 번역 일부 수정). 간단히 말하자면, 알다시피 우리는 기호를 처리할 필요가 있고, 따라서 기호는 그 안에서 기의적인 기능을 보여 주어야 한다. 기표가 기의를 드러내는 것이라고 한다면, 고전주의 시대의 이분법적 기호 체계 안에서 기표는 쉽게 인식되어야 한다.

이처럼 강화되고 기능적인 것, 임의적으로 확립된 것이라는 기호의 개념은 고전주의 시대의 지식에 독특한 형상을 부여한다. 푸코가 분명히 밝혔듯이 우리는 완전히 새로운 사유의 방향을 대하고 있는 것이다.

> 지식의 임무는 더 이상 숨겨져 있을지 모를 미지의 장소에서 고대의 언어를 채굴하는 것이 아니다. 이제 지식의 역할은 언어를 직조하는 것, 그리고 언어를 잘 직조하는 것이며, 그리하여 분석과 결합의 도구로서 사실상 신중하게 계획된 언어가 되도록 하는 것이다. (OT, 62~63)

르네상스 시대에는 모든 추측 가능한 유사를 수집한 후에야 비로소 실체에 대해 완벽한 지식을 갖추었던 데 반해, 고전주의 시대의 질서에 관련된 학문은 몇 가지 단순한 특성만으로 존재의 정체성을 정의할 수 있다. 일반 문법, 자연사, 그리고 부의 분석을 르네상스 시대의 그것과 구별하는 것은 어떤 사물에 대해 다른 가까운 대상과의 차이를 강조함으로써 그 사물의 정체를 확인하려는 것과 같다.[9] 일반 문법에서 언어에 대한 연구, 자연사에서 식물과 동물에 대한 분류, 그리고 부의 분석에서 수요에 대한 조사는 자연스러운 사물의 무질서를 명료하고 확실하게 만드는 재현 체계를 구축한다. 따라서 지식이란 질서정연한 방식으로 재현하게 하는 담론, 즉 이름에 대한 **분류학적** 체계를 구성하려는 시도라고 할 수 있다. 이제 르네상스 시대에 그랬던 것처럼 더 이상 하나의 사물을 알기 위해 그것에 관계된 모든 것을 수집할 필요가 없다. 사물을 주의 깊게 분석하고, 그 **차이**를 정의하며, **동일성**을 확립하고, 재현의 **목록** 안에 위치시키는 것으로 충분하다. "고전주의 시대의 사유에서 본질적인 문제는 **이름과 순서** 간의 관계에, 다시 말해 장차 **분류학**이 될 **명명법**을 발견하는 방식에 있었다."(OT, 208, 강조는 푸코의 것) 언어는 더 이상 르네상스 시대처럼 모호하지 않으며 잘 알고 있는 것을 표현하는 과제에 의해 조직된다. 고전주의 시대는 언어의 밀도에 대한 16세기의 경험을 **담론**으로 대치한다. 담론의 본질적인 기능은 부단한 제련과 명료화를 허용하면서, 존재에 이름을 붙이는 동시에 그것과 관계를 시작하는 것이다.

이러한 언어 개념과 그것이 사유에 부과하는 분석적인 과제는 고전주의 시대에 가시적인 것과 비가시적인 것의 분배에 커다란 중요성을 지닌다. 이것은 특히 예술의 영역에서 모더니티에 의해 극적으로 거부된 재

---

9 푸코는 한 장을 할애해 이러한 각각의 경험성에 대해 이야기한다. 푸코는 재현에 대한 고전주의 시대의 계획으로 이러한 훈련이 유지하는 필수적인 관계뿐 아니라 모더니티에서 이러한 경험성을 대체하는 이런저런 분야들, 다시 말해, 철학, 생물학, 정치경제학 사이의 근본적인 이질성을 입증한다. 이번 장에서 우리는 가장 분명하게 눈으로 볼 수 있는 자연사와 생물학에 대한 논의를 주로 이용하게 될 것이다.

현의 경험인 만큼, 우리는 이러한 변화들에 주목할 필요가 있겠다. 아래에서 언급하게 될 자연사에 관한 담론은 생물학이라는 근대 과학이 엮은 가시적인 것과 비가시적인 것 사이의 새로운 관계들과 대조를 이루며(1장, 「11. 근대적 가시성과 재현의 붕괴」 참조), 재현의 가시적인 역할을 이해하게 해준다.

6. 재현의 가시성

자연사의 경우 푸코는 가시적인 것이 질서의 기획에 들어맞을 수 있도록 식물과 동물에 대한 인식이 신중하게 여과되는 방식을 입증한다. 자연사는 결코 단순한 관찰 형태가 아니며, "모든 밀도를 구성하는 […] 새로운 가시성의 영역"이다(OT, 132). 그 시선은 눈에 보이는 것을 쉽게 인식할 수 있는 묘사로 재현하게 하는 일련의 작동들로부터 기인한다. 동물의 다양한 현상들을 그의 해부학적 기술과 더불어 신화, 여행가의 보고서, 지역의 요리법에 포함시켰던 르네상스 시대 역사가 울리세 알드로반디Ulisse Aldrovandi가 그랬던 것처럼, 더 이상 언어와 전설에 남아 있는 동물과 식물의 모든 흔적들을 수집할 필요는 없다. 알드로반디와 그의 제자들은 르네상스 시대의 사인signature에 대한 이해를 바탕으로 이 같은 연구에 착수했다.[10] "동물이나 식물에 대해 안다는 건 […] 가려져 있을 […] 켜켜이 쌓인 기호층을 전부 한데 모으는 것이다. […] 그렇기 때문에 알드로반디는 글로 표현된 모든 자연 현상에 대해 철저하게 숙고하고 있었다."(OT, 40)

---

10 I~IV권만 알드로반디가 집필하고, V~XIII권은 그의 사후에 그가 남긴 기록들을 바탕으로 제자들이 편찬했다는 사실을 푸코는 미처 알지 못한 듯하다. 푸코는 X권, 『뱀과 용』(Serpents and Dragons, 1640)을 언급한다. OT, pp. 39~40 & 128~129 참조.

고전주의 시대는 가시성의 다른 분배를 허용하면서 말과 사물 간의 다른 관계를 만든다. 자연사의 새로운 관찰 영역은 세계로부터 기호를 배제하고 상징적인 기호를 도입하는 것을 바탕으로 예견된다. 이제 더 이상 도롱뇽에 대해 기술된 모든 내용을 수집할 필요가 없으며 그 본질적인 속성만 지목해도 충분하다. 이런 점에서 존스톤의 『네 발 짐승들의 자연사』 *Natural History of Quadrupeds*, 1657는 다른 계획에 따른 경험에 의한 관찰을 보여 준다. "근본적인 차이는 존스톤이 **놓친** 것에 있다. 전체 동물의 어의語義는 마치 죽거나 쓸모없는 나뭇가지처럼 사라졌다."(OT, 129) 따라서 지금은 동일성과 차이의 측면에서 정의를 용이하게 하는 관찰 내용만 기록된다.

푸코는 자연사를 새로운 경험주의의 진전으로 보기보다, 이러한 과학의 관찰 형태가 어떻게 일련의 담론적 조작에 의해 구성되었는지를 설명한다. 재현의 분류학적 기획은 자연사로 하여금 무수한 동식물을 체계적으로 배제하게 하고, 그럼으로써 눈에 보이는 것을 제한하는 것이다. 물론 기호의 차원에서 다른 관찰 내용들도 배제되며, 미각적·후각적 경험 역시 마찬가지다(OT, 132). 촉각은 가시적인 분석으로 검증할 수 있는 단순한 특성 —감촉— 을 지녔다는 점에서 단연 독보적인 우위를 차지한다(OT, 132~133). 그러므로 시각은 특권을 지닌 경험 형태지만, 이 같은 배제를 통과할 무렵 우리가 다루고 있는 내용은 본다는 것의 대단히 특수화된 형태가 된다. "관찰로 그 힘을 추정해 볼 수 있는 가시성의 영역은 따라서 이처럼 배제된 것들 뒤에 남겨질 뿐이다. 그도 그럴 것이 가시성은 다른 모든 감각적인 부담으로부터 벗어나고, 더욱이 이분법적인 논리로 제한되어 있기 때문이다."(OT, 133) 체에 한번 걸러진 관찰들은 자연사의 구조와 특징에서 주도적인 개념을 형성한다. 이 구조와 특징들은 그 차이로 정의를 내릴 때 우리가 식물이나 동물에 명칭을 부여할 수 있게 하는 유기적 실체의 속성들이다. 구조는 가시적인 것에 대한 언어 이전의 분류를 수행해, 눈으로 관찰할 수 있는 것을 담론적인 기술로 바꿀 수 있다. 특성은 실체를 분류학적 네트워크 안에 두면서, 이러한 기술들이 차이를 정의하는 언어가 될 수 있음을 염두에 두는 이차적 분류가 된다. 이러한 격자를 통해 규정할 때 시각적 경험은 대단히 엄격하게 조직화된다. "관찰한다는 것은 […] 보는 것에 —— 몇 가지 사물을 체계적으로 보는 것에 —— 만족하는 것이다."(OT, 133) 당연히 시선은 제한되지만, 자연사학자가 보이는 것과 들리는 것 사이의 간격을 가로지를 수 있는 방식으로 제한된다. 자연사는 재현의 고고학적 영역에 의해 철저하게 준비된 가시성이다. 그리고 시각적 재현은 언어적 재현으로 직접적으로 쉽게 옮기기 위해 가공되어 온 경험이다.

개략적인 형태에서 보면 이것이 고전주의 시대의 에피스테메이다. 그 본질적인 경험은 질서, 즉 가시성을 형성하는 방향으로 이루어진 질서다. 재현의 기준을 바탕으로 본다는 것은 동일성과 차이의 네트워크를 통해 세계를 본다는 것이고, 다른 것들을 배제함으로써 특정한 경험의 측면들을 강화한다는 것이다. 이렇게 하면 볼 수 있는 것은 몇 가지에 불과하겠지만, 그것들을 매우 자세하게 들여다보게 되고 본 것에 대해 확신을 갖고 말하게 된다. 고고학적 차원에서 이것은 새로운 기호 체계의 결과다. 재현(즉, 담론)으로 이해되는 언어는 왕의 자리를 차지했다. 언어는 16세기 중반부터 19세기 초까지 실체에 자리를 배정하고, 끊임없이 변하는 시각적 경험을 잠시나마 안정시키는 최고 권력자 역할을 도맡았다.

존재는 마음속에서 재현되고 재현은 그 존재를 있는 그대로 보게 하는 만큼, 고전주의 시대에 담론은 재현과 존재가 반드시 거쳐야 하는 필수적인 도구가 된다. 사물을 알게 될 가능성과 그 질서는 언어의 **주권**을 […] 통과한다. (OT, 311; LMC, 322. 번역 일부 수정, 강조는 인용자의 것)

고전주의 시대에 언어, 보다 정확히 말해 재현의 역할을 담당한 언어는 절대 권력을 지닌다. 고전주의 시대의 시각적 경험 역시 이처럼 어디에나 존재하는 재현에 의해, 그리고 그것이 수반하는 배제와 강화에 의해 규정된다. 이러한 고고학적 단절로 인해 한때 르네상스 시대에 과학의 중심이었던 유사는, 마치 무례한 화가가 왕과 왕비를 캔버스 앞쪽 공간으로부터 강제 추방시킨 것과 마찬가지로 지식의 왕국으로부터 추방되었다.

7. 재현이 왕의 자리를 차지하다

〈시녀들〉의 앞부분을 차지하는 공간에서 "화가와 왕이 끝없이 어른거리는 불빛 속에 번갈아가며" 재현되는 장소가 이제 왕의 자리를 차지하고 있다(OT, 308). 실제 화가 벨라스케스가 캔버스 위에 붓질을 하면서, 그의 모델들을 거울 속에 희미하게 드러나게 배치하는 동안 고고학의 대격변이 구현된다.

그림을 가상의 벽감 쪽으로 움푹 들어가게 만들기도 하고 앞쪽으로 불룩 튀어나오게 만들기도 하는 그림 전체에 흐르는 농도를 통해 최대한 완벽하게 이미지를 묘사하려다 보니, 장면을 재현하고 있는 화가와 재현되고 있는 군주 모두를 명백하게 드러내기가 불가능하다. (OT, 16)

간단히 말해, 그림을 통해 나타나는 모델과 벨라스케스 자신이 동시에 캔버스 앞쪽의 같은 자리를 차지하기란 물리적으로 불가능하다. 푸코는 유사와 재현의 방식이라는 세계를 관찰하는 두 가지 방법 사이의 이질성에 주목하면서 이 같은 형식적인 장치를 이용한다. 이 장치 덕분에 우리는 〈시녀들〉을 그림(재현)과 귀족주의 정치 질서(유사) 사이의 관계에 대한 반영으로 해석할 수 있다. 이 그림을 둘러싼 사회사에 관심을 갖는 예술사학자들은 이 그림을 "화가라는 직업에 존경심을 부여하려는 벨라스케스의 영악한 시도"로 여긴다.[11] 역사학자들은 스페인에서 화가라는 직업에 부여된 신분이 펠리페 4세의 후원에도 불구하고 유럽의 다른 나라보다 뒤처져 있었음을 지적한다. 사회적 신분을 높이기 위한 벨라스케스 자신의 노력에 대한 일화들을 보더라도 계급에 맞추어 자리를 배치하는 것은 단순히 시각적인 계략 이상의 의미가 있음을 알 수 있다. 이 시기 회화에서, 아무리 펠리페 왕의 높은 평가를 받고 왕가와 동등한 대접을 받는 사람이라 할지라도 본질적으로 장인의 신분을 지닌 사람을 주인공으로 삼는 일은 극히 이례적이다. 벨라스케스는 죽기 직전, 펠리페 왕의 도움으로 마침내 귀족이 되었다. 그림 속 그의 흉곽은 산티아고 기사의 휘장을 자랑스럽게 품고 있는데, 이 휘장은 그림이 완성된 지 적어도 2년 후에 추가로 그려졌다(LM, 20~22). 따라서 〈시녀들〉은 '회화의 신학'the theology of the painting이라는 궁정 화가 루카 조르다노Luca Giordano의 평가로 시작하여, 이 장면을 화가[벨라스케스]의 기교가 향상되었음을 보여 주는 증거라고 주장하는 진부한 해석이 제시되었다.[12] 그러나 보다 형식적인 측면에서, 우리가 목격한 장면은 주권이 이 장면에 의미를 부여한다는

---

11 Ana Martín Moreno, *Las Meninas*, trans. Nigel Williams(Madrid: Aldeasa, 2003), p. 28. 이하 'LM'으로 인용함.

12 John Rupert Martin, *Baroque*(New York: Harper & Row Publishers, 1977), p. 167에서 인용함.

가정 하에 재현의 질서가 유사와 싸워 승리하는 순간이다. 벨라스케스가 이 그림에서 실행한 것처럼 재현을 재현한다는 것은 세계를 지시하는 이러한 두 가지 방식 사이의 필연적인 충돌에 주의를 기울이는 것이다. 유사는 재현의 새로운 가치와 양립할 수 없으며 따라서 그림자로 남는 신세가 된다.

8. 유사의 지속과 예술가의 신격화

재현에 의한 유사의 이동은 이 시대 예술에 두 가지 중요한 결과를 가져왔다. 첫 번째는 소위 '유사의 지속'이라고 하는 것과 관련되고, 두 번째는 '예술가의 신격화'와 관련된다. 고전주의 시대와 르네상스 시대의 기본적인 이질성에도 불구하고, 지속적인 유사의 '중얼거림'이 『말과 사물』과 서양의 의식에 출몰한다는 사실은 거의 언급되지 않는다. 어쨌든 왕은 여전히 그림에 남아있다. 이런 중얼거림은 『말과 사물』에서 특정한 요점들을 이해하는 데 매우 중요하다. 예를 들어, 재현 안에는 오로지 지식만 존재한다면, 소위 '창조성'이라고 할 만한 것은 유사의 영역에 확립된다. 언어가 차이에 의해 지시될 때, 시인과 화가는 결국 여전히 유사의 시선으로 세계를 보는 사람이 된다. 과거 상사의 시대에 따라 보고 말하는 것은 지식의 경계에 있는 그늘진 영역에 거주하는 것이며, 차이의 격자에 맞서 동일한 것의 예를 발견하면서 한 시대의 근본적인 문화 코드에 대항하는 것이다. 뿐만 아니라 푸코의 지적대로 창조성과 광기의 친연성을 마주하는 것이기도 하다.

상사와 기호가 각각 분리될 경우, 두 가지 경험이 확립될 수 있고 두 가지 특징들이 대면하기 시작한다. 병자는 아니지만 불치의 만성 정신이상자로, 피할 수 없는 문화적 기능으로 여겨지는 광인은 서양의 경험에서 원시적인 유사성을 지닌 인물이다. […] 그는 항상 자신이 기호를 해독하고 있다고 믿기 때문에, 다시 말해 그는 왕관이 왕을 만든다고 믿기 때문에 모든 가치와 모든 특성을 전복해 버린다. (OT, 49)

포이에시스*poiēsis*[창조적 제작] 역시 고전주의 시대 초기부터 재현의 성격을 거스르면서 상사를 기반으로 사물을 결합시킨다.

문화적 영역의 반대편 끝에서 […] 시인은, 예상되어 익히 알고 있는 끊임없는 차이들 아래에서 사물들 간, 사물의 산재된 유사성 간의 매장된 동질성을 재발견하는 사람이다. 정해진 기호하에서 […] 시인은 언어가 사물의 보편적인 유사성 안에서 빛나던 시절을 상기시키는 더욱 심오하고 다양한 담론을 듣고, 그리하여 표현하기에 매우 어려운 '동일자의 주권' the Sovereignty of the Same은 그 언어 안에서 기호들 간의 차이를 지워 버린다. (OT, 49; LMC, 63. 번역 일부 수정)

이 고고학을 통해 광기가 창조성으로 향하는 경로가 아니라는 사실을 알 수 있다. 시인은 확정된 지식의 격자와 관련된 상사와 관계를 가지면서 재현을 통과한다. 반면에 광기는 유사 안에 갇혀 여전히 재현에 귀를 기울이지 않는다. "시인은 말하는 기호들로 상사를 이끌어가는 반면, 광인은 결국 지워 버릴 거면서 모든 기호마다 유사를 잔뜩 싣는다."(OT, 50) 이렇게 광기와 시가 둘 다 서양의 경험에서 똑같은 단절을 전제하고 있지만, 시와 달리 광기는 재현 속에 상사를 엮어 넣지 않는다. 광기는 동일자의 형상 속에 여전히 갇혀 있는 반면 시는 지식의 영역에 영향을 미치면서 그것을 이용한다. 다시 말해 광기에는 작품이 없다La folie, l'absence d'oeuvre.

창조적인 작품 ── 이 주제는 우리의 연구가 진행되는 동안 계속해서 다루어질 것이다 ── 은 재현의 방식을 지나치는 움직임, 즉 해체적인 움직임으로 이루어진다. 푸코에게 포이에시스는 일반적으로 말해, 이질적인 요소를 새로운 영역에 도입하는 것이다. 이것은 일종의 기록의 횡단으로, 이를 통해 무언가가 ── 아이디어, 이미지, 실천, 단어 등 ── 다른 분야에 도입되어 새로운 분야와 그 요소 자체를 불안정하게 만든다. 이러한 기록의 횡단은 흔히 역사적인 혼합을 통해 일어난다. 푸코는 작곡자이자 지휘자인 그의 친구 피에르 불레즈Pierre Boulez에 대한 글에서, 창조적인 실천을 역사와의 "전투적인" 관계로 표현했으며, 이때 역사는 자신의 표현 수단 혹은 훈련의 역사라고 주장했다. "역사에 대한 이러한 관심에서, 과거나 현재에 고정되지 않는 역사를 만드는 것이 그의 목적이었으리라 생각된다. 그는 과거와 현재가 모두 서로에 대해 끊임없이 작용하는 상태이길 바랐다."[13] 불레즈는 현재나 과거에 대한 우리의 이해를 깨기 위해서가 아니라, "새로운 자유 공간" 안에 움트는 새로운 가능성들을 부추기기 위해, 현재와 과거 사이의 불안정한 관계를 구축한다(PB, 244. 번역 일부 수정). 고전주의 시대에 지속적인 유사의 형태, 즉 서양의 의식 안에 있지만 확고한 지식의 질서 아래에 위치한 유사의 형태들이 재현의 격자에 도입될 때 이와 유사한 일이 일어난다. 이러한 유사물들은 새로운 사고의 궤

---

13 Michel Foucault, "Pierre Boulez, Passing Through the Screen", AME, p. 243. 이하 'PB'로 인용함.

적을 열고 정해진 질서를 훼손시킨다. 『말과 사물』 서문에서 푸코가 초현실주의자들에게 대단히 소중한 시적 이미지를 '해부대operating table 위 재봉틀과 우산의 우연한 만남'[14]이라는 로트레아몽의 시에서 인용한 것은 우연이 아니다. 푸코는 이러한 이미지의 역사-인식론적 중요성, 다시 유사한 것들끼리 유추적으로 분류하는 언어의 재현적 역할에도 영향을 미치는 로트레아몽의 방식을 강조하면서, 'table'이라는 단어의 두 가지 의미를 가지고 말장난을 즐긴다. table의 한 가지 의미는 우연한 만남이 일어나는 의료 도구이다. 다른 한 가지는 "사물을 정돈하고, 종류별로 분류하며, 유사성과 차이점을 나타내는 이름으로 나누는 등, 사물에 대해 사고를 작동하게 하는"(OT, xvii; LMC, 9. 번역 일부 수정) 'tabula'(서판)로서의 의미이다. 고고학적 차원에서 초현실주의는 유추를 통한 짝짓기들이 지식의 영역에서 제외되는 순간 가능해진다.

푸코는 유사와 재현의 이 같은 상호작용이 바로크 회화의 독특한 특징을 설명한다고 주장한다. 역사가들이 사실임 직함verisimilitude을 바탕으로 르네상스와 매너리즘적 양식화로부터 바로크 회화를 구분한다면, 이것은 재현이 충분히 꽃을 피운 상태이기 때문이다. '바로크'라고 일컫는 작품들에서는 인간과 자연에 대한 표현이 과학과 아주 가까운 자연주

---

14 로트레아몽(Comte de Lautréamont)은 이지도르 뤼시앵 뒤카스(Isidore Lucien Ducasse)의 필명으로, 『말도로르의 노래』(Les Chants de Maldoror)의 저자다. 푸코가 언급한 구절은 『말도로르의 노래』 가운데 여섯 번째 칸토와 마지막 칸토의 내용이다. 서술자는 곧 말도로르의 희생자가 될 16세 소년 머빈(Mervyn)의 매력을 묘사하고 있다. "그는 맹금류의 오므린 발톱만큼이나 근사하다. 혹은 목덜미 부드러운 부위에 생긴 상처들의 불안정한 근육의 움직임만큼이나 아름답다. 아니 그보다는 무한정 설치류를 잡을 수 있고 짚 아래 숨겨 놓을 때조차 제 기능을 다하며, 짐승이 덫에 걸리면 그때마다 새로이 설치되어 영구적으로 작동되는 쥐덫만큼이나 매력적이다. 특히나 해부대 위 재봉틀과 우산의 우연한 만남만큼이나 아름답다!" Comte de Lautreamont, Les Chants de Maldoror, trans. Guy Wernham(New York: New Directions Publishing Corporation, 1966), p. 263[『말도로르의 노래』, 황현산 옮김, 문학동네, 2018].

를 특징으로 한다.[15] 따라서 심지어 종교적인 인물조차 살과 피와 땀과 눈물까지 대단히 정밀하게 인간적으로 표현된다. 그러나 이런 이미지들은 예술이지 지식의 재현이 아니다. 푸코가 지적한 대로 유사가 착시와 유비 그리고 시각적 함정을 통해 이러한 재현들 속으로 은근하게 스며들기 때문이다. 이것은 주로 공간과 조명을 바탕으로 표현된다. 〈시녀들〉과 같은 바로크 이미지들은 관람자와 장면의 분리를 없애려 하는 르네상스적 관점의 체계를 뛰어넘는다. 벨라스케스의 작품에서 빛은 우리가 화가, 마르가리타 공주, 그리고 궁중의 수행원들 자리를 차지한다는 착각을 불러일으키면서 작품 표면을 가린다. 그리고 이 착각은 재현의 상태로 들어가는 유사의 시각적 경험이다.

> 유사의 시대가 거의 끝나가고 있다. 이제 놀이 외에 아무것도 남지 않는다. 유사와 착각 사이의 새로운 연대감으로부터 놀이의 마력이 생겨난다. 상사相似라는 키메라들이 사방에서 불쑥불쑥 제 모습을 드러내지만, 이제 그것들은 키메라로 인식된다. '트롱프뢰유'trompe-l'oeil[16] 그림에 특권을 주는 시대가 온 것이다. (OT, 51)

이제 유사는 독창력의 측면에 서게 되는데, 이것은 정밀성을 강조한 재현과 환영적인 계략을 띤 상사가 바로크 회화의 두 가지 중심축이 되는 이유를 설명해 준다. 화가는 격자 아래에 놓인 환영을 들추기 위해, 고전주의 시대의 질서에 의해 확립된 보기의 격자를 헤쳐 간다.

---

15 Martin, *Baroque*, pp. 12~13 & 39~41.
16 현실로 착각하게 하는 목적을 가진 그림. —옮긴이

이 같은 에피스테메의 변동이 갖는 두 번째 주요한 예술적 중요성은 그것이 예술가에게 영웅적 지위를 부여한다는 것이다. '예술가의 삶'이라는 개념은——모더니티 시대에 살고 있는 우리에게는 예술가의 삶이란 어쨌든 보통 사람의 삶과 다를 터이고, 이러한 주체성이 예술의 진실을 보증하는 역할을 해야 한다는 생각이 익숙하다——5장에서 다루어질 것이다. 우리가 예술가의 천재성이라는 신화에 익숙한 반면, 푸코는 이러한 개념이 고전주의 시대를 낳은 단절에서 그 가능한 조건을 찾아볼 수 있음을 보여 준다. 재현의 격자 아래에 놓인 유사를 격리시킨 이 같은 능력은 과거 유사에 귀속되었던 힘들을 여전히 그 언어를 말할 수 있는 이들에게로 이동시킨다. 장 라플랑슈의 『횔덜린과 아버지의 질문』*Hölderlin et la question du père*, 1961에 대한 방대한 양의 비평에서 푸코는 서양의 지식이 유사에 몰두하길 그만둔 시점에 어떻게 이러한 삶이 뿌리를 내리게 되었는지 보여 주면서 이 삶의 역사적 출현에 대해 설명한다. 푸코는 역사를 추적하면서, 한때 서사시 속 등장인물의 것이었던 영웅적 특성이 예술가에게로 옮겨갔음을 밝힌다. "예술가의 과업은 영웅을 재현하는 것이었으나, 서양 문명 자체가 재현의 세계가 되자 영웅적 특질은 영웅에게서 예술가에게로 옮겨졌다."[17] 이러한 이동은 예술가의 주체성뿐 아니라 작품의 존재에 대해서도 의의를 갖는다.

작품은 더 이상 기념비로서의, 황폐해진 시대를 살아남게 할 수 있었던 돌에 새겨진 기록으로서의 의미만을 담고 있지 않았다. 작품은 이제 과거

---

17 Michel Foucault, "The Father's 'No'", LCMP, p. 74. 이하 'FN'으로 인용함. 이 에세이는 Michel Foucault, DE1 가운데 "Le 《non》 du père", pp. 217~231에 수록되어 있다. 부샤르(Bouchard)의 번역본을 참고했다.

에 기념했던 전설로 남았다. 작품은 인간에게 그리고 그들의 덧없는 활동
에 영원한 진실을 부여하기 때문에, 그리고 그 '본래적인' 출생지로서 예
술가의 삶이라는 놀라운 영역에 귀착되기 때문에 그 자체로 '업적'이 되
었다. (FN, 73~74)

문학적인 주제들을 다룬 한 에세이에서 푸코가 화가들에 대해 언급
하면서 이 역사를 자세히 이야기한 사실은 꽤나 흥미롭다.

화가는 영웅의 첫 주체적 변형이었다. 화가의 자화상은 더 이상 캔버스
한쪽 귀퉁이에 숨어 있는 형상으로, 재현된 장면 안에 은밀하게 참여하는
그저 주변적인 흔적으로만 남지 않았다. 화가는 작품의 한가운데에서, 영
웅 창조자의 완벽하게 영웅적인 변형 속에서 시작과 끝을 연결하는 총체
가 되었다. (FN, 74)

캔버스 구석으로부터 중앙으로의 이 같은 이동은 두 가지 의미로 이
해되어야 한다. 첫째, 고전주의 시대 초반부터 19세기 말까지, 우리는 자
화상의 제작이 증가할 뿐 아니라 이러한 재현 안에서 화가에게 부여되는
특권이 증가함을 목격할 수 있다. 역시나 〈시녀들〉에서 벨라스케스를 위
해 남겨둔 자리를 생각해 볼 수 있겠다. 얀 반에이크Jan van Eyck 의 〈아르놀
피니의 결혼〉Arnolfini Wedding Portrait, 1434에서 뒤편에 걸린 거울에 겨우 보
일락 말락 드러난 화가의 위치와 비교하면, 르네상스 초기와 배경은 유사
하지만 화가의 위치가 변화되었음을 확연하게 알 수 있다. 그러나 우리의
목적에서 더욱 중요한 문제는, 푸코가 논의하고 있는 이 위치 이동이 고
전주의 시대 이후로 예술가가 자신의 작품과 관련을 맺게 된 과정과 부득

이 진실의 토양이라는 역할을 맡게 된 과정을 나타낸다는 사실이다. 여기에서 푸코는 화가의 인생과 심리와 의도를 비추는 일종의 그림자를, 다시 말해 우리가 작품에 접근할 때 횡단해야 할 작품의 외부를 형성하는 흙을 체에 거르고 있다. 실제로 푸코는 전기 비평가들에 대해 역사의식이 부족하다고 꾸짖으면서, 전기 비평의 결과적인 형태를 비난한다. "우리 문화의 심리적 차원에는 서사시적 인식이 결여되어 있다."(FN, 75) 그러나 5장에서 보게 되겠지만, 푸코는 삶과 작품의 결합에 대해 의구심을 품으면서도, 근대 예술에서 그 중심적 역할을 주장한다. 푸코는 이러한 패러다임이 대단히 만족스러운 분석 수단을 제공해 줄지 어떨지에 대한 문제는 차치한 상태에서, 예술과 삶의 이 같은 결합이 견유주의라는 역사적 범주에 의해 서양 문명에 어떻게 도입되고 유지되었는지 설명한다.

르네상스 시대에서 고전주의 시대로 이행하게 된 이유에 대한 푸코의 해석에서 중요한 점은, 우리가 그의 해석 덕분에 예술가의 영웅화가 일어나게 된 이유를 이해하게 되었다는 사실이다. 이러한 시대적 이행을 통해 예술가의 지위가 격상된 상황에 대해, 르네상스 인문주의의 결과물이나 직업상의 지위 상승 차원에서 이해하기보다는 계보학적 차원에서 이해해야 한다. 고전주의 시대의 예술가가 어느 정도는 여전히 유사의 세계에 살고 있다는 사실을 감안할 때, 그 시대와 관련된 특성들은 예술가의 주체성과 관련이 있다고 할 수 있다. 특히나 이것은 유사를 발견할 줄 아는 사람에게 계속해서 이어지는 르네상스 시대의 지식 습득 방식에 내재된 **마술적** 양상이다.

르네상스 시대의 지식에 대한 푸코의 설명대로 "지식을 습득하는 이런 방식에 마법이 내재해 있었다면" 그것은 당시 지식에 엄격함이 부족해서가 아니라, 점술과 학식 사이의 구분이 아직 존재하지 않았기 때문이다(OT, 33). 점술과 학식은 르네상스 시대의 에피스테메에 의해 둘 다 똑같이 존엄한 것으로 여겨졌는데, 당시 사람들은 자연과 문자 언어 모두 신이 조직한 기호라고 이해했기 때문이다. "우리의 지혜를 활용하도록 하기 위해, 신은 우리가 해독할 수 있는 형태로 천지만물을 심어 두었을 뿐이다(그리고 바로 이런 의미에서 지식은 곧 점술divinatio이었다)."(OT, 33) 점술과 학식 모두에서 사람들은 같은 방식으로 유사를 추구한다. 예컨대, 같은 내용을 점술은 감춰진 것으로부터 끄집어내어 드러내는 한편 학식은 언어능력을 회복해 드러낸다. 두 가지 모두 세계와 동일한 해석학적 관계를 유지하며, 이때 세계는 그 자체로 해독해야 할 방대한 텍스트이자 주어진 목소리이다. 르네상스 시대의 지식은 본질적으로 해석학적이지만, 이것은 세상 만물이 신의 말씀을 품고 있다는 전제하에서의, 그리고 사람은 그것을 들을 줄 안다는 전제하에서의 해석학이다.

고전주의 시대 초기의 예술가는 이러한 상사의 관계를 확립하는 사람이다. 17세기에 유사는 더 이상 지식의 근간이 되길 중단하면서 예술의 토대가 되었다. 재현의 격자를 가로지른다는 것은 지식의 질서 안에서 과오를 범한다는 것이고, 동시에 보다 원시적인 목소리를 재발견한다는 것이다. 유사의 양식에 따라 이 세계의 사물을 사고한다는 것은 고전주의 시대의 과학으로는 잘못된 일이지만, 그럼에도 불구하고 이 시대의 사고 유형은 여전히 신과의 연관성을 유지한다. 고전주의 시대에 예술가들은 ─시가 됐든 회화가 됐든─ 재현의 공간 안에 유사를 끼워 넣는다. 지식의 영역에서 추방된 상사는 문화적 코드를 무시하는 논리에 따라 포이에시스의 영역에서 재발견된다. 예술가에 대한 신격화는 모더니티와 인간의 유한성에 대한 발견에 의해 새로운 단계로 접어들게 되고, 서양의 아르시브 내에 여전히 지속되는 유사에 근거를 둔다. 바로 이런 지속성 덕분에 브루스 나우먼Bruce Nauman 같은 예술가가 다음과 같은 형이상학적인 문구를 모텔 간판 같은 네온사인으로 만들어 선포할 수 있는 것이다. "진정한 예술가는 신비한 사실들을 드러냄으로써 세계를 돕는다."[18]

9. 인간의 경험

『말과 사물』에서 분석되었고 〈시녀들〉에 대한 푸코의 논의에서도 요약된 바 있는, 세 번째로 변화된 에피스테메는 지금도 여전히 우리가 보고 말하고 생각하는 토대 —— 모더니티의 토대 —— 를 형성하고 있다.

> 우리가 이 사건을 도무지 이해하지 못하는 이유는, 아마도 우리가 여전히 그 안에 사로잡혀 있기 때문이 아닐까 싶다. 사건의 범위, 사건이 영향을 미치는 층위의 깊이, 해체시키고 다시 개조하는 데 성공한 그 모든 확실성들, 단 몇 년 안에 우리 문화의 전 영역을 가로지를 수 있게 하는 최상의 힘, 이 모든 것들은 모더니티라는 실재와 관련된 연구가 거의 무한히 이루어진 후에야 평가되고 판단될 수 있다. (OT, 221)

푸코의 포스트모더니즘에 대해 많은 논의가 있지만, 『말과 사물』에서 푸코가 근대의 에피스테메를 자신의 연구의 목표이자 사유의 이유로 다루는 것만은 확실하다. 푸코는 경제학, 문헌학, 생물학과 같은 새로운

---

18 1967년에 완성된 작품. 나우먼은 마치 상점 유리창에 진열된 상품 광고에서나 볼 수 있을 법한 네온사인 간판을 이용해 위에 인용한 메시지를 일일이 작성해 화가라는 직업에 대해 다시금 생각해 보게 한다. Ed. Joan Simon, *Bruce Nauman*(Minneapolis: Walker Art Center, 1994), p. 124 참조.

학문과, "모든 것은 여전히 우리를 반영하는 직접적인 공간을 형성한다. 우리는 그 영역 안에서 사고한다"(OT, 384)고 하는 칸트의 비판을 계승하는 철학에 대해 설명한다. 모더니티와 그것이 배척하는 유한성에 대한 분석은 거의 끝으로 치닫고 있는 사고 형태이긴 하지만, 그럼에도 불구하고 여전히 우리의 사고 형태다. 2장에서 보게 되겠지만, 고고학은 뒤에 남겨진 것만을 분석할 수 있음을 매우 분명하게 보여 준다. 그럼에도 불구하고 나는 푸코가 고고학을 현재를 비판하기 위한 강력한 도구로 보았다고 주장한다. 『말과 사물』출간 직후에 가진 한 인터뷰에서 푸코는 이렇게 설명했다. "우리가 살고 있는 현재를 진단하고자 할 때, 우리는 여전히 동시대의 것으로 여기는 것들을 마치 과거의 특정한 경향에 속한 것처럼 분리시킬 수 있다."[19] 고고학은 현재의 우리를 과거의 관습, 관행, 분류와 비교함으로써 현재의 우리 모습과 과거의 우리 모습을 구분짓는 거리를 측정한다. 푸코가 제시하는 예술의 모더니티라는 다채로운 그림은 모더니티치고는 시기가 좀 늦은 감이 있지만 새로운 공간이 등장하고 있음을 보여주는 징후다. 나는 예술에 관한 푸코의 저작에서 푸코가 그의 시대에 등장한 예술 작품들이 과거의 시각적 관습들로부터, 무엇보다 재현의 영역으로부터 어떻게 벗어나게 되었는지 성찰하는 도구로 모더니티라는 개념을 이용했다고 주장한다.

푸코의 작업을 통해 우리는 이러한 모더니티를 한계 쪽으로 끊임없이 밀어붙이면서, 단독으로는 새로운 단계를 요구하길 주저하는 질문 형태들을 볼 수 있다. 이 같은 질문 형태는 새로운 배열을 넘겨줄 여러 가지 경향들을 지적하면서 우리가 지금 보고 생각하는 방식과 과거에 보고 생

---

19 Michel Foucault, "Qui êtes-vous, professeur Foucault?", DE1, p. 635. 이하 'QV'로 인용함.

각했던 방식을 구분하는 거리를 측정하는데, 그럼에도 불구하고 여전히 사유를 지시하는 방향으로서 이런 경향들을 규정하길 망설인다. 우리는 이번 연구를 통해 푸코의 방법들이 우리의 예술적 모더니티에 대한 강력한 진단을, 다시 말해 하나의 예술 작품을 과거의 것과 예리하게 구분함으로써 예술 작품의 중요성을 이해하는 데 매우 효과적인 진단을 제시했음을 보게 될 것이다. 그러나 지금으로서는 말, 사물, 그리고 시각적 경험에 다시 한 번 새로운 존재 양식을 부여하는 힘의 영향력 아래에서 재현이 서서히 무너져가는 상황을 예의주시해야 한다. 재현의 붕괴는 서양의 사유가 겪은 가장 심오하고도 전면적인 개편이다. 이 사건은 우리에게 생각할 근거를 제공할 뿐 아니라 〈시녀들〉에서 새로운 인물이 도착함을 예고한다.

19세기 초 이후로 말과 사물에 부여된 존재 양식은 '역사'다. 고전주의 시대에 '질서'가 분류의 현장이었던 것처럼, '역사'는 존재가 생각되고 판단되고 관련되는 공간을 모더니티에 제공한다. 이것은 단순히 이야기로서의 역사일뿐 아니라 세계 내의 사물을 향한 근본적인 지향이다. 또한 존재가 그 일시성 안에서 파악되고, 연속성의 관계에서 드러나며, 임박한 죽음이라는 측면에서 해석된다는 조건하에서만 지식의 질서 안으로 들어올 수 있음을 의미한다. 모더니티에서 '역사'는

지식의 영역에서 경험성이 확인되고 가정되고 정렬되고 분류되는 바탕 위에 있는, 경험성의 근본적인 존재 양식이다. […] 마찬가지로 '역사'는 위태롭고도 화려한 현존 속에서 모든 존재가 모습을 드러내는 심연이다. '역사'는 경험 안에서 우리에게 주어진 모든 존재 양식이므로 우리의 사고에 불가피한 요소가 되고 있다. […] (OT, 219)

정의상 이러한 역사적 존재 양식은 재현의 격자를 넘어선다. 좀 더 구체적으로 말하면, 부의 분석은 노동시간과 그것을 필요하게 하는 결핍을 발견하는 정치경제학으로 대체된다. 문헌학은 언어의 형태로 화석화된 인간의 투쟁, 욕망, 움직임을 목적으로 취함으로써 일반 문법을 대신한다. 그리고 자연사의 분류들은 살아 있는 존재를 서서히 잠식시키는 죽음을 폭로하는 생물학에 의해 영향력이 약해지고 있다. 종합해 보면, 이들의 출현은 서양의 의식이 더 이상 재현의 동질성과 차이에 따라 지식의 경험적 내용물을 정리하는 데 만족하지 않으며, 그보다는 재현의 아래에 놓인 힘들을 숙고하는 것으로 전개됨을 의미한다. 이렇게 근대의 에피스테메는 이런 힘들을 통합하려 시도하는 낯선 존재의 출현을 특징으로 한다. 그리고 그 존재는 바로 인간이다.

푸코처럼 "인간은 최근의 발명품이다"라고 말한다고 해서 19세기 이전의 종種의 중요성을 부인하는 것은 결코 아니다. 또한 인본주의적 주제를 무시한다거나 고전주의 시대의 사고 안에서 **코기토**가 차지하는 배경을 무시하는 것도 아니다. 이런 표현이 지적하고자 하는 것은 19세기 이전에는 흔히 말하는 인간에 대한 인식론적 의식이 없었다는 사실이다. 다시 말해 인간은 실제로 창조의 질서 안에서 중요한 위치를 차지한다고 인식되고는 있었지만, 그 존재가 체계적으로 연구된 적은 없었다는 의미다. 생존하고 노동하고 말할 때 마침내 인간의 물질성이 사고에 반영되었기 때문에, 인간의 유한성에 대한 근대적 담론은 제기되지 않았다. 인간은 재현을 압도하는 힘을 타고났다. 생명, 노동, 그리고 언어는 그 안에서 인간이 탄생하는 담론들을 형성하며, 근대의 에피스테메에서 인간의 도래를 예고한다.

역사적 측면에서 보면 근대적 사고 안에서 인간은 특이한 역할을 담당한다. '경험적이면서도 선험적인 기이한 이중체'인 인간은 이러한 학문들을 통합하고 그것을 정당화할 사유를 제공할 수 있다고 여겨진다. 근대적 사고에서 인간은 지식의 경험적 **대상**object으로서의 역할과 정당한 조건을 발견할 수 있는 선험론적 **주체**subject로서의 역할을 교대로 수행하면서 1인 2역을 담당한다. 그런데 이때 자주 간과되는——굳이 말할 필요가 없을 터이므로——핵심 내용이 있는데, 지식은 유한함을 넘어서는 어떤 것임을 자처하는 반면, 지식의 기초, 즉 이 경우 인간은 그 지식에 의해 매 단계마다 유한함이 드러난다는 점에서, 이것은 희한한 프로젝트라는 사실이다. 이렇게 근대적 사고는 재현을 가능하게 하는 동시에 재현을 능가하는 인간 존재를 이해하려는 과제를 스스로에게 부과하면서 고전주의 시대로부터 근본적으로 이탈한다. 재현에 대한 칸트의 비판은 철학적 측면에서 모더니티의 발단을 보여 준다. 코기토의 경우가 주로 그랬던 것처럼 인간 본성 역시 재현이 담론의 중립적인 공간에 쉽게 합류되길 더 이상 허용하지 않는다. 이후부터 지식은 재현을 가능하게 만드는 것에 대한 지식을 수반한다. 칸트의 연구는 유럽 문명 안에서 재현의 바깥에 머무르도록 강요된 지식에 의해 고전주의 시대의 도표가 무시된 지점을 확인한다. 이렇게 칸트로부터 시작된 인식론적 과제들은 더 이상 재현을 설명하려 하지 않는다. 이 과제들은 인류학적 경향을 신속히 상정하고 인간에 대한 담론 안에서 지식의 조건을 파악하려 시도하면서 선험적인 다양성의 담론으로 전개된다. 근대 과학은 사유에 뜻밖의 요청을 부여하는데, 따라서 지식을 갖춘 인간은 그 지식이 가능하게 만드는 것까지 끊임없이 뒷걸음질쳐야 한다. 실제로 인간이 발견하는 것은 인간을 기쁘게 하지 않을 것이다. 인간의 탄생을 예고하는 세 가지 주요한 선험적인 요소들——생명, 노동, 언어——역시 인간의 유한성을 드러내는 만큼, 인간의 학문들은 모두가 인간이 유한함을 상기시키는 것들이다. 그러나 지식은 퇴보해서는 안 된다. 그리고 근대 인식론은 발전과 퇴보를 계속 반복하는 동안, 이 유한성의 실증적인 내용들을 그 토대로 만들 시도를 꾀할 것이다.

근대적 사고로 유한성을 분석하는 방식은 당연히 고전주의 시대에 유한성을 생각했던 방식과는 근본적으로 다르다. 고전주의 시대에 유한성은 무한성 안에서 공간을 차지함으로써, 즉 정반대의 개념과 비교됨으로써 그 정체를 드러냈다. 그러나 19세기 이후부터 서양의 사유는 더 이상 이런 호사를 누리지 못한다. 푸코는 "우리는 유한성이 그 자체와 끊임없이 상호참조하는 가운데 스스로를 드러낼 때 모더니티를 인식하는데, 사실상 우리의 문화는 그걸 뛰어넘어 이미 모더니티의 문턱을 넘어섰다." (OT, 318)고 설명한다. 근대적 사고는 자기 방식대로 유한성을 사고하고, 이러한 유한성을 경험적 지식을 위한 토대로 설정하는 까다로운 과제를 지닌다. 이 과제의 무한성 때문에 푸코는 분석론을 "무한하고" "반복적이고" "끝없는" 것으로 언급한다. "유한성의 분석"은 이렇게 인간이 대상과 주체 모두로서 기능하는 철학적 기획에 푸코가 부여한 종합적인 명칭이다. 이 유한성의 분석은 다양한 요소에서 한쪽이 다른 한쪽을 의미함으로써 경험과 선험을 혼동시키는 철학적 형식의 특징이라고 할 수 있다. 근대적 사고의 인류학적 필요는 사고의 두 가지 수준, 다시 말해 "비판적 능력이 발달하기 이전의 인간 본질에 대한 분석"과 "인간의 일반적인 경험에서 나타나는 모든 것에 대한 분석"이라는 두 가지 수준을 오가는 이러한 "이중의 독단론"에서 기인한다(OT, 341). 이것은 단지 근대적 인간이 지식의 대상이자 지식을 경험하는 주체라는 이중의 운명을 지니고 있음을 표현하는 방식이다.

10. 인간의 장소와 관람자의 위치

인간이 출현하면서 〈시녀들〉 앞에서 추던 춤이 다시 한 번 중단된다. 관람자는 (즉 인간은) 화가를 (즉 재현을) 무시하면서 이 최고의 권좌와 관련된 모든 특권을 거머쥔다. 화가, 즉 실제 화가인 벨라스케스가 왕과 왕비를 캔버스에서 추방시켰던 것처럼 관람자, 즉 스페인 프라도 미술관의 벨라스케스실에서 작품 앞에 서 있는 실제 관람자는 재현의 시대를 극복한다. 그리고 이후로 자주적인 행동으로 장면의 다양한 요소들 간에 관계를 확립하는 사람은 바로 이 관람자가 될 것이다. 장면 앞에 서 있는 이 사람에게 이 위치를 양보하라고 강요하기는 힘들 것이다. 그는 이 위치에서 요구되는 모든 과제를 수행하도록 제작되었으니 말이다. 사실상 우리는 푸코처럼 이 캔버스는 처음부터 인간의 출현을 예고했다고까지 말할 수 있을지 모른다. 인간이 아니고서야 그 누가 보는 주체이자 보이는 대상의 역할을 이토록 훌륭하게 소화할 수 있겠는가? 관람자가 아니고서야 그 누가 장면의 기초이며 대상이자 재현을 위한 주체로서 역할을 담당할 수 있겠는가?

〈시녀들〉에 대한 첫 번째 담론만큼 유명하지는 않지만 '유한성의 분석'The Analytic of Finitude 첫머리는 인간의 출현과 근대의 도래를 이해하는데 매우 중요하다.

자연사가 생물학이 될 때, 부의 분석이 경제학이 될 때, 무엇보다 언어에 대한 성찰이 문헌학이 되고 이들의 공통된 위치에서 발견되는 존재와 재현이 이제 이런 고고학적 변화의 심오한 움직임 안에서 희미해지는 고전주의적 담론이 될 때, 인간은 지식savoir의 대상이자 인식하는connaît 주체로서 모호한 위치를 차지하면서 등장한다. 노예화된 군주, 관찰되는 관람자인 인간은 〈시녀들〉에 의해 미리 부여받은 왕의 자리, 아주 오랫동안 실제 존재가 배제되어 온 자리에 등장한 것이다. 벨라스케스의 그림 전체가 겨냥하고 있지만 그럼에도 불구하고 거울에 비친 우연성과 침입에 의해서만 반영되는 빈 공간에서, 서로 교대하고 배제하고 조화를 이루며 주변을 서성거렸을 모든 인물들(모델, 화가, 왕, 관람자)은 이 같은 미세한 움직임을 일순간에 멈추고 중요한 한 인물에게 시선을 고정시키면서 마침내 재현의 전 영역을 물리적인 응시와 관련시키길 요구했다. (OT, 312; LMC, 323. 번역 일부 수정)

이 구절은 —— 근대 지식과 작품 앞쪽 공간 모두에서 —— 인간이 특권적인 위치를 차지하게 된 연유를 간단명료하게 요약한다. 우리가 보아 온 바대로, 인간에게는 허술하나마 근대 지식의 다양한 기능들이 통합되어 있다. 인간은 주체인 **동시에** 대상이며, 자기 앞에 펼쳐진 장면을 파악할 줄 아는 **동시에** 그 장면의 모델이 되기도 한다. 앞에서 익히 보았던 것처럼 근대적 사고의 뜻밖의 운명으로 인해 인간은 어쩔 수 없이 유한한 경험적 지식을 선험적 수준의 정당화로 변형시키는 이중의 역할을 맡게 된다. 〈시녀들〉 앞에 선 관람자 역시 같은 역할을 담당한다. 관람자는 모델로서 캔버스에 등장하는 재현된 화가 즉 재현의 대상이 되고, 그렇게 함으로써 캔버스 안에서 펼쳐지는 시각적 놀이의 기초를 세운다. 그러나 동시에 전체 재현은 관람자에게 응시의 대상이 되기도 한다. 다시 말해 재현은 관람자를 위해 존재하고 관람자는 이 재현을 관람하는 주체가 되는 것이다. 우리는 모델과 관찰자라는 두 가지 역할을 수행하는 관람자와 더불어, 푸코가 근대 지식에서 발견했던 것과 같은 왜곡을 〈시녀들〉에서 발견한다. 〈시녀들〉 앞의 공간에서 관람자는 이중체로 바뀐다. 그림 앞에 선 관람자가 그림의 기초를 만든다는 이유만으로 관람자에게 그림은 재현이 된다. 작품 앞에 선 대상이자 모델로서 경험적으로 존재함으로써, 관람자는 그림이 갖는 의미의 선험적 조건을 제공하고 그러면서 동시에 그림의 수혜자가 된다.

마침내 이러한 주권적인 영역을 차지한 인간에게 지식의 질서 안에서 두 가지 사실이 발생한다는 점은 매우 중요하다. 첫째, 익히 보았듯이 재현은 왕의 소멸에 근거를 둔다. 펠리페 4세가 관람자의 시선을 지시하게 되면 그림은 완전히 다른 의미를 지니게 된다. 다시 말해 이런 그림에서 볼 수 있는 이미지는 왕권의 이미지, 모두가 주권자 앞에 서면 고개 숙여 절을 해야 하는 세계, 주권자의 말에 무조건 순응해야 하는 세계의 이미지다. 이런 장면에 등장하는 것들은 모두, 유사로 대표되는 인간에 의해 각자의 자리가 배정되는 세계의 배치법을 따르게 된다. 관람자와 화가는 이런 질서와 양립할 수 없으며 이 안에서는 아무런 권리를 갖지 못한다. 역사적 일화를 통해 익히 알고 있듯이, 이 작품은 벨라스케스의 화실에서 완성된 후 곧바로 펠리페 왕의 개인 서재에 격리되었다. 한 역사가의 말에 따르면 이 작품은 펠리페 왕이 사망할 때까지 "사실상 단 한 사람의 시선만 받을 수 있었다"(LM, 28)고 한다. 관람자는 거울 속에 비친 왕과 왕비의 존재에 의해 그리고 한동안 왕의 명령에 의해 일시적으로 자리를 피해야 했다. 그러나 재현은 이러한 고대의 특권을 이미 조금씩 무너뜨리고 있었다. 바로 이때 벨라스케스는 왕의 자리를 은근슬쩍 차지하고는, 그럼으로써 재현의 권리를 확고히 했다. 서양 문명은 펠리페 왕과 마리아 안나 여왕을 지움으로써 더 이상 유사성의 지배를 받지 않게 되었다. 그리고 그렇게 함으로써 권력은 재현의 요구에 따라 지식의 요소들을 통합할 수 있는 사람에게로 이동되었다. 그러나 재현이 내민 명료함은 조명이 비친 곳에서보다 어두운 곳에서 더 많은 것을 드러내는 거짓된 명료함이다. 무엇이 재현을 가능하게 하는지 서양의 정신이 묻기 시작할 때가 우리의 모더니티가 처음 등장한 때라고 인정할 수 있을 것이다. 따라서 두 번째 사건은 지식의 영역 안에 인간이 도래함을 예견하고, 그 결과로 고전주의 시대의 가시성이라는 격자가 붕괴된다. 우리의 모더니티 가운데 상당 부분이 이러한 파편들로 이루어진 만큼, 이 부분은 보다 자세하게 알아보는 것이 좋겠다.

11. 근대적 가시성과 재현의 붕괴

18세기 말, 고전주의 시대가 확립한 재현의 격자가 무너지기 시작할 때 근대의 에피스테메가 등장했다. 푸코는 두 가지 결정적인 단계를 밝히는 것으로 이 사건을 진술한다. 두 단계 모두 자연사, 부의 분석, 일반 문법의 영역에 걸쳐 사유가 재현을 능가하는 수준에서 전개되기 시작한다. 이러한 경험적 지식 안에서 사유는 일람표를 뛰어넘는 것에 대해 기술하는 과제를 담당한다. 그 첫 번째 공격은 1775~1795년에 일어난다. 이 초기 단계에 고전주의 시대의 규칙적인 패턴이 근본적으로 바뀌지는 않지만, 르네상스 시대가 끝난 이후 지속되어 오던 재현의 기능을 차츰 어렵게 만드는 각각의 실증적인 영역으로 여러 요소들이 도입된다. 다시 자연사로부터 예를 하나 들어 보면, 이 초기 단계가 진행되는 동안 특성은 여전히 생물을 분류하는 주된 수단이 된다. 그러나 쥐시외Antoine Laurent de Jussieu[프랑스 식물학자], 라마르크Jean de Lamark[프랑스 생물학자, 진화론자], 비크 다쥐르Félix Vic d'Azyr[프랑스 외과의사, 해부학자]의 연구를 통해 오로지 특성만이 시각적 범주에 속하는 시대는 막을 내린다. 대신 식물이나 동물에 관해 직접적으로 관찰할 수 있는 영역 아래에 열린, 보이지 않는 영역이 거론되기 시작한다. **유기적 구조**라는 개념이 도입된 후 유기적 조직체 안에서 특성이 어떻게 기능과 관련을 맺는지, 이러한 기능들이 어떻게 특성의 계층 속으로 유기적 조직을 구성하는지, 그리고 기능과 특성이 어떻게 생명이라는 더 넓은 개념에 의해 지지를 받고 있는지 결정할 임무가 자연 과학자에게 주어진다. 그리고 유기적 조직 안에 작동하는 과정과 체계와 기능을 위한 한 가지 기호의 역할만 담당하는 특성과 더불어 더 심오한 공간이 사유에 스스로를 드러낸다. 자연사 분야에서 사유는 재현의 수면 위를 넘쳐흐르는데, 이는 곧 가시적인 것과 그 명칭 사이에는 더 이상 직접적인 관련성이 없으리라는 것을 의미한다. 푸코는 복잡한 문제가 시작됐음을 설명하면서 다음과 같이 말한다.

> 그러므로 분류한다는 것은 더 이상 가시적인 것이 그 요소 가운데 하나에 나머지를 재현하는 임무를 부여하며 그 본질 속으로 회귀한다는 의미는 아닐 것이다. 분류한다는 것은 분석이 그 중심축을 이루는 움직임 안에서 가시적인 것을 비가시적인 것과 그 심오한 원인과 관련시키고, 나아가 이를테면 숨겨진 구조로부터 표면 위에 드러난 보다 분명한 기호를 향해 다시 한 번 위로 솟아오르는 걸 의미할 것이다. (OT, 229)

존재들을 익히 알고 있는 배열 형태 안에 배치시키는 과제는 아직 달라진 바가 없으며, 푸코는 우리가 여전히 재현의 한계 안에서 작동하고 있다고 되풀이해 말한다. 그러나 한 가지 숙명적인 우회로, 가시적인 분야를 복잡하고 심오하게 만드는 숙명적인 우회로가 도입된다. 이 시기 학문들의 공통적인 과정을 기술하면서 푸코는 다음과 같이 설명한다.

> 이렇게 유럽 문명은 스스로 그 깊이를 만들고 있으며, 여기에서는 본질이라든지, 특유의 특징이라든지, 영구적인 목록은 더 이상 중요하지 않은 대신 […] 그것들의 원시적이고 접근하기 힘든 중심, 기원, 인과 관계, 역사를 기반으로 발전한 숨어 있는 거대한 힘이 중요해진다. 이제부터 사물은 자기 속으로 침잠해 들어가는 이처럼 깊은 농도를 통해서만 재현될 것이다. 이 농도는 그 모호함으로 인해 자칫 희미하고 어두워질지 모르지만, 농도 깊숙이 숨은 활력에 의해 스스로를 단단히 동여매고, 자체적으로 결합하거나 나누며, 불가피하게 집단으로 분류된다. 가시적인 형태들, 그 관계들, 그것들을 격리하고 그 윤곽을 둘러싸는 여백들——이제 이 모든 것들은 이미 조직된 상태에서만, 시간이 지남에 따라 이 형태들을 조성하고 있는 저 아래 어두움 속에 이미 유기적으로 연관된 상태에서만 우리의 시선에 비치게 될 것이다. (OT, 251~252)

유럽의 학문들은 이제 비가시적인 것, 보다 정확하게 말하면 가시적인 질서나 재현이 이후에 지식의 과제가 될 힘의 놀이에 의해 유지된다는 것을 발견하기 시작한다. 이러한 근대화 초기 단계에서는 고전주의 시대가 확립하기 위해 그토록 노력했던 가시적인 질서가 "심연 위의 피상적인 화려함"(OT, 251)에 불과한 것이 되어 끊임없이 노출된다.

두 번째 단계인 1795~1825년에는 말과 시각, 그리고 사고가 고전주의 시대와 전혀 양립할 수 없는 존재 양식을 획득한다. 이 두 번째 움직임은 첫 번째 움직임이 강화된 것으로, 더 이상 이러한 학문들이 재현에 속해 있다고 말하기 어려워진다. 엄밀하게 확립된 본질들의 목록이 분류학이라는 가시적인 표면 결을 떠나려 할 때 사유는 이 목록들을 찢어 버리고, 대신 비가시적인 관계를 기반으로 관련성이 만들어지는 공간에서 지식이 작동된다. 자연사의 예를 보충하자면, 우리가 퀴비에Georges Cuvier[프랑스의 생물학자]의 연구를 다룰 때쯤, 우리는 더 이상 같은 동물을 다루지 않는다는 걸 알게 된다. 분류학 프로젝트는 그 자체로 **생명**을 이해하는 과제로 대체됐다. 쥐시외의 연구에서와 달리 퀴비에는 목록의 구조, 특질, 그리고 공간에 더 이상 종속되지 않는 기능의 개념을 강화한다. 근대 생물학이 막 시작될 무렵, 사유는 존재들을 더 이상 그 차이에 따라 분류하려 하지 않는다. 사유는 모든 존재를 지속시키는 보이지 않는 동질성, 즉 생명을 기반으로 존재를 파악한다. "퀴비에 이후, 분류의 외적 가능성을 위한 기반을 제공하는 것은 지각할 수 없는 순전히 기능적인 양상 안에 있는 생명이다".(OT, 268)

이로부터 두 가지 중요한 결론이 내려진다. 첫 번째 결론은 이미 시사한 바와 같이, 생물학은 지각할 수 없는 것에 관한 학문임을 스스로 자처하는 것으로. 그 목적은 존재들 속에서 그 존재를 존속하게 하는 비가시적인 통합체를 가시적으로 만드는 것이다. 두 번째 결론은 첫 번째 결론과 관련된 내용이지만, 생명이라는 개념이 과학적·철학적 사유에 보다 보편적으로 도입되는 광범위한 실존적 차원과 관련된다. 실체는 더 이상 일람표의 공간에서 서로에게 관계 있는 것으로서 이해되지 않는다. 재현의 목록을 찢어 버릴 수 있다는 걸 깨닫게 되면서, 존재들은 자기만의 특성과 새로운 관계를 맺게 되는 것이다. "퀴비에 이후, 생물은 자신의 존재 안에 스스로를 감싸고, 인접한 분류학적 관련성을 해체시키며, 연속성이라는 거대하고 포악한 계획으로부터 빠져나온다 […]."(OT, 274) 이 같은 목록의 붕괴로 인해 자연에도 역사성과 유한성이 도입된다. 다시 말해,

목록의 붕괴로 인해 생명을 유지하고 마침내 소멸하게 만드는 조건에 따라 생명을 이해할 수 있게 된 것이다. 이렇게 사유는 살아 있는 존재의 특이성을 발견하는 동시에, 그 존재 내부에서 소진시키는 힘들을 밝힌다.

> 왜냐하면 생명은 ─ 그리고 이것은 생명이 19세기 사고의 근본적인 가치가 되는 이유이기도 한데 ─ 존재의 핵심인 동시에 비존재의 핵심이기도 하기 때문이다. 생명이 있기 때문에 존재도 있는 것이며, 누구나 죽기 마련인 기본적인 움직임 속에서 곳곳에 산재해 있는 존재들은 잠시 안정된 삶을 누리다가 어느 순간 생명을 멈추고 움직이지 못하게 ─ 어떤 의미에서는 생명을 죽이게 ─ 되지만 결국에는 그 무한한 힘에 의해 파괴된다. 생명의 경험은 이렇게 존재에 대한 가장 일반적인 법칙, 존재의 실재를 기반으로 한 원시적인 힘의 발견으로 상정되고, 이것은 길들여지지 않은 존재론, 즉 모든 존재의 조화로운 실재와 비실재를 표현하려 애쓰는 존재론으로 기능한다. (OT, 278)

푸코는 여기에서, 20세기 내내 마치 존재론적 지식에 열쇠를 쥐고 있기라도 한 듯 특성과 죽음의 결합으로 회귀하는 다양한 실존 철학들을 강조하는가 하면 어떤 부분에서는 조롱하기도 한다. 푸코는 죽음을 시대를 초월한 의미의 장으로 만드는 이러한 유형의 성찰이 어떻게 생명 과학의 재배치를 통해 최근의 에피스테메로 등장하였는지 증명해 보인다. 철학에서 다루는 존재는 재현을 능가하는 것이고, 따라서 존재는 개인에게 생명을 불어넣고는 결국 제압하는 힘에 의해 사유되어야 한다. 텍스트의 이 부분에서 적절한 명칭이 언급되지 않은 건 아마도 신중함의 표시인지도 모른다. 그러나 푸코가 19세기 문헌에서 주제를 찾아내는 것과 마찬가지로, 실존적 현상학을 지배하는 주제를 인식하기는 어렵지 않다. 『임상의학의 탄생』은 보다 노골적이다. 이 책은 비샤Xavier Bichat[프랑스 해부학자]가 생명에 대한 임상 경험을 완전히 바꾸어 놓았으며, 이러한 변화가 죽음이라는 관점으로 생명을 관찰하게 하고, 근대의 철학적 사유에 "우리가 아직 벗어나지 못한" "인류학적 구조"를 제공했다고 주장한다(BC, 198).

　이러한 재현의 단절 속에서 우리는 인간이 내딛게 될, 그래서 우리의 모더니티를 형성하게 될 공간의 출현을 목격할 수 있다. 이 사유의 형태에서 가장 중요한 주체이자 대상이 되는 것은 바로 인간이며, 인간은 이러한 유한성을 만회하리라 기대할 수 있는 존재이다. 우리가 이 변화 안에 아주 수월하게 자리를 잡고 있는 만큼, 〈시녀들〉은 이러한 변화를 매우 쉽게 압축한다. 우리는 그 앞에 서서 왕이 받을 관심과 존경을 한몸에 받고 있다. 그 앞에서 우리는 우리의 유한성에 대해 담론을 펼치고, 이 담론이 어떻게 재현을 위한 토대가 되는지 의아해한다. 인간은 왕의 자리를 차지하면서 그 자신의 이미지에 따라 캔버스를 재해석한다. 그리고 사람들이 대단히 근대적인 방식으로 회화에 대한 나름의 경험을 설명하는 모습을 자주 목격하게 된다. 벨라스케스의 표현주의적 회화 기법과, 그가 물질성을 개척한 방식, 추상화에 대한 그의 경향을 자세하게 설명하게 되면 재현으로서 회화의 지위가 지워질 것이다. 이러한 범주들은 한때 생소한 이중체 안에서 허약한 통일성을 찾으며 재현의 바깥에서 기능하기 시작했다고 믿어 온 서양 경험의 토양에 뿌리박혀 있다. 인간이 서양 지식의 무대 위에 서게 되면서 회화는 그 자체로 근대의 에피스테메인 유한성과 개성, 물질성, 비가시성 —— 한마디로 말해 모더니티 안에서 직접적으로 철학과 예술에 속한 것으로 인정받는 모든 주제들 —— 을 특징으로 하는 실제적인 것들을 구체적으로 표현한다. 이제 인간이 시선을 통제하게 되고, 회화는 모더니티의 시대를 여는 이 같은 단절에 의해 제시된 존재를 반영한다.

결론

19세기 초 서양의 지식을 뒤흔든 이 같은 단절에 의해 우리의 예술적 모더니티가 얼마나 철저하게 형성되었는지 고려하지 않으면 안 될 것이다. 『말과 사물』에서 푸코의 연구가 우리에게 제시한 내용이 바로 이것이다. 이 책의 결론부터 말하자면, 푸코는 이러한 단절과 단절이 지시하는 포스트-재현적 경향에 따라 근대 미술, 특히 에두아르 마네의 작품 경향을 이해하고자 한다. 마네와 함께 시작하는 회화는 더 이상 전통적 재현 과제에 관여하지 않으며, 대신 인간학과 거의 비슷한 방식으로 자신의 유한성에 대한 연구를 시작한다. 무엇보다 이것은 회화가 자신의 물질성, 다시 말해 재현 능력의 바탕이 되는 한편 이 능력을 뒷받침하는 물질적 특성들을 탐구한다는 것을 분명히 나타낸다. 재현에 대한 이 같은 비판은 간혹 생각되는 것처럼 스스로를 정화하려는 표현수단 측면에서의 자기애적 전환이 아니다. 이것은 오래전부터 문헌에 기록되어 있던 경향이다.

2장에서는 회화의 문화적 실천 안에서 재현이 그 한계를 뛰어넘기 시작하는 지점에서만, 마네의 그림이 푸코에게 의미를 지닌다는 걸 살펴보게 될 것이다. 회화는 고전주의 시대의 소명을 뒤로 남겨둔 채, 19세기 과학과 거의 같은 방식으로 재현을 뛰어넘는 영역을 만들어 낸다. 마네를 시작으로 지금까지의 회화 경험은 그 밖의 서양 문화와 마찬가지로 근본적으로 달라질 것이다. 다시 말해 근대 회화는 재현에 귀속된 것으로 상정된 시각적 명료함과 진실을 더 이상 중요하게 여기지 않는다. 포스트-

재현적 모더니티에서 회화는 재현을 가능하게 하는 조건들에 의문을 품으며 더욱 심오한 진실을 추구하고, 이에 따라 재현의 바깥에 속한 것으로 회화를 채울 필요가 생긴다. 그리고 여기에서 회화는 재현이 제공하는 가시성 밑에서 작동하는, 힘의 움직임으로 가득 찬 자신의 유한성을 발견한다. 장기간에 걸친 예술의 근대성을 통해 우리가 발견하게 되는 물질성에 대한 이 같은 강조는 19세기 초반에 시작된 존재에 대한 사유 방식과 관계가 있다. 그리고 유럽의 과학이 재현 이상의 새로운 깊이를, 즉 비가시적인 것에 새로운 특권을 부여하는 깊이를 발견하는 것과 마찬가지로, 마네의 캔버스는 재현 아래에서 작동하는 여러 힘들로 가득 차 있다. 비가시성, 물질성, 유한성, 그리고 힘 ──이 모든 주제들은 근대 문화와 고전주의 시대를 가르는 단절과 조화를 이루며 근대 회화를 가로지른다. 그러므로 모더니티, 그것은 재현 너머의 거대한 탐구라고 할 수 있다.

2장 · 단절

서문

관습에 도전하는 성격을 띤 여행에는 뭔가 특별한 것이 있다. 푸코가 조르주 바타유Georges Bataille에 대한 에세이에서 기술했듯이, 관습에 대한 도전은 문턱을 넘나드는 행동이며, 그렇게 함으로써 그 한계를, 한계와 외부와의 관계를, 그것이 정의하는 내부를 생각하게 하는 행동이다. "어쩌면 이것은 한밤중 번갯불의 번쩍임과 같을지 모른다. [···] 이 빛은 밤이 인정하려 들지 않는 어둡고 짙은 농도가 부각되지만 [···] 바로 이 어둠 덕분에 빛이 더욱 분명하고 적나라하게 드러난다."[1] 위반은 엄밀히 말해 부정적이지 않다. 위반은 단순히 경계를 허물지 않으며, 경계의 윤곽을 비추면서 경계를 확고하게 다진다. "위반의 역할은 한계의 중심에서 시작된 과도한 거리를 평가하는 것이고, 한계를 만드는 번쩍이는 선을 추적하

---

1 Michel Foucault, "A Preface to Transgression", LCMP, p. 35.

는 것이다."[2] 여행은 자기 내부의 거리를 넓히도록 요구하는 시험적인 행동이다. 여행은 습관과 언어, 시야로 이루어진 허술한 경계를 밝혀낼 수 있게 해준다. 푸코는 "이방인으로서 법까지는 아니어도 보편적인 행동 방식인 모든 암묵적인 의무들을 무시할 수 있을"[3] 때 느끼는 묘한 해방감에 대해 언급한 바 있다. 문화적 전통을 통해 우리 자신에 관한 습관적인 태도로부터 멀어질 때, 처음 이방인이 되는 사람에게는 두 가지가 분명해진다. 간단히 말해, 여행에 수반되는 관습에 대한 도전으로 스스로가 낯설어지고, 이렇게 스스로를 낯설어하면서 새로운 호기심의 대상이 되는 것이다. 푸코에게는 튀니지의 수도 튀니스에서 보낸 시간이 이런 기회를 제공했다. 푸코는 여행에서 돌아오자마자 자신의 여행 목적 가운데 하나를 이렇게 설명했다. "질릴 만큼 오랫동안 […] 프랑스 대학에 재직한 후, 나는 내 근시안적인 시선에 거리 감각을 키우기 위해 해외를 돌아다녔다."[4] 실제로 이러한 거리는 푸코에게 서양 회화의 관습을 발굴하도록 더욱 자극을 가했던 것 같고, 사실상 계보학의 '해체적인 시선'을 만들어 내는 데 필수적인 움직임이 되었다.

푸코가 지식의 지평을 넓히는 한편 1996년 4월 『말과 사물』 출간에 의해 촉발된 일부 공격을 피하기 위해 같은 해 9월 튀니스로 떠났다는 사실은 널리 알려져 있다. 라시다 트리키Rachida Triki[현재 튀니스대학 철학 교

---

2 각주 1번 참조.
3 Michel Foucault, "An Ethics of Pleasure", *Foucault Live*(이하 'FL'로 인용함), ed. Sylvere Lotringer(New York: Semiotext(e), 1996), p. 372.
4 Michel Foucault, "La philosophie structuraliste permet de diagnostiquer ce qu'est 'aujourd' hui'", DE1, p. 612. 저자가 직접 번역함. 푸코가 튀니지에서 보낸 시간에 대한 자세한 내용은 David Macey, *The Lives of Michel Foucault: A Biography*(New York: Pantheon Books, 1993), pp. 183~208 참조. 이하 'LMF'로 인용함.

수이며 미술사학자]에 따르면 튀니지에서 푸코의 경험은 세 부분으로 이해되어야 한다. 당시의 경험은 푸코에게 1969년 3월 마침내 『지식의 고고학』*Archaeology of Knowledge*(이하 'AK'로 인용함)이 출간되면서 고고학과 관련된 이론적 문제들을 명확히 하는 기회를 제공했다. 둘째, 이 거리는 서양 미술의 회화적 관습에 대해 연구할 기회를 제공했다. 1968년 푸코는 15세기 이탈리아 미술에 대해 강의했는데, 아마도 이 강의를 프랑스 화가 에두아르 마네Edouard Manet의 작품이 콰트로첸토 시대 회화적 관습과의 최종적인 단절임을 증명하기 위한 배경으로 삼으려 했을 것이다. 마지막으로, 푸코는 대학생들과 하비브 부르기바Habib Bourguiba[튀니지의 대통령, 독립운동 지도자]의 데스투르당Destour party 간에 벌어진 지역 정치 투쟁에 몰두하게 되었다. 튀니지에서 1967~1968년에 벌어진 정치적 사건의 중요성을 경시하고 싶지는 않지만, 여기에서는 첫 번째와 두 번째 목적에 중점을 두고자 한다. 이 두 가지 목적은 근대 미술에 대한 푸코의 계보학을 구성하는 결정적인 요소를 이해하는 데 매우 중요하다.[5] 이번 장에서 우리는 마네에 대한 푸코의 강의를 명확하게 이해하기 위한 일환으로 고고학의 언어와 자원에 대해 전개하고자 한다. 나는 이 방법을 잘 아는 것이 푸코의 담론에 의해 만들어진 역사적 비교를 이해하는 데 필수이며, 회화의 역사로부터 근대 미술을 분리시키는 거리를 판단할 수 있게 해준다고 주장한다. 푸코는 마네의 작품들에 대해 르네상스 이후 회화를 지배해 온 관습을 단절시키는 작업이라고 말한다. 마네의 캔버스는 회화

---

5 푸코가 튀니지에서 정치에 참여한 내용은 다음을 참조한다. Rachida Triki, "Foucault en Tunisie", *La Peinture de Manet* (이하 'PM'으로 인용함), ed. Maryvonne Saison(Paris: Éditions du Seuil, 2004), pp. 61~63[『마네의 회화』, 오르트망 옮김, 그린비, 2016]. LMF, pp. 190~193 & 203~208. MF, pp. 192~195.

가 처음 그 재현적 능력을 반영하게 되는 장소이며, 재현적 요소를 재현 자체에 통합시킴으로써 회화가 재현을 능가할 수 있는 움직임을 시작하는 장소이다. 이번 장의 말미에서 우리는 비구상적 관점에서 예술을 논할 가능성이 있는지 타진하기 위해 푸코의 짧은 에세이 「비행의 힘」The Force of Flight을 살펴보면서, 폴 레베롤의 작품에서 마네의 단절을 엿보게 될 것이다.

이번 장은 안타깝게도 출간되지 않은 푸코의 저작을 상상하면서 마네에 대한 푸코의 평생에 걸친 관심의 파편들을 따라가는 것으로, 대체로 보완적인 성격을 띤다. 푸코는 『말과 사물』의 성공을 기회로 삼아, 마네에 대한 연구를 위해 미뉘 출판사Editions de Minuit와 계약을 맺고 'Le noir et la couleur'(검정과 색채)라는 가제도 붙였다. 들뢰즈의 아낌 없는 노력 덕분에 상당 부분 진척을 보인 이 작품에는 '소실된 원고'에 대한 안타까운 언급이라든지 언젠가 사본이라도 나타날지 모른다는 희망 등으로 어딘가 신비로운 분위기가 감돈다.[6] 그러나 불행히도 원본 텍스트는 존재하지 않으며, 1970년 9월과 10월에 작성한 일부 초안마저 사라졌거나 훼손되었다. "이에 대해서는 다니엘 드페르Daniel Defert가 보증한다"고, 마리본 세종이 그의 저서 『마네의 회화』 서문에 언급한다.[7] 푸코는 많은 자료들을 수집했고, 마네의 모든 작품들을 폭넓게 연구했으며, 심지어 마네의 스승 토마 쿠튀르Tomas Couture와의 가능한 모든 관련성을 조사했다. 그 유일한 결과물은 모든 강의가 프랑스 밖에서 진행된 일련의 공개 강좌였다. 다행히 우리는 마네의 작품에 대한 푸코의 열의를 복원할 수 있게끔, 푸

6 Gilles Deleuze, *Foucault*, trans. Seán Hand(Minneapolis: University of Minnesota Press, 1988), p. 58[『푸코』, 허경 옮김, 그린비, 2019].

7 Maryvonne Saison, "Introduction", PM, p. 11.

코의 모든 저작들에 흩어져 있는 일련의 이정표와 더불어 충분히 활용 가
능한 마지막 강의 원고를 가지고 있다.[8]

1. 해체적 관점을 위해: 고고학의 목적

푸코는 『지식의 고고학』 결말 부분에서 다음과 같은 질문을 던진다. "지
식의 규칙성을 드러내면서도, 인식론적인 형태와 과학의 측면에서 지식
을 분석하려 하지 않을 고고학적 분석에 대해 생각해 볼 수 있을까?"[9] 과
학적이라고 주장하지는 않지만, 그럼에도 불구하고 마치 규칙과도 같이
지식의 일관성이 드러나는 분야의 규칙성을 추적할 수 있을까? 다시 말
해, 담론의 규칙성을 기술하기 위해 만들어진 수단을 비담론적인 분야에
도 적용할 수 있을까? 푸코는 이 질문에 답하길 잠시 망설이지만 결국 긍
정적인 반응을 보인다. 푸코는 세 가지 가능한 방향을 대략적으로 기술하
는데, 그 가운데 하나가 회화를 분석하는 데 고고학을 활용하는 것이다.[10]

　우리가 익히 알고 있듯이 푸코는 언어학에서 차용된 모델에 따라 시
각적 형태를 분석하는 데 반대한다. 푸코는 예술은 나름의 독특한 역사
가 있고 자체적인 규칙을 따르며, 따라서 자체적인 '논리'에 따라 분석을

8　이 강의는 1975년 5월 20일, 튀니스의 타하르 하다드 문화클럽에서 실시되었다.

9　Michel Foucault, *The Archaeology of Knowledge and The Discourse on Language*, trans. A.
　M. Sheridan Smith(New York: Pantheon Books, 1972), p. 192 [『지식의 고고학』, 이정우 옮김, 민음사,
　2000].

10　나머지 두 가지 분석을 개략적으로 설명하면 다음과 같다. (1) '윤리적'이라고 일컬어지는 성
　현상(sexualité)에 대한 고고학. 성현상이 말을 통해 현시되건 말이 아닌 것으로 현시되건 간
　에, 그 성현상이 그것을 통제하고 제한하며 금지하는 실천들에 의해 통치받았는지를 보여 주
　는 것을 목적으로 한다. (2) 정치 지식에 대한 고고학. 담론, 활동, 이론이 어떻게 명확한 진술
　을 가능하게 하는지 기술한다. AK, pp. 192~195.

요구한다고 주장하면서, 예술은 언어의 형태로 환원될 수 없다고 믿었다. 하지만 그렇다고 해서 푸코에게 시각이 담론적인 부속물들로부터 완전히 벗어나 있다는 의미는 아니다. 1967년 푸코는 에르빈 파노프스키^{Erwin Panofsky}[미술사학자]의 두 저서에 관해 '말과 이미지'^{Les mots et Les images}라는 제목의 비평을 발표했다. 『초현실주의 혁명』*La Révolution surréaliste*이라는 잡지에 실린 마그리트의 삽화 제목을 참조한 이 비평에서 푸코는 파노프스키의 방식이 참신하고 중요한 보기^{seeing}의 형태, 다시 말해 분석이 언어의 한계를 극복하게 해줄 보기의 형태를 이루었다고 주장했다. 푸코에 따르면, 파노프스키의 도상해석학은 전통적인 도상학과 대조적으로, 이미지와 담론의 복잡한 관계를 보다 예민하게 인식하는 방법을 가르친다. 도상학적 방식이 이미지를 언어가 복원되어야 하는 무언의 텍스트로 여기는 반면, 파노프스키의 방식은 "담론의 특권을 폐지한다." 푸코의 주장대로 이것은 단순히 "조형적인 세계의 자율성을 주장하는 것이 아니라, 둘의 관계^{rapports}의 복잡성을 설명하는 것이다." 푸코는 도상해석학에 대해 의견을 피력하면서, 파노프스키의 방식이 "역사의 한 순간에 문명을 특징짓는 **볼 수 있는 것과 말할 수 있는 것**"[11]의 모든 뒤엉킨 결과물들을 분석하려는 자신의 기획과 거의 흡사하다고 평가한다. 그러므로 언어의 일부 ── 예를 들어, 진술 방식, 담론 형태 등 ── 가 사실상 고고학으로부터 차용되었음에도 불구하고, 회화의 고고학에 대해 말할 때 시각적 형태와 담론을 동일시하는 것으로 이해해서는 안 된다. 회화의 고고학은 담론의 규칙성을 분석하는 과정에서 형성된 개념들을 활용하여 예술사에서 발

---

11 Michel Foucault, "Les mots et les images", DE1, p. 649. 이하 'LM1'으로 인용함. 이 텍스트의 모든 내용은 저자가 직접 번역했다.

견된 양식들을 설명하려는 시도이다. 푸코 자신은 조형적인 형태들을 "모든 현상에 공통된 해석상의 기반"(LMI, 650)이 될 담론에 귀속시켜서는 안 된다고 경고한다. 담론과 형상 모두 고고학이 진술해야 하는, 고유하면서도 역사적으로 뒤얽힌 존재 형태이기 때문이다.

고고학의 첫 번째 움직임은 텍스트와 문서, 그리고 이미지의 구체적 작용 관계를 차단하는 개념으로부터 벗어나려는 것이다. 푸코의 "부정적인 작업"이 주로 담론적 통합의 기능과 관계된 것인 한편, "군림하던 어둠으로부터 쫓겨난 게 분명한 모호한 힘들"을 언뜻 일별하노라면 시각 예술에 대한 담론을 향한 이런 움직임이 얼마나 중요한지 알 수 있다(AK, 22). 『지식의 고고학』 1장의 논의는 아무런 검토를 거치지 않고 곧바로 분석 작업에 들어가는 '이미 마련된 뻔한 통합'을 사유로부터 ─ 우리는 시각에 대해서도 똑같이 말할 수 있을 것이다 ─ 배제해야 한다는 것이다. 영향력이니 전통이니 발전이니 진화니 하는 개념들, 정신이니 예술 작품이니 하는 개념들은 고고학이 찾고 있는 사건, 모순, 단절, 출현을 무시한 채 쉽사리 통합할 수 있는 역사적 장을 제시한다. 이러한 개념들은 힘의 충돌과 사건의 반전 대신 고요하고 단조로운 사건의 전달을 통해 역사의 생성이라는 거친 바다를 잠재운다. 그러나 고고학은 분석의 수준을 정의하면서, 이런 개념들을 살펴보고 시각적 형태가 이런 개념들로부터 벗어난 이후 어떻게 다른 방식으로 기능하는지 보여 준다.

푸코의 논의는 텍스트나 문서, 이미지의 기능을 단순히 기술하기보다는, 이런 개념들이 이 같은 절차를 거쳐 미리 윤곽을 드러내는 방식으로 이들을 한데 연결한다는 사실을 보여 주려 한다. 이 같은 연결 작업은 합리적인 설명을 외면할 정도로 근거 없는 해석 능력을 보유한다. 우리는 이런 분류 작업을 거부할 때 고고학을 향한 열망을 갖게 되고, 그리하여 검증되지 않은 통합 형태는 도입하지 않는다는 담론의 역사적 기능을 직접적으로 보여 주게 된다. 예를 들어, 영향력은 인과 관계라는 대단히 추론적인 개념에 의존하기 때문에 "쉽사리 분석하기에는 […] 대단히 마술적"이다(AK, 21). 마찬가지로 전통 역시 실제 사건들을 한데 연결시키면서 그 양상 내면에 있는 역사적으로 동질적인 영역을 형성한다. 또한 명확한 변화들을 원형이니 시대적 경향이니 하는 빈약한 개념으로 봉합해 버리는 한편, 연속성이라는 그릇된 형태에 대해 담론을 펼치면서 차이를 없애려 한다(AK, 21). 발전과 진화 같은 활동은 한 예술가의 작품에서 단일한 측면에 중점을 두고, 다른 작품들은 이 기준을 향해 진보한다거나 이 기준에서 이탈한다고 해석하면서 해석상의 능력을 끌어낸다. 정신은 보다 넓은 범위에서 이와 유사한 역할을 하는데, 집단 무의식, 시대정신, 혹은 세계관에 대한 호소를 통해 이질적인 현상을 연결한다. 물론 이때 발생하는 위험은 이런 설명들이 작품이라는 실질적이고 물질적인 존재, 그 역사적인 고유성과 저항적 속성들을 보지 못하도록 가린다는 것이다. 예술 작품은 나머지 개념들이 의지하고 푸코가 자신의 비평에 대한 대부분의 관심을 향하는 근원으로, 가장 자명한 것으로 여겨진다. 적절한 제목에 의해 보호를 받는 작품을 소장하는 것보다 더 신성불가침한 일이 있을 수 있을까? 푸코는 이러한 해석상의 신뢰를 두고, 하나의 작품 안에서 제목이 늘 같은 방식으로 기능하지 않는 경우에 대해 숙고할 것을 요구한다. "오직 저자의 이름만으로, 그의 이름으로 출간된 […] 텍스트, 필명으로 출간된 […] 텍스트, 그의 사후에 발견된 텍스트 […] 와 노트를 같은 것이라고 말할 수 있을까?"(AK, 23~24) 푸코가 우려하는 것은 부당한 귀속이 아니라, 예술 작품 자체 내에서 전개되는 모순적인 경향을 무디게 하는 것이며, 따라서 푸코는 이것을 분석의 출발점으로 여기지 않도록 경고

한다. 그는 강의에서 주로 마네의 작품만을 다루고 있지만, 개개의 작품과 그 작품의 출발점이 되는 역사적 관습 사이를 비교하는 쪽을 택하면서 작품을 안정된 독립체로 취급하길 거부한다.

고고학의 핵심은 이런 통일성이 결코 직접적으로 주어지지 않으며, 오히려 논리적으로 정의하기 어려운 해석에 전념한 결과 얻어진다는 것이다. 푸코는 생각하기와 보기의 습관적인 방식에서 탈피하길 바란다. 회화를 고고학적으로 다루면 이러한 함정을 피하게 되고, 양식이나 시대적 경향, 진화, 발전이 아니라 일반적으로 용인되는 회화의 관습을 바탕으로 개개의 예술 작품이 수행하는 작용에 대해 이야기하게 된다. 고고학은 차이, 이질성, 이탈에 대한 목격을 특히 중요하게 여긴다. 그리고 마네에 대한 강의는 특정 회화가 이전의 예술적 관습과 단절함으로써 어떻게 문헌 안에 자리를 잡는지 보여 주려 한다.

2. 고고학의 도구들

푸코의 『지식의 고고학』은 기호에 대한 해석학적 개념과 전통적 형식의 논리적 분석으로 모든 것을 연결하는 역할을 한다. 그러나 푸코는 그보다는 언표énoncé가 만들어 낸 효과를 따르자고 제안한다. 이때 푸코가 말하는 언표란 역사적 기능의 수준에서 고려되는 담론의 가장 기본적인 요소를 표현하기 위한 용어다. 『지식의 고고학』에서 푸코는 문文, sentence이나 명제proposition에 대한 언표를 축소하려는 시도를 멈추려 한다. 언표는 언제나 그것이 지닌 의미나, 논리적 관점에서 그것에 대해 말할 수 있는 것 이상의 무엇이다. 언표는 "구조의 영역, 그리고 어쩌면 통일성의 영역까지도 가로지르며, 시간과 공간 안에서 구체적인 내용을 가지고 구조와 통일성을 드러내는 기능이다"(AK, 87). 언표를 해석되어야 할 무엇, 혹은 논리적인 형태의 측면에서 고려되어야 할 무엇으로 다루게 되면, 그것이 갖는 실존적 인과 관계에 고유한 수준을 간과하게 된다. 언표는 문장의 문법적 통일성과 명제의 논리적 통일성 앞에 위치하며, 그 기능은 역사적 특수성 안에서 유의미하고 논리적인 방식으로 기호를 한데 합칠 수 있도록 하는 것이다. 푸코는 문장의 잃어버린 의미를 재구성하거나 내적·형식적 관계의 측면에서 명제를 해부하는 대신, 지금까지 일어나고 있고 어느 정도 지속적으로 기능하는 언표를 기술하자고 제안한다.

언표를 하나의 사건l'événement으로 생각한다는 것은, 담론에 실존적 특성을 복원시키려는, 그리고 또 우리가 앞으로 보겠지만, 예술 작품에 실존적 특성을 복원시키려는 푸코의 시도이다. 담론을 일련의 사건으로 해석하는 데 있어서 고고학은 윤리적이든 정치적이든 사회적이든 경제적이든 혹은 제도적이든, 다른 우발적인 사건과 담론을 동등하게 여기려 한다. 푸코는 사건을 생각으로 복원시키려면, 타당성에 대한 요구뿐 아니라 진실과 허위에 대한 문제로부터 분석을 해방시킬 필요가 있다고 주장한다. 대신 고고학자는 특정한 담론이 수행하는 기능과, 담론이 기능하기 위해 충족되어야 할 조건, 그리고 이 담론에 의해 발생되는 결과에 참여한다. 푸코는 콜레주드프랑스의 교수 취임 기념 강의와 그의 에세이 「철학의 극장」Theatrum Philosophicum에서 사건event에 대해 '비신체적 물질성' matérialité incorporelle을 지닌 것으로, 즉 엄밀히 말해 담론이 형체를 갖고 있지 않음에도 불구하고 실제로는 효과를 발생시키는 능력을 지닌 것으로 기술한다.

물론 사건은 실체도 우발적인 사고도 특성도 과정도 아니다. 사건에는 형체가 없다. 그렇다고 사건이 비물질적인 것은 결코 아니다. 사건은 언제나 유형성의 수준에서 효력을 나타내고 실행된다. 사건에는 저마다의 입장이 있다. 사건은 다각도로 비교 검토한 축적물과 물질적 분산 가운데 선택된 내용들과의 관계, 이것들과의 공존, 그리고 이것들과의 분산으로 이루어진다. 그러니까 사건의 철학은 언뜻 역설적으로 보이는 무형의 유물론적인 방향으로 접근해야 한다.[12]

언표의 효과를 고려하지 않는 것에 대해 푸코는 "담론의 현실을 무시한다"고 일컫는다. 철학은 담론적 사건을 논리적 관점으로 해석되거나 평가되어야 할 무엇으로 전환시킴으로써, 이러한 실존적 차원을 제대로 처리하지 못한다. 이미지에 대한 푸코의 저작들에서 언어학으로부터 차용된 모델들이 왠지 부족하게 느껴지는 이유는 단순하다. 그것이 예술 작품의 역사적 기능을 간과하기 때문이다. 이 모델들은 이미지를 해석되어야 할 기호로 이해함으로써 이미지를 차단한다. 형식주의 역시 실제로 일어난 역사적 사건이라기보다 가능한 결합의 규칙들과 관련이 있다는 점에서 의심스럽기는 마찬가지다. 그러므로 언표의 고고학적 표현은 사유를 회복하여 이미지를 고유한 역사적 실체를 지닌 사건으로 생각할 수 있게 한다.

언표의 중요성은 관계적 특성, 다시 말해 언표가 그 영향을 미치는 부차적인 공간을 도입한다는 사실이다. 이런 경향들을 총합해 담론 형성 formation discursive이라고 하며 다음과 같이 네 범주로 나눈다. 첫째, 대상의 범위, 다시 말해 연구를 위해 다양한 현상들을 분야별로 분류하는 방식.

---

12 Michel Foucault, "The Discourse on Language", AK의 부록으로 수록됨, p. 231.

둘째, 누군가 언표의 당사자가 될 경우 틀림없이 점유하게 될 선언적인 양상, 즉 주체의 위치를——제도적·사회적 등——구성하기. 셋째, 개념의 서술, 즉 차이와 배열의 형성 과정을 지배하는 관계와 분리의 규칙. 마지막으로 특정한 담론 안에서 이론적인 위치를 차지할 수 있게 하는 전략 혹은 규칙의 장에 경계를 표시하기. 언표가 제대로 기능할 때, 진술은 이러한 다양한 공간을 도입하고, 이러한 범주와 관련해 배치되는 방식에 따라 그 역사적인 특수성 안에서 뜻을 명확하게 드러낸다. 그러므로 고고학적 기술의 과제는 진술을 시작하는 것, 그리고 진술이 이러한 각각의 장 안에서 동시에 어떻게 작용하는지 기술하는 것이다.[13] 우리는 진술의 형성과 결합 안에서 관습의 규칙성을 설명할 수 있는 곳이라면 어디에서나 담론의 형성을 다루고 있다.

진술이 이야기되는 방식은 물론이려니와 담론의 형성 안에서 말할 수 있는 것과 말할 수 없는 것을 지배하는 규칙을 형성의 규칙règles de formation이라고 한다. 우리가 형성의 규칙을 파악할 때, 다시 말해 일련의 기호들이 진술이 되기 위해 충족시켜야 할 조건을 기술할 때, 그때 우리는 담론이 형성되는 과정을 보여 주게 된다. 규칙성은 우리가 지식을 접하고 있음을, 다시 말해 규칙의 체계에 따라 형성되고 변형되는 진술의 현장을 마주하고 있음을 나타내는 것인 만큼 일종의 슬로건이다. 아르시브l'archive(문서)는 문화 안에서 진술이 등장함을 보여 주는 담론적 실천의 골자다. 푸코는 진술을 보존하기 위해 할애된 전체 텍스트나 제도를 염두에 두지 않으며, 대신 사건으로서 진술을 확립하고 보존하는 진술 가능한 체계를 고려하고 있음을 분명히 밝힌다(AK, 129). 이것은 무엇을 말할 수

---

13 AK, pp. 40~70. 푸코는 한 장을 할애해 담론의 형성에 대한 이들 분야를 각각 설명한다.

있는가에 대한 첫 번째 규칙인 동시에 진술의 축적, 기록, 출현, 분류, 유지를 지배하는 법칙이다. 또한 담론에 역사적 고유성을 부여하고, 담론을 기능별로 구별하며, 그 지속 기간을 명시하는 문헌 안에서 진술이 차지해야 할 위치이기도 하다.

고고학에 대해 조심스럽게 접근할 때 두 가지 한계를 말할 수 있겠다. "하나는 아르시브는 완전하게 기술될 수 없다는 것이고, 다른 하나는 아르시브에서 이런 현상은 불가피하다는 것이다."(AK, 130) 첫째, 이 말은 문화에 대한 아르시브를 속속들이 기술할 수 없다는 걸 의미한다. 우리는 유사한 언표들이 모여 있는 영역을 고수하려 해야 한다. 그러나 이런 예방 대책을 세운다 하더라도 고고학의 결과물은 여전히 스쳐 지나가기 마련이다. 우리의 목적에 더욱 중요한 부분은 두 번째 항목인데, 푸코는 우리 자신의 아르시브, 다시 말해 우리가 말을 할 때 바탕이 되는 말의 형성 규칙을 발견하기란 불가능하다고 주장한다. 1장에서 보았듯이, 푸코는 동시대의 경향이 사유의 새로운 위치를 명확하게 드러낸다고 주장하길 꺼려했다. 고고학은 형성의 규칙이 뒤에 남겨지기 시작하는 정도로만 그것을 기술할 수 있다. 그렇다고 해서 고고학이 우리의 현재를 진단하는 데 기여하지 못한다는 의미는 아니다. 고고학은 오히려, 명백히 더 이상 우리에게 속하지 않는 것과 비교하는 방법으로, 최근에 나타난 영역의 지도를 그리려고 시도하며 그것을 시험하고 분류한다. 푸코는 다음과 같이 주장한다.

아르시브 분석은 […] 특권적인 영역을 수반한다. 우리와 가까우면서도 우리의 현 존재와는 다른 이 영역은 우리의 존재를 둘러싸고 위협하며, 존재의 다른 모습 안에서 존재를 드러내는 시간의 경계다. 이것은 우리의 외부에서 우리의 경계를 정한다. 아르시브에 대한 기술은 방금 우리 것이 되길 중단한 바로 그 담론을 기반으로 […] 가능성을 전개하는데 […] 이런 점에서 우리의 진단에 효과적이다. (AK, 130~131)

달리 말해, 현재에 대한 푸코의 연구는 간접적으로, 즉 모더니티가 시발점으로 삼은 예술의 규칙들을 따로따로 정의함으로써 전개된다. 이러한 한정 짓기는 푸코가 워홀, 마그리트, 프로망제, 마이클의 작품과 같은 시뮬라크룸 예술을 모더니티의 영역에 귀속시킨다는 내 주장을 이해하는 데 매우 중요하다. 푸코는 그가 여러 지점에서 재현이니 콰트로첸토 시대 회화니 고전주의 시대 회화니 하고 부른 것과 모더니티의 영역을 비교함으로써 이 영역을 기록한다. 푸코를 대신해, 우리도 이전의 관습을 분석하여 확보한 해체적 관점을 전개함으로써 우리 시대 예술의 본질을 발견할 수 있다.

3. 고고학과 회화

회화를 고고학적으로 분석할 때는 예술사 연구에서 일반적으로 사용하는 일부 장치를 피하는 게 보통이다. 그 가운데 가장 많이 피하게 되는 장치는 단연 주석이다. 방법론의 측면에서 주석은 드러나지 않은 수준까지 언급함으로써 의미를 복원할 수 있다고 자처하면서 여전히 우화적으로 기능한다. "회화를 분석하면서 우리는 화가의 숨겨진 담론을 재구성할 수 있고, 말이 아닌 선과 면과 색을 통해 드러나는 화가의 조용한 의도를 상기해 볼 수 있으며, 화가의 세계관을 형성하는 내밀한 철학을 발견하려 시도할 수 있다."(AK, 193) 마찬가지로 작품이 어떻게 "시대"의 산물이 되는지도 기술할 수 있을지 모른다. "또한 그 시대의 과학이나 하다못해 견해를 탐구해 볼 수도 있고, 화가의 작품 속에 드러난 견해들을 어느 정도 인식하려 애쓸 수도 있다."(AK, 193) 주석의 두 종류는 늘 그렇듯 "상상을 필요로 하는 만큼 심오한" 수준을 구성하는지, 모순된 경향을 조정하는지의 여부에 따라 둘 다 거부될 수 있다(AK, 24). 주석은 예술가가 말하려 했던 것, 혹은 예술가가 작품을 통해 문화적 시대정신을 읽으려 했던 것의 실체를 밝힐 수 있어야 한다. 푸코에 따르면 이 방법은 19세기 문학과 예술 비평에 활기를 불어넣는다. 한 세기가 전개됨에 따라 작품에 대한 비평은 취향을 요구하는 대상으로서의 작품과는 점점 관계를 덜 맺게 되고, "해석되어야 할 언어로서, 또 그 안에서 저자의 표현방식이 확인되어야 할 대상으로서의 작품과는 더욱더 긴밀한 관계를 맺는다"(AK, 42). 여기서 푸코가 지적하는 것은 판단의 미학에서 해석의 미학으로의 변화다. 전자의 경우, 미학적 문제는 한계를 정하는 것과 관련된 문제로, 구도가 아름답다고 정확하게 말할 수 있으려면 그 이전에 조건이 충족되어야 한다. 후자의 경우, 작품의 감춰진 내용을 해석하는 것이 관건이다. 이렇게 주석은 화가나 저자의 '진짜' 의도에 닿으려 노력함으로써 기능한다. 주석은 비평 활동에서 복원되리라 추정되는 더 심오하고 더 진실된 표현 수준을 상정한다.

고고학은 이러한 접근법으로부터 탈피하는 것을 목적으로 한다. 이와 대조적으로 회화의 고고학은 "회화가 말이 생략된다는 점에서 특이한 '의미를 드러내기' 혹은 '말하기'의 특정한 방식임을 굳이 제시하려 하지 않는다"(AK, 194). 여기에서 우리는 푸코가 파노프스키에게 영향을 받은 중요한 교훈을 엿볼 수 있다. 즉, 조형적 형태와 담론의 기록에 대해 그 각각의 고유성을 먼저 돌보지 않은 채 성급하게 차이를 해석하려는 것은 방법론적으로 기만이다. 푸코는 고고학의 긍정적인 과제에 대해 설명하면서 이야기를 계속한다. "고고학은 여러 관점 가운데 적어도 하나의 관점에서 기법과 효과를 통해 구체적으로 표현되는 담론적 실천을 보여 주려할 것이다."(AK, 194) 여기에서 우리는 '담론적 실천'이라는 말을 어떻게 이해해야 할지에 주의를 기울여야 한다. 이것을 또 다른 의미 방식으로 이해할 경우, 주석을 다는 습관으로 퇴행할 위험이 생기기 때문이다. 그러므로 정확히 고고학적인 측면에서, 다시 말해, 고고학은 회화를 그 나름의 규칙과 순서, 변환을 지닌 실천 혹은 실천적 지식으로 여긴다는 측면에서 이 구절을 이해해야 문제가 적어진다. 이때 고고학은 특정한 시기에 기술記述 가능한 규칙성을 통해 회화의 형식적인 요소들이 어떻게 분배되는지 보여 주려고 시도한다. 즉, 색, 여백, 농도, 명암, 거리감, 입체감 등이 구성이라는 특정한 규칙을 통해 어떤 식으로 나타나는지 이야기하는 것이다. 우리는 비언어적인 것에 언어를 복원하거나 화가의 의도를 되살리려고 시도하지 않는다. 대신 특정한 캔버스가 그것을 가능하게 하는 실천적·역사적 연계와 관련해서 어떻게 위치를 정하는지 연구한다. 푸코가 기술한 범위를 통해 추론해 볼 때, 이런 접근을 통해, 회화를 가능하거나 거부하게 만드는 보는 방식, 회화가 관람자에게 부여하는 위치, 화가 쪽에서 요구하는 역사적 위치, 회화를 통해 야기되는 이론적 설명, 그리고 가시적인 분야에서 작품이 개시하는 변화 등의 측면에서 회화를 분석할 수 있다.

푸코가 늘 그러는 것처럼, 우리는 가장 가까운 문제부터, 즉 언표-사건으로 해석되는 회화부터 시작한다. 우리는 회화를 가능하게 만들고 다시 회화가 가능하게 만드는 관계들을 해독하려 하고, 특정한 회화의 실질적 기능을 보지 못하게 하는 범주들을 도입하지 않으려 한다. 그리고 대신 이 같은 명확한 것들이 역사적 영역 안에서 어떻게 기능하는지 열거하면서 특정한 작품의 물질적 특성에 대해 기술한다. 고고학자는 특정한 작품들이 가령 담론의 주체인 화가와 수신인인 관람자에게 배정하는 위치를 조사하고 비교함으로써, 현존하는 예술적 실천에 대해 어떤 작품들이 예고하는 어려운 과제들을 상술하려 시도하는데, 여기에서 우리는 이론과 미학적 기준, 가르침의 형태, 기법, 그리고 화가의 몸짓에도 이런 배열에 내재된 '지식'이 존재하는지 여부를 평가해 볼 수 있다(AK, 193~194).

푸코에 따르면 형식주의는 실질적인 측면에서 담론을 다루기에는 역부족이기 때문에, 주석이 이론상으로만 그럴듯한 것처럼 형식주의 역시 회의적이기는 마찬가지다. 푸코는 미술 비평의 미학적 형식주의에 대해서는 분명하게 언급하지 않는 한편, 언어적 형식주의에 대해 언급할 땐 이런 방법론들의 범위가 협소하게 한정되어 있음을 명확하게 밝힌다. 나는 이것이 표면적으로 푸코와 유사해 보이는 클레멘트 그린버그와 푸코의 접근 방법을 구별한다는 차원에서 중요하다고 주장한다. 형태 분석은 좋든 싫든 담론을, 혹은 우리의 경우 회화를 실제로 일어난 사건으로 다루기보다 있을 법한 결합들을 탐색하는 데 머무른다. 형태 분석은 주로 서술의 구조를 조사하는 것과 같은 방식으로 요소 간의 결합을 판단할 목적으로 요소 간의 관계에 대해 기술한다. 형식주의는 언어적이든 미학적이든 언표가 왜 역사적 필연성을 지니는지, 주어진 담론의 형태 안에서 다른 언표들과 어떻게 관계하는지 결코 설명하지 않는다. 반면 고고학은 가능성의 영역에서 작동하기보다, "왜 (담론이) 과거의 담론을 뛰어넘을 수 없는지, 어떤 점에서 다른 모든 요소를 배제하고, 다른 요소들 가운데에서 그리고 다른 요소들과의 관계에서 다른 요소가 차지할 수 없는 자리를 차지하게 되는지"(AK, 28) 보여 주려 한다. 회화의 물질적 특성에 대해 푸코가 직접적으로 강조한 내용을 보면 언뜻 그가 '형태 분석'에 접근하는 듯 보이나, 사실상 푸코는 회화를 역사적 실존의 수준에서 다루어야 한다고 주장한다. 이렇게 고고학은 엄선된 예술 작품이 이전 작품들의 회화적 관습을 바꾸어 놓는 현장을 우리가 볼 수 있도록 전개된다. 뿐만 아니라 회화에 대한 푸코의 전반적인 접근 방식인 동시에 푸코가 다음과 같은 글을 쓴 의도를 파악하는 방법이 되기도 한다.

> 이런 면에서 회화는 공간의 물질성으로 기록되어야 하는 순수한 시각도 아니며, 이후의 해석으로부터 벗어나 영원히 공허한 의미를 지니는 조용하고 벌거벗은 몸짓도 아니다. 회화는 지식에 대한 확신으로 가득 차 있다. (AK, 194)

과학적 언표의 규칙들이 그 담론의 표층에 단단히 달라붙음으로써 식별될 수 있는 것처럼, 고고학은 회화가 특정한 시기에 어떻게 관습의 규칙성과 함께 기능하는지 설명할 수 있다. 다시 말해, 어떻게 특정한 사건들이 새로운 관습을 상정함으로써 일반적으로 인정되는 관습을 대신하는지에 주의를 기울인다면, 고고학이 각각의 회화를 놀이 안에서 일어나는 움직임으로 보고 있다고 말하는 것이 적절할 것이다. 단절은 언표를 형성하는 규칙의 차원에서 이러한 변형을 위해 준비된 용어이다(AK, 175~177). 푸코는 마네의 회화들에 대해 서양 미술에서 재현의 관습을 근본적으로 바꾸어 놓은 사건이라고 주장하면서, 마네의 작품에서 이 같은 매우 '심오한 단절'rupture profonde을 찾아낸다.

4. 마네: 아르시브의 예술가

푸코에 따르면 마네는 아르시브라고 하는 채색된 언표의 보편체계를 대신해, 자신의 작품을 확고하게 만들어 간 최초의 시각 예술가이다. 푸코는 1964년, 구스타프 플로베르의 『성 앙투안느의 유혹』*The Temptation of Saint Anthony*에 대한 에세이에서, 플로베르와 마네가 최초로 시작한 19세기의 새로운 가상 공간에 대해 탐구했다. 두 예술가는 아르시브 안에 자신들의 작품을 설정하면서, 가상의 공간에 책과 회화를 포함시켰다. 푸코는 시각이 이제 더 이상 번득이는 천재성이라든지 원초적인 욕망에서 탄생하지 않는다고 설명한다.

> 앞으로 공상에 잠기는 경험은 인쇄된 기호들의 흑백 표면으로부터, 다시 말해 먼지 쌓인 채로 닫혀 있다가 잃어버린 단어들의 비상이 펼쳐지는 책들로부터 야기된다. 환상fantasmes은 숨죽인 도서관에서 책의 본문과 책장에 가지런히 정리되어 빽빽한 담을 이루는 책들과 함께, 뿐만 아니라 불가능한 세계도 해방시키는 범위 안에서 조심스럽게 전개된다. 이제 상상은 책과 램프 사이에 존재한다.[14]

푸코는 자신의 아르시브 연구를 통해 철학이 가장 소중히 여기는 개념들을 이상화시키지 않으려 노력했다고 할 수 있다. 이 에세이에서 푸코는 근대의 상상력은 그것을 만들어 내는 참고 자료들과 관련해서 이해해

---

14 Michel Foucault, "Fantasia of the Library", LCMP, p. 90. 이하 'FLib'로 인용함. 이 에세이는 DE1, pp. 321~353에 "Michel Foucault, (Sans titre)"로 수록되어 있다. 이하 'ST'로 인용함. 나는 이 책 전반에 걸쳐 부샤르의 번역본과, 내가 직접 번역을 수정한 DE1을 참고했다.

야 한다고 주장하면서, 상상력을 냉혹한 검토 과정의 지배하에 두고 있다. 푸코는 플로베르가 문헌적인 요소들(종교에 관한 문서, 주석서, 역사서, 회화나 인쇄 형태로 표현된 이미지들)을 통해, 과거에 의존하면서도 완전히 독창적인 네트워크 형태로 융합하는 새로운 공간을 엮어 내는 방식을 보여 준다. "상상력은 거부나 보상의 형태로 현실에 반해 나타나지 않는다. 상상력은 책에서 책을 통해 기호들 사이에서 커간다 [⋯] 상상력은 장서들 속에서 드러나는 현상이다."(FLib, 91) 다시 말해, 학식이 영감을 대신할 때 지금까지 이야기되어 온 모든 내용들을 참을성 있게 재정리함으로써 상상력이 일어난다는 것이다. 푸코는 곧이어, 그렇다고 자신이 독창성의 상실이라든가 한 번도 있어본 적 없는 황금시대를 향한 향수에 대해 시큰둥하게 비판하는 것은 아니라고 분명하게 밝힌다. 사실상 이것은 근대의 문화적 중요성이 갖는 본질적인 성격에 대한 이해의 문제라고 할 수 있다. 19세기는 "이후 각각의 회화가 그림이라는 커다란 사각형 표면으로 이루어지며, 각각의 문학 작품이 글이라는 분명하지 않은 중얼거림으로 이루어지는" 공간을 펼친다. 플로베르와 마네는 "책과 캔버스라는 예술 자체에 출구를" 만들어 이러한 변화에 도움이 된다(FLib, 92; ST, 327. 번역 일부 수정).

마네의 작품, 〈풀밭 위의 점심 식사〉Déjeuner sur l'herbe, 1863와 〈올랭피아〉Olympia(그림 2)는 근대 시대의 막을 여는 단절의 일환으로, 푸코에 따르면 "미술관에 속하는" 최초의 회화다(FLib, 92; ST, 326. 번역 일부 수정). 각각의 캔버스에서 회화는 본질적으로 그 자체와 새로운 관계를 확립한다. 이것은 미술 작품이 나름의 역사적 사실성으로 이루어진다는 사실을 인정하는 것을 넘어서서, 회화가 제도적 환경 안에서 상호 의존성이라는 새로운 형태를 획득한다는 사실을 강조하는 것이다. 푸코는 창조적 실천

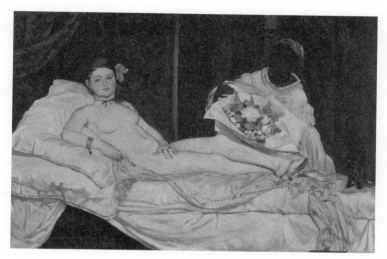

그림 2. 에두아르 마네, 〈올랭피아〉, 1863

형태의 유사성을 강조하면서 "플로베르의 작품이 도서관과 맺는 관계는 마네의 작품이 미술관과 맺는 관계와 같다"고 설명한다. "그들은 과거에 그림으로 그려지고 글로 쓰였던 것과의 본질적인 관계 안에서, 아니 무한하게 전개되는 회화와 글과의 본질적인 관계 안에서 글을 쓰고 그림을 그린다."(FLib, 92; ST, 327. 번역 일부 수정) 익히 알고 있듯이 아르시브란 표현방법의 형성과 변화를 위한, 고갈되지 않는 체계를 일컫는다. 아르시브에는 이러한 담론의 실천들이 포함되어 있는데, 이 담론의 실천들에 새로운 담론적 요소들이 어우러지면서 표현방법이 변화된다. 플로베르의 『성 앙투안느의 유혹』이 문헌적 소재를 자유롭게 응용함으로써 그 본질을 끌어낸 것처럼, 마네의 작품 역시 마찬가지다. 이 에세이는 플로베르가 어떻게 다양한 자료들을 일관된 통일체로 변형시키는지 밝힌 데 반해, 마네에 대해서는 매우 수수께끼 같은 언급에 그친다. 마네가 과거 회화 작품과의 관계를 통해서만 그림을 그린다는 푸코의 주장을 우리는 어떻게 이해해야 할까? 근대 미술이 아르시브에 의해 서술되는 공간 안에서 발생한다는 말은 또 무슨 의미일까?

각 구도의 역사적 선례는 잘 알려진 바다. 〈풀밭 위의 점심 식사〉에서 표현된 구도는 마르칸토니오 라이몬디Marcantonio Raimondi[16세기 이탈리아의 동판화가]의 판화 〈파리스의 심판〉The Judgment of Paris, 1525년경 으로부터 세 인물의 배치를 빌려온 것이다. 〈파리스의 심판〉 역시 라파엘로의 유실된 밑그림을 모사했다. 마네는 이 그림과 더불어 그가 미술을 공부할 때 모사한 적이 있는 조르조네의 〈전원의 음악회〉Fête champêtre, 1510~1511년경를 결합했다.[15] 이 그림에서처럼 전원에서 휴식을 취하는 장면들은 서양 미술에서 오랜 역사를 지니고 있으며, 19세기 프랑스 부르주아들에게 대단히 인기가 있었다. 마네의 〈올랭피아〉 역시 티치아노의 〈우르비노의 비너스〉Venus of Urbino, 1538년경를 출발점으로 하는 유서 깊은 족보를 지니고 있다. 마네는 1853년 플로렌스에 머물 때 이 작품 역시 모사한 바 있다. 이 작품은 1865년 살롱전에 전시되면서 엄청난 격분을 일으켰는데, 인종에 대한 고정관념을 이용하고 티치아노가 이상화한 여성상을 뚱뚱한 매춘부로 대체하면서 분노를 더욱 촉발시켰다. 뿐만 아니라 19세기 파리의 성매매 종사자를 통칭하는 이름을 제목으로 사용함으로써, 매춘부가 사랑의 여신의 세속화된 모습임을 쉽게 확인할 수 있었다(19CA, 283).

전통적인 배치를 대체하기 위해 그 배치를 적용하는 마네의 이 같은 작업이 갖는 중요성은 이러한 작품들에 관한 여러 연구에서 주목을 받는

---

15 Robert Rosenblum & H. W. Janson, *19th-Century Art*(New York: Harry N. Abrams, Inc., 1984), p. 282. 이하 '19CA'로 인용함. 로젠블럼은 회화에 대해, 잰슨은 조각에 대해 평론했다.

다. 미술사학자인 로버트 로젠블럼에 따르면 두 작품 모두 르네상스 시대의 원형을 "패러디"해 "해체에 대한 묘한 감각"을 일으킨다(19CA, 283). 로젠블럼은 〈풀밭 위의 점심 식사〉를 검토하면서, 각각의 회화 속 요소들이 — 세 명의 중심인물, 목욕하는 여인, 풍경, 전경에 놓인 정물 — 묘하게 일관성을 잃어, 최종적인 통합은 결코 일어나지 않을 것처럼 보인다고 설명한다. 이 장면은 "르네상스 시대의 질서인 유사에 의해 잠시 잠깐 조화를 이루지만", 우리는 이 장면을 통해 구도의 통일성이 붕괴되는 현장을 목격한다(19CA, 282). 바타유에 따르면 마네는 회화가 회화의 의미 능력을 적극적으로 파괴하는 희생의 경제학에 발을 들여 놓는다. 바타유는 다음과 같이 말한다. "마치 언어처럼 감상을 표현하는 것은 회화를 부정하는 것이다."[16] 인식하기 쉬운 요소들은 역사적 전례 혹은 현실 세계의 관계에 대한 철저한 무관심과 함께 도입된다. 이것은 근대 회화에서 볼 수 있는 침묵이며, 바타유에 따르면 회화를 회화일 수 있게 하는 침묵이다.[17] 그밖에 마네가 과거의 회화에 의지한 것은 상당히 실질적인 효과가 있으며, 공간의 구도 안에서 각 인물들을 조화롭게 결합시킬 수 없음을 암시한다는 주장도 있다. 질 네레Gilles Néret는 "구도는 마네의 정신을 산

---

16 Georges Bataille, *Manet*(Paris: Éditions d'art Albert Skira S. A., 1994), p. 38. 본문은 저자가 직접 번역했다.

17 바타유는 전통 회화의 담론적 기능과 마네의 자율적인 회화를 대비시킨다. "과거의 회화는 결코 자율적이지 못했다. 과거의 회화는 장엄한 성당의 일부일 뿐이었고 미사 예식을 이해하기 쉽도록 완전성을 마련할 뿐이었다. […] 그러나 마네는 이 모든 것에 등을 돌렸다." Bataille, *Manet*, p. 28. 바타유는 마네의 〈막시밀리안 황제의 처형〉(The Execution of Maximilian)과 고야의 〈5월 3일〉(The Third of May)을 비교하면서 두 작품의 근본적인 차이는, 마네의 구도는 그것이 말하고 있는 사건에 아무런 관심이 없다는 걸 보여 주는 데 있다고 주장한다. "마네는 마치 꽃이나 물고기를 그리기로 마음먹었다는 듯 처형당할 황제의 모습을 여전히 냉담하게 그리고 있다." Bataille, *Manet*, p. 45. 이 작품의 냉담함은 '웅변'(eloquence)에 대한 마네의 부정을 상징적으로 나타낸다.

만하게 만든다. 마네의 작품은 과거 거장들이 마련한 체계들이 작품을 뒷받침할 때에만 성공적이었다"고 주장한다.[18]

그러나 푸코가 마네의 작품을 아르시브적이라고 특징지을 때, 인용문 이상의 보다 복잡한 작용을 염두에 두고 있음이 틀림없다. 마네의 작품은 회화를 이루는 방식들, 일반적으로 회화로 인정되는 방식들을 근본적으로 바꾸어 놓는 만큼 푸코에게 마네는 중심적인 인물이다. 이러한 변화는 회화의 물질적 특성이 회화 자체에 드러나면서 가능해지고, 그렇게 될 때 회화의 재현 능력 자체가 비판을 받는다. 마네의 작품은 재현하는 무엇으로서 스스로를 재현할 책임을 맡으면서 궁극적으로 재현을 넘어서게 할 수 있다. 마네가 상징적인 화가였음은 의심할 여지가 없는 한편, 회화의 구성 법칙을 기반으로 이루어진 변화는 20세기 추상 미술의 탐구를 가능하게 한다.

5. 콰트로첸토 시대 회화의 관습 대체하기

전통적인 연대표는 마네가 회화의 인상파 운동을 시작했음을 알려준다. 그러나 푸코는 마네가 서양의 재현의 전통을 근본적으로 바꾼 방식을 보여 주면서 이러한 해석이 부여하는 권위를 약화시킨다. 사실상 푸코의 강의는 이런 연대표에서 마네를 해방시키고, 마네의 진짜 유산은 20세기 추상 미술에 있다는 주장을 설명하는 데 일정 부분 할애된다. 푸코는 이 강의에서 얻은 관점을 기반으로 1975년 인터뷰에서 다음과 같은 주장을 펼친다. "마네가 회화에 미친 영향에 비하면, 인상파 화가들은 절대적으로

---

18 Gilles Néret, *Édouard Manet: The First of the Modern* (Los Angeles: Taschen, 2003), p. 16.

퇴보하고 있다."[19] 회화는 재현하는 어떤 것임을 재현하기 시작하면서, 마네는 오랫동안 자체의 물질성을 감추려 했던 회화의 전통에 이의를 제기한다. 마네에게 회화의 물질성 —— 평평하고, 빛을 받으며, 물리적 공간 안에 걸려 있다는 사실 —— 은 회화 자체에서 재현된다. 회화는 더 이상 사물을 재현하는 데 만족하지 않으며, 이제 재현 능력에 대한 자기지시성self-referentiality, 즉 궁극적으로 재현 자체를 '떨쳐 내는'se débarrasse 과정을 획득한다. 마네의 미술 작품에서 가장 중요한 요소는 '타블로 오브제'tableau-object, 다시 말해 감상의 경험에서 재현을 뒷받침하는 물질성은 어느 정도 불가피하다는 견해를 구축하는 것이다. 달리 말하면, 마네의 작품은 서양 회화가 재현을 능가하는 자신의 운명을 발견하게 되는 하나의 사건이다.

푸코는 이런 변화들을 보다 정확히 고려하기 위해 그의 청중들에게 15세기에서 19세기까지 서양 회화를 특징짓는 관습을 상기시킨다. 이처럼 콰트로첸토 시대 회화의 관습을 되돌아보면서 푸코는 예술을 모더니티로 향하게 하는 추진력과 더불어, 마네의 작품에서 찾을 수 있는 혁신적인 요소들을 더욱 선명하게 들여다볼 수 있게 된다. 푸코가 이런 특징들을 전개하면서 강의를 진행하는 속도를 고려해 볼 때, 이런 특징들은 1968년 강의에 참석한 튀니지 청중들에게 무척 낯익은 영역이 아닐까 싶다. 푸코에 따르면 15세기 피렌체 미술에 의해 시작된 전통은 일종의 얼버무리기jeu d'esquive로 이해되어야 한다. 콰트로첸토 시대 회화는 물질이 만들어내는 재현에 찬성하면서도 관람객이 물질성을 잊도록 공모한다. 따라서 회화는 그것이 근거하는 표면(회반죽, 나무, 캔버스, 종이)과 함께

---

19 Michel Foucault, "À quoi rêvent les philosophes?", DE1, p. 1574. 이하 'QRP'로 인용함. 이 본문의 모든 내용은 저자가 직접 번역했다.

그 모양과 부피도 가리게 된다. 또한 구도의 내적 역학관계는 2차원 평면에서 3차원을 표현해 내는 어려운 과제를 수행하는 데 거의 전부를 바친다. 사선, 나선, 직각, 색의 농담은 모두 재현을 야기하는 2차원적 표면을 대신해 기하학적 공간을 형성한다.

르네상스 시대의 미술사들은 이탈리아 도시 국가의 대단히 정치적인 세계 안에서 이 선원근법linear perspective을 발견한다. 가족예배당을 끊임없이 칠하고 또 칠하고 수많은 공공 위원회와 새로운 후원 형태가 등장하면서 양식상의 실험이 장려되었으며, 그에 대한 보상으로 새로운 양식이 도입되었다. 선원근법이 등장한 연대에 대해서는 의견이 분분하지만, 대략 15세기 초 이탈리아의 건축가 필리포 브루넬레스키Filippo Brunelleschi가 처음 발견한 것으로 알려진다. 여러 개의 대각선을 하나의 중심점에 모이게 함으로써 채색된 표면에 입체감을 주고, 따라서 장면은 수학적으로 계산된 규칙성을 갖게 되며, 그로 인해 정도의 차이는 있겠지만 대상은 이른바 관람자와의 거리에 비례하는 공간을 부여받는다. 이 기법은 아마도 브루넬레스키의 도움으로 피렌체의 산타 마리아 노벨라 성당 왼쪽 벽에 그려진 마사초Masaccio의 프레스코 벽화 〈성삼위일체〉The Trinity with the Virgin Mary, Saint John, and Two Donors, 1425~1428년경에 도입되었다. 마사초의 프레스코 벽화는 벽의 평평함 대신 깊이감을 표현해 물리적으로 불가능한 공간에 가상의 예배당을 가능하게 한다. 라시다 트리키는 마사초가 푸코의 1968년 강의에서 논의된 콰트로첸토 시대의 예술가 가운데 한 명이었음을 소개한다. 푸코는 이 강의에서 브란카치 예배당Brancacci Chapel의 프레스코 벽화 〈낙원에서의 추방〉(1425~1428년경)을 다루었다.[20] 정신과

---

20 Triki, "Foucault en Tunisie", PM, p. 57.

의사이자 1950년대 초 푸코와 함께 여행한 친구, 자클린 베르도Jacqueline
Verdeaux 역시 푸코 덕분에 마사초의 중요성을 알게 되었다고 증언했다.
"푸코는 나에게 피렌체에 있는 마사초의 프레스코 벽화를 이해하게 해준
사람이다."[21] 르네상스 역사학자들의 견해에 따르면 마사초의 프레스코
벽화는 "19세기까지 유럽의 시각 언어를 지배한"[22] 배치distribution의 전형
적인 예다. 이들 회화에서 푸코는 형식상의 구조를 넘어선 영역에 관심을
둔 한편, 마네와 비교를 위한 콰트로첸토 시대의 분석은 이 시대 미술이
어떻게 채색된 표면의 물질성을 가리기 위해 기하학적인 기법들을 개발
했는지에 중점을 두었을 것이다.

콰트로첸토 시대의 착시 놀이는 작품 구도상 재현된 빛이 방 안에 비
치는 유형의 진짜 빛을 대체할 때에도 가능하다. 작품 안에 표현된 내부
의 빛은 촛불 같은 인공 광원을 통해서든 창문 같은 자연 광원을 통해서
든, 회화가 관찰을 위해 스스로를 드러내는 방식을 보여 준다. 이렇게 표
현된 빛은 관람자의 시각이 빛의 재현 논리에 따라 이어지게 해, 관람자
로 하여금 습관적인 기대로부터 거리를 두게 하는 역할을 한다. 바로 이
지점에서 푸코가 〈시녀들〉에 대한 논의에서 빛의 분석을 다룬 부분을 상
기할 필요가 있겠다. 벨라스케스의 구도는 관람자를 장면 안으로 안내하
고, 우리가 화가 앞에서 자세를 취하고 있다는 착각을 불러일으키기 위해
재현 안의 빛을 활용한다.

그림의 오른쪽 끝은 매우 뚜렷한 원근법에 의해 재현된 창문을 통해 빛

---

21 MF, p. 46에서 인용. 이 구절에 주목할 수 있게 해준 캐서린 소슬로프에게 감사한다.
22 John T. Paoletti & Gary M. Radke, *Art in Renaissance Italy*(New York: Harry N. Abrams,
    Inc., 1997), p. 205. 이하 'AR1'으로 인용함.

이 비친다. 원근법은 너무나 분명해서 우리는 빛이 들어오는 가느다란 면적만 겨우 볼 수 있을 뿐이다. 또한 창을 통해 흘러들어 오는 빛은 서로 겹쳐지지만 더 이상 환원될 수 없는 두 개의 인접한 공간을, 다시 말해 그림이 재현하는 입체감과 더불어 그림의 표면 (즉 화가의 작업실 혹은 현재 화가의 이젤이 설치되어 있는 응접실), 그리고 그 표면 앞에서 관람자가 점유하는 실제 부피(혹은 모델이 서 있는 가상의 위치)를 동시에 그리고 똑같이 넉넉하게 감싼다. (OT, 5)

〈시녀들〉에서 재현된 빛은 인물들이 자리하는 착각의 공간을 만들면서 장면 전체에 가시성을 제공한다. 빛은 캔버스의 오른쪽 끝에서부터 장면 내부를 향해 흘러들어 오고, 허술한 통일성 속에 인물을 배치하면서 전경에 있는 인물들을 엄습한다. 빛은 이런 역할을 담당하면서 관람자가 점유한 공간 속으로 확장해 들어오는 한편 화가의 작업실에 입체감이라는 착각을 불러일으킨다. 이러한 작용은 관람자가 이 거리를 가로지를 수 있고, 전경에 서 있는 인물들 사이를 자유롭게 돌아다닐 수 있음을 암시한다. 푸코의 말대로 사실상 내부의 빛에 의해 관람자와 캔버스에 재현된 인물들 사이에 공통된 기반이 확립된 것이다.[23]

푸코가 묘사하는 콰트로첸토 시대의 세 번째 특징은 일정 부분 앞선 두 특징의 산물로, 관람객에게 작품을 볼 수 있는 유일하고도 이상적인

---

23 재현된 빛은 인간의 모습을 입체적으로 표현해 준다. 입체감 표현법(modeling)이란 명암의 교묘한 조작을 통해 무게와 부피의 착각을 일으키는 화법에 대한 전문 용어이다. 일부에서는 선원근법과 점원근법이 인체를 실물 그대로 표현하려는 화풍에 따르기 위한 필요에 의해 촉발되었다고 주장하기도 한다. AR1, p. 204 참조. 푸코에게 카라바조(Caravaggio, 1571~1610)는 논의의 여지가 없는 대가이다.

장소를 배정한다. 선과 빛의 미묘한 작용에 의해 재현은 얼버무리기를 가장 잘 볼 수 있는 좋은 위치를 제공한다. 역사가들의 설명대로 "원근법은 그림 내부의 공간을 만들어 낼 뿐 아니라 관람자를 그림 밖의 중심선 위에 자리잡도록 지시하면서 그림 앞쪽 공간에 위치시키기도 한다"(AR1, 205). 이 경우 역시 〈시녀들〉에 대한 푸코의 분석이 도움이 된다.

> 화가의 시선에서부터 그가 바라보는 대상에 이르기까지, 구경꾼인 우리로서는 도무지 피할 도리가 없는 강렬한 선 하나가 흐르고 있다. 이 선은 실제 그림 속으로 가득 번지고, 그림의 표면으로부터 흘러나와 화가가 우리를 관찰하고 있음을 우리가 깨닫게 되는 지점까지 이어진다. 이 점선은 부득이 우리에게까지 이어져 우리를 그림의 재현과 연결시킨다. (OT, 4)

그리고 관람자를 이 최적의 장소에 꼼짝 못하게 붙들어 놓지 못한 채 화가의 시선이 결국엔 조금씩 흔들리고 있다면, 그것은 오른쪽에서부터 스며들어 오며 캔버스를 관통해 우리의 움직임을 종용하는 빛 때문이다. 〈시녀들〉은 다소 불안한 긴장 속에서 콰트로첸토 시대의 이 세 가지 요소들을 붙잡고는, 화가의 시선으로 인해 관람자를 옴짝달싹하지 못하게 만들었던 바로 그 지점에서 세 요소들을 서로 겨루게 해 관람자에게 묘한 운동 감각을 제공하려 한다는 점에서 푸코에게 대단히 인상적인 작품이 되었다.

이 요소들은 널리 인정되고 있는 콰트로첸토 시대의 배열 방식으로, 이제 마네의 작품에서 변형되어 나타난다. 익히 알고 있듯이, 고고학의 중심 과제는 담론 형성의 수준에서 단절을 설명하는 것이다. 마네의 캔버스가 회화의 형식 요소들이 배치되는 관례를 근본적으로 바꾼다는 점에서 푸코에게 마네는 대단히 '심오한 단절'이 일어나는 장소이다. 이 단절은 우리가 복원해 온 원칙들, 곧 얼버무리기를 전환함으로써 가능하다. 마네의 캔버스는 회화의 물질적 상태를 감추는 대신, 새로운 놀이, 즉 재현 자체 안에서 사실상 재현의 필수 조건인 이런 물질성을 은근히 드러내는 놀이를 예시한다. 마네 작품의 성과란 이 원칙들을 포착해 그것을 전복시키는 것인 만큼, 바로 이 지점에서 우리는 마네가 여전히 공개적인 회화에서 단절과 관계를 유지하며 그림을 그렸다는 푸코의 견해를 이해할 수 있다. 또한 푸코는 회화의 관습이 암묵적으로 드러나는 이런 규칙성들이 마네의 작품에서 어떻게 재전유되고 재배치되며 재이동되는지 보여 주고자 한다.

이러한 근대적 변형의 결과가 바로 '타블로-오브제'다. 푸코에게 타블로-오브제는 르네상스 시대의 영향을 받은 구도와 구별되는 세 가지 특징을 지니고 있다. 첫째, 마네의 작품은 재현의 공간이 작품의 물질성을 가리는 얼버무리기가 되기보다, 재현으로서 그 지위를 분명하게 자리매김하는 구성상의 제한 요인들을 환기시킨다. 푸코의 분석은 마네가 과거의 관습을 넘어서기 위해 오히려 그것을 통합시키는 간접적인 방식에 중점을 둔다. 둘째, 마네는 화폭 내부에 빛을 재현하는 대신, 그림이 놓인 공간에서 비치는 진짜 빛에 의지한다. 르네상스 시대의 전통인 명암 기법을 통해 이루어진 수정modification에 대한 분석은 타블로-오브제의 푸코식 개념화에 필수적인 측면이며, 앞으로 보게 되겠지만 〈풀밭 위의 점심 식사〉와 〈올랭피아〉를 둘러싼 스캔들에 대한 푸코의 설명에도 대단히 중요하다. 마지막으로, 타블로-오브제는 관람자에게 한 가지 위치만 지정하는 것이 아니라, 관람자와 캔버스 사이의 관계에 작용함으로써 탈중심화 작업에 영향을 준다. 푸코는 마네의 작품 〈폴리-베르제르의 바〉Un bar aux Folies-Bergère, 1881~1882가 우리에게 뭔가 낯선 인상을 주는 이유는, 우리로 하여금 작품 앞 어디에 자리를 잡아야 할지 알 수 없게 하기 때문이라고 주장하면서, 작품과 관련해 이 마지막 작용에 대해 논의한다.

이렇게 타블로-오브제는 콰트로첸토 시대의 관습에 대해서 이루어진 작용의 결과다. 마네의 작품은 대략 500년간 회화의 경험을 구조화한 법칙을 파악하고 그 반전을 꾀한다. 이후의 시각적 경험은 모더니티의 중요한 한 부분, 다시 말해 우리가 예술 작품과 관계를 맺는 방식을 끊임없이 알려 주는 한 부분이 된다. 그림으로 표현된 장면은 더 이상 얼버무려야 할 필요성에 지배되지 않으며, 대신 2차원적인 것, 실제 조명을 받는 것, 그리고 관람자에 의해 타협되는 것임을 강조한다. 푸코는 마네의 주요 작품 가운데 열세 작품을 작품별로 분석하면서 타블로-오브제의 세 가지 양상에 대해 각각 논의를 펼친다. 이러한 접근 방식은 가장 인접한 것부터 시작하고자 하는 방법상의 선호, 그림으로 표현된 언표의 명확함을 특징으로 한다. 이것은 가까이 접할 수 있는 작품을 등한시하는 철학적 경향을 뒤집으려는 노력으로 이해될 수 있으며, 여기에서 우리는 고고학이 약속한 결실을 보게 된다.

6. 재현 안에서 재현의 물질적 조건 나타내기

재현의 물질성에 대한 마네의 고집은 근대 미술의 궤적에서 대단히 큰 중요성을 갖는다. 푸코는 다음과 같이 설명한다.

이 같은 타블로-오브제의 발견, 재현된 것 안에서 캔버스가 지닌 물질성의 재도입, 이것은 마네가 회화에 도입한 커다란 변화의 핵심이며, 이런 점에서 우리는 마네가 콰트로첸토 시대 이후 서양 미술의 기본 법칙을 이루었던 모든 요소들을 […] 붕괴시켰다고 말할 수 있다. (PM, 24)

마네가 재현에 회화의 물질성을 도입한 주된 방식은 그림 속 공간을 평면적으로 만드는 것에서 시작되었다. 그러나 푸코는 마네가 근대 회화의 평면성을 고집하는 것 외에, 회화의 관습인 규칙성을 넘어선다는 것을 보여 주는 유사-담론적 요소가 그의 작품에 어떤 식으로 표현되고 있는지 설명한다. 크게 보았을 때 마네의 작품은 재현에 대한 비판을 담당하는 시각 언어를 발견하기 위한 노력으로 읽을 수 있다. 마네는 기존 회화에서 착시를 일으키는 공간을 축소시킬 뿐 아니라, 콰트로첸토 시대 관습에 대해 수시로 역설적인 언급을 전개하면서 구도 안에서 이러한 변화를 드러낸다.

〈오페라 극장의 가면무도회〉Le bal masqué à l'Opéra, 1873~1874는 최신 유행 복장을 입고 왁자지껄 즐기는 사람들에 대한 재현적인 묘사가 대단히 뛰어나고, 동시에 이런 복장들을 이용해 '입체감과 평면성을 한 묶음으로' 표현할 수 있다는 점에서 이 같은 변화의 좋은 예가 된다. 전경에 모인 인물들은 관람자가 방 안쪽으로 다가가지 못하도록 가로막는다. 일렬로 늘어선 실크해트의 선들이 이러한 장애를 환기시키고, 구도상 뒤쪽에 자리 잡은 수평의 흰 벽이 또 한 번 접근을 방해한다. 그리고 이 벽 자체가 커다란 수평 축을 강화하는 한편 장면에 테두리가 된다. 뿐만 아니라 양쪽 끝에 수직의 장벽들이 더해져서 이미지 안에 전체적으로 테두리가 한 번 더 둘러진다. 하지만 그럼에도 불구하고 그림의 주제로 인해 사람들은 이런 요소들에 의해 가려진 방의 깊이를 예측해 볼 수 있다. 종래 회화에서 시각적인 기대치로 무장한 관람자는 이런 장애물들을 통과하려 애쓰는 동안 좌절감을 경험한다. 그러다가 캔버스 왼쪽 하단 구석의 틈새를 보고 안도감을 느끼게 되는데, 반복되는 차단물 때문에 시선은 어쩔 수 없이 이 공간으로, '일종의 역설적인 상황'에 의해 잠시 장애물이 제거된 현장으로, 이곳에 참석한 사람들의 발치에서만 찾아볼 수 있는 틈새로 피신하게 되는 것이다. 이번에도 역시 푸코가 흥미를 갖는 부분은 이 캔버스가 회화 자체에 회화의 물질적인 속성을 재현함으로써 회화의 오래된 법칙들을 변화시키는 방식이다. 우리는 매체의 형식적인 속성에 대한 무자비한 고집에 부딪친 후, 마침내 바뀐 게임의 법칙을 겨우 눈치챌 수 있을 만큼만 공간의 깊이를 슬쩍 들여다보게 된다.

　　마네가 여러 차례 다루었던 주제, 〈막시밀리안의 처형〉L'exécution de Maximilien, 1868 역시 유사한 절차로 이루어진다.[24] 상당히 규모가 큰 이 작품은 1867년 오스트리아의 대공 막시밀리안의 처형 사건을 기록한다. 그림에서 막시밀리안은 양옆의 동포들과 함께 처형 집행 군인들에게 총살을 당하고 있다. 나폴레옹 3세는 1864년 막시밀리안을 멕시코의 왕으로 앉혔으나 프랑스의 지원은 오래가지 못했으며, 프랑스 군대가 멕시코를 떠나자 반대 세력들은 즉시 막시밀리안을 체포해 사형을 선고했다. 이 사건은 많은 유럽인을 분노케 했으며, 처형 방식과 나폴레옹 3세의 과실, 그리고 서양 외교의 무능한 방식에 몸서리를 치게 만들었다. 마네는 이 사건을 접하자마자 작업에 착수해 대대적인 규모로 이 사건을 기록했다. 이같은 대형 작품은 일반적으로 역사나 신화와 관련된 주제를 그릴 때 이용되었는데, 마네가 이런 규모를 이용한 것은 일종의 도발을 일으키기 위한 것으로, 다시 말해 현 사건을 그야말로 신화적인 위치로 격상시키려는

24　푸코는 독일 만하임의 쿤스트할레 시립미술관에 소장된 1868년 작품에 대해 분석한다.

의도로 해석할 수 있다. 그러나 이런 해석 이면에 이 그림은 도덕적인 의분에 빠지길 거부하는 표현을 담고 있다. "마네는 마치 텔레비전 화면으로 세계의 참상을 알리는 현대의 뉴스 방송자처럼 시종일관 무표정하다"(19CA, 287)고 언급한 한 역사학자의 말처럼 그림 속 인물들의 표정은 하나같이 냉담하다. 그림에는 거의 표정이 드러나지 않으며, 오른쪽 사형 집행인 역시 사형수를 마주하면서도 조금도 힘든 내색을 하지 않는다. 그는 지금 총알을 재장전하고 있는 것일까? 늦게 도착한 걸까? 이 병사의 제복이 프랑스와 멕시코의 양식이 한데 어우러져 있고 마네가 그림 속에 파리 군인들을 배치한 것만 보아서는, 그림 속 병사의 표정이 왜 이렇게 무심한지 사실상 알기 어렵다(19CA, 286). 말할 것도 없이 이 작품은 정치적으로 논쟁을 불러일으켰으며, 프랑스에서는 일반인에게 공개되지 못하도록 금지당했다. 더구나 그 원형인 고야의 〈1808년 5월 3일〉The Third of May 1808, 1814과 비교하면 그 냉담함은 더욱 충격적이다. 고야의 작품 역시 당대의 사건 ─ 스페인 내란의 주동자들이 나폴레옹 군대에 의해 처형당한 사건 ─ 을 표현해 역사적 주제를 다루었지만, 인물의 표정은 관람자의 기대에 부응하는 방식으로 이루어졌다. 눈부시게 번쩍이는 빛이 관람자의 시선을 군인의 총검에서 무릎을 꿇은 희생자에게로 이동시키고, 그의 고통스러운 표정에서 비명소리가 들릴 것만 같다. 군인들은 복수를 가하느라 여념이 없다. 그들의 근육은 팽팽하게 긴장되어 있으며 완벽하게 정렬된 대열은 한 치의 흐트러짐이 없어, 어떠한 결과가 진행될지 분명히 예측할 수 있다. 고야의 병사들은 대단히 유능한 살인 기계로 기능하는 반면 마네의 병사들은 징집된 지 얼마 되지 않은 듯한 티가 난다.

푸코는 마네가 고야의 어떤 특징을 참조했는지, 혹은 그림에 냉담한 분위기를 연출한 이유가 무엇인지에 대해서는 깊이 생각하지 않는다. 그보다는 장면의 공간을 난폭하게 가로막는 커다란 벽에 주의를 환기시킨다. 이 벽은 재현 자체에 그림으로 표현된 지지물의 물질적 평면성을 보여 준다. 〈오페라 극장의 가면무도회〉에서와 마찬가지로 이 벽은 공간의 깊이감을 느끼지 못하게 가로막으면서 인물들을 앞으로 밀어내 관람자의 시선과 마주치게 한다. 이런 식의 작용은 비현실적인 공간을 만들어 처형장만 살짝 드러낸다. 총살형 집행 부대는 각자의 가슴에서 일직선으로 총을 겨누면서 희생자들에게 바싹 붙어 선다. 사실상 라이플총의 길이가 암시하는 거리는 지면 위 인물들이 서 있는 위치보다 훨씬 길어 보인다. 이렇게 시각적으로 거의 장면의 깊이를 가늠하기 어려운데도 불구하고, 우리는 이 두 집단을 분리하는 관습적인 거리를 여전히 믿으려는 경향이 있다. 푸코의 분석에서 관람자는 **지각하는**perceived 것 ─ 공간의 평면성 ─ 과 행동에 필요한 거리로 **해석하는**understood 것 사이에 끼어 있다. 그 효과는 죄수들을 작게 그리는 것으로, 거리감을 착각하게 만드는 콰트로첸토 시대 이전 화법의 변형에 의해 강조된다. 마네는 "실제로 재현되지 않는 거리를 나타내거나 상징화하기 위해"(PM, 28) 이런 효과를 다시 사용한다. 우리는 멀리 있는 사물일수록 작게 보인다는 사실을 알기 때문에, 두 인물 집단 간의 차이로 인해 그들이 상당히 멀리 떨어져 있다고 판단하게 된다. 마네의 방식에서 "거리는 지각에 의해 인지되는 것이 아니라" 오히려 "순수하게 인지적인 것으로" 기록된다(PM, 28). 여기에서도 우리는 보기와 말하기의 분리를 다루려는 푸코의 노력을 엿볼 수 있다. 푸코의 설명대로 "입체감은 더 이상 지각의 대상이 아니"지만 대신 "회화 내부에서만 […] 의미sens를 갖는 기호"에 의해 입체감을 느낄 수 있다(PM, 29). 이 같은 작용을 통해 마네는 르네상스 이후 회화를 지배해 온 공간적인 실천을 전복시키고 이러한 변형이 진행 중임을 보여 준다. 이렇듯 '순전히 상징적인' 공간 관계는 회화의 전통적인 배치에 대한 마네의 도전을 드러내는 전조가 되며, 푸코의 해석에서 이것은 재현의 한계를 시험하고 비평하겠다는 표현으로 읽힌다.

〈보르도 항구〉Le port de Bordeaux, 1871에서 푸코는 또 다른 재현의 필요 조건을 장면 안으로 끌어들이기 위해, 회화의 과장된 표현이 캔버스 직물의 조직과 합해지는 방식에 대해 강조한다. 왼쪽 상단 구석, 보트의 돛대들이 만들어 내는 수평과 수직의 선들은 캔버스를 짜기 위해 엮은 무수한 섬유 조직망을 보여 준다. 푸코는 "이것은 마치 캔버스의 섬유 조직이 형태를 드러내 내부의 기하학적 구조를 보여 주는 것 같다"(PM, 30)고 설명한다. 마네는 재현이 의지하는 물질성을 더 이상 숨기려 애쓰지 않고, 오히려 그것을 자신이 표현하려는 이미지 안에 통합시켜 버린다. 이렇게 해서 캔버스의 물질성이 드러날 수 있게 할 뿐 아니라 그 자체로 재현의 일부를 형성하게 되는 것이다. 여기에서 캔버스의 씨실과 날실은 장면을 뒷받침하는 역할은 물론이고, 푸코 특유의 해석에 따르면 이 장면의 주제로 기능하게 된다.

회화의 재현적 기능이 그림의 평평한 공간과 캔버스를 구성하는 섬유 조직망을 드러내기 위해 바뀌었다면, 캔버스에 양면, 다시 말해 앞면recto과 뒷면verso이 있다는 사실에 대해 에둘러서라도 표현할 방법을 찾아야 한다. 재현은 무엇보다 그 매체의 특성상 보이지 않는 무언가가 있다는 걸 알려야 할 터인 만큼, 마네의 해결 방식은 '불온한'vicieuse 것일 뿐 아니라 심지어 '그악스럽기'méchante까지 하다. 가시적인 것과 비가시적인 것의 놀이에 대한 푸코의 분석은 〈철도〉Le chemin de fer, 1872~1873를 중심으로 이루어진다. 이 작품에는 기차역에 있는 한 여인과 아이의 모습이 다소 매력적으로 묘사되어 있다. 하지만 푸코는 그의 분석에서, 이 캔버스에 재현된 내용을 정확히 이야기하려면 관람자가 무척 애를 먹게 될 거라고 주장한다. 대체로 마네의 인물들이 한 명 이상 같은 방향을 바라보는 일이 드물긴 하다. 그렇지만 이 그림은 인물의 시선이 각자 반대편을 향한다는 점에서 어딘가 훨씬 고집스러운 구석이 있다. 아이는 관람자의 시선을 사로잡고 그 시선을 그림의 깊숙한 곳으로 내던진다. 여인은 그 시선과 만나고, 시선을 외면하고, 다시 관중에게 시선을 되돌린다. 마주보는 시선의 강렬함은 장면 자체에 무언가 결여된 것이 있음을 암시하지만, 관람자는 그것이 무엇인지 말하기 어렵다. 아이와 같은 방향으로 시선을 옮기면, 증기와 연기가 장면을 희뿌옇게 뒤덮어 관람자의 시선이 더 이상 진행되지 못하도록 방해한다. 여인의 시선은 관람자를 지나 그림의 평면 바깥에까지 이어진다. 어느 쪽도 인물의 주의를 끄는 것이 무엇인지 알기 어렵다. 푸코에게 이런 갈등은 "보아야 한다고 느끼지만 작품 안에는 나타나지 않은 대상을 어떻게든 보기 위해 캔버스를 돌리고 위치를 바꿔 보고 싶게 만든다"(PM, 35). 존재하지 않는 ─ 매체의 특성으로 인해 존재할 수 없는 ─ 것이 재현 안에 포함되는 이런 식의 놀이를 시작으로 재현의 한계에 대한 담론이 회화에 도입된다. 이것은 양면을 지닌 무언가라는 사실이 더 이상 가려지지 않는, 캔버스의 물질적 속성에 관한 놀이이며, 양면을 동시에 보지 못하는 관람자의 무능에 대한 담론의 주제이다. 이것은 푸코의 설명대로 회화가 "눈에 보이지 않는 무언가를 드러내는 것으로서 스스로를 자처하는 최초의 사건"(PM, 35)인 만큼 재현으로서 회화의 지위를 크게 흔들어 놓는다.

이상의 것들이 바로 캔버스의 물리적 속성이 재현 안에 드러나는 방식이다. 평면성, 질감, 작품의 양면적인 특성에 대한 미묘한 재현을 통해, 마네의 구도는 콰트로첸토 시대 회화의 법칙을 전도시킨다. 따라서 푸코는 콰트로첸토 시대와 대비되는 타블로-오브제의 첫 번째 속성에 대해, 마네의 작품은 착각을 일으키는 재현의 공간을 실제 캔버스의 물질적 공간으로 대체한다고 설명한다. 마네는 재현으로서 회화를 구성하는 요소인 얼버무리기 대신 회화의 재현 기능을 가능하게 하는 조건들을 표현한다. 또한 재현의 근저를 이루는 것에 대해 숙고함으로써 근대적 사고가 고전주의 시대를 앞지르기 시작한 것과 같은 방식으로, 이러한 작용이 일어나는 동시에 재현을 지지하고 재현의 기초가 되는 것에 대한 성찰을 포함함으로써 이미지 안에서 이러한 변화를 드러낸다.

7. 콰트로첸토 시대 조명의 도식 대체하기

두 번째 그룹에 속하는 작품들에 대한 분석에서 푸코는 마네가 콰트로첸토 시대의 허구적 조명을 캔버스의 외부에서 비치는 진짜 조명으로 대체한 방식에 주목한다. 전자의 방식은 그림이 진짜 조명을 받는 직사각형 표면에 기반을 둔다는 사실을 감추는 데 도움이 되었다면, 후자의 방식은 조명을 활용해 작품이 놓인 공간에 주의를 돌리게 한다. 푸코는 이 같은 표현 방식이 마네가 살롱전에 출품했던 두 작품, 〈풀밭 위의 점심 식사〉와 〈올랭피아〉를 둘러싼 비난을 이해하는 데 매우 중요하다고 설명한다. 푸코의 강의는 근대 회화가 콰트로첸토 시대의 규칙성을 대체함으로써 독자적으로 자리매김하는 방식을 증명해 보일 뿐 아니라, 이런 미학적 변화에 재현의 관습에 대한 윤리적 암시들이 가득 내포되어 있다는 사실은 간과한 채 어떻게 이 같은 논란들만 열심히 만들어지게 되었는지 증명해 보이겠다는 야심찬 포부를 드러낸다. 푸코는 이 그림들에 의해 비롯된 논란을 짧게 언급하면서 그림에 대해 개략적으로 설명한다. 이것은 그림을 하나의 사건으로 이해할 때 야기되는 방법론적인 경향을 반영한다. 물론 이런 정보도 중요하긴 하지만, 고고학적 관점은 회화를 구성하는 규칙을 바꾼다는 측면에서, 우리가 다른 역사적 세부 사실들을 어느 정도까지 이해할 수 있는지 묻기 이전에 먼저 특정한 작품에서 이루어지는 시각의 단절에 대해 설명하려 한다. 이런 식으로 분석을 하게 되면 여러 흥미로운 일화들을 간과할 수도 있겠지만——예를 들어, 마네와 보들레르가 주고받은 편지라든가——새로운 관점에서 작품을 보게 된다는 이점이 있다. 그러므로 푸코는 〈풀밭 위의 점심 식사〉와 〈올랭피아〉에 대한 논의에서 "윤리적인 비난이 어떤 미학적인 비난을 만드는 서툰 방식에 불과했음을 보여 주려 한다"(PM, 39). 이러한 푸코의 논의에 따르면 이 작품들이 지닌 의의는 단순히 예술에 적절한 주제라고 여겨지던 것들을 향한 당시의 기대에 부응하지 않았다는 데 그치지 않는다. 푸코는 바로 구성 요소들 간의 근본적으로 새로운 상호작용으로 인해 작품들이 파열적인 것으로 체험된다고 주장한다. 푸코는 이 작품들에 의해 이루어진 빛의 변화에 대해 논하면서, 회화를 구성하는 이런 법칙들이 변할 때 주제 안에 내포된 모욕이 어떻게 지각되고 심화되는지 보여 주고자 한다. 따라서 〈풀밭 위의 점심 식사〉는 두 개의 서로 다른 조명 체계를 기반으로 감상해야 하는 한편, 〈올랭피아〉는 조명이 관람자의 시선을 모델의 벌거벗은 몸으로 향하도록 이끄는 방식을 이해해야 한다.

푸코가 〈풀밭 위의 점심 식사〉의 기반이 된 다른 작품들에 대해 언급하는 데 별 관심이 없으며, 이 그림을 '박물관용'이라고 정의한 것은 기존에 용인된 회화의 관습을 언급한 후 그것을 바꾸려는 의도로 이해되어야 한다는 내용은 이미 설명한 바 있다. 푸코에게 〈풀밭 위의 점심 식사〉는 두 개의 빛이 비치는 '부조화' 혹은 '이질성'을 특징으로 한다. 둘 중 하나는 고전주의를 상징하며 다른 하나는 모더니티를 상징하는데, 이렇게 다른 두 가지가 공존한다는 것은 회화가 가시성의 새로운 문턱을 통과하고 있음을 암시한다. 캔버스 상단에 강에서 목욕하는 여인은 고전주의식 구도를 보여 준다. 빛은 이 장면의 오른쪽 상단에서부터 흘러들어와 아래로 내려오면서 관목 앞에 앉은 여인을 비추는 식으로 **묘사된다**. 푸코는 "여인의 몸을 휘감고 얼굴을 드러내는 삼각형의 빛"(PM, 37)에 주목한다. 실제로 전경에 모여 있는 인물들과 비교하면, 이 구도는 거리에 비해 인물을 상당히 선명하게 보여 준다. 반면에 전경에 모인 사람들은 다른 방식으로 가시성에 관여한다. 이 인물들은 내부적인 요소에 의해 드러나기보다 캔버스에 직각으로 비치는 빛에 의해 가시성에 도달하게 된다. 이 발광체는 평면성이라는 전체적인 효과와 함께 회화의 물리적인 속성들을 각기 따로따로 배열한다. 예를 들어, 측면에 앉은 남자의 단순한 용모와 뒤쪽에 자리잡은 여자를 비교할 수 있다. 또한 이 직사광선은 까만 옷을 입은 남자와 그 남자 곁에서 현저하게 대조를 이루는 여자의 하얀 알몸, 그리고 복장을 통한 각 인물의 지위 정도를 강조한다.

푸코에 따르면 이처럼 서로 양립할 수 없는 두 가지 모티프의 공존은 측면에 앉은 젊은 남자의 엉거주춤한 몸짓에 의해 암시된다. 쫙 편 손의 모양은 전혀 자연스럽지 않고, 더구나 그림의 주제와 아무런 관련이 없는데도 이 손이 그림의 한가운데에 버젓이 위치해 있는 것은 도무지 이해하기 힘든 배치다. 푸코는 마네가 캔버스를 구성하는 두 개의 경쟁적인 조명 장치를 가리기 위해 이런 몸짓을 활용한 것으로 본다. 엄지손가락은 내부의 광원이 흐르는 방향을 가리키는 한편 펼친 집게손가락은 외부의 조명이 시작되는 지점을 가리킨다. 이런 세부 묘사는 콰트로첸토 시대의 관습과 격차가 벌어지고 있음을 나타내면서 재현이라는 관습의 변화를 강조한다고 볼 수 있다.

마네는 〈올랭피아〉에서 전통적인 빛의 역할도 바꾸어 놓는데, 푸코에 따르면 이는 1865년 살롱전 첫 출품 당시 스캔들을 일으킨 부분적인 원인이기도 하다. 우리는 당시의 기록을 통해 격노한 관람객들이 공격을 가하지 못하도록 그림 주위에 경호원을 배치시켰다는 사실을 알고 있다. 모든 화려한 치장을 벗어던진 고급 창녀의 생활을 엿본다는 사실만으로도 충격인 마당에, 빛을 이용해 여성의 몸을 묘사하면서 위태로운 부분을 노골적으로 드러냈다는 사실은 충격을 더욱 심화시킨다. 티치아노의 〈비너스〉Venus와 비교하면 당시의 충격이 어느 정도였을지 이해하는 데 도움이 될 것이다. 르네상스 시대의 원형인 티치아노의 〈비너스〉는 여성의 자태를 표현하길 수줍어해, 어느 정도의 재량을 감안한 도식적인 빛의 사용으로 관음적인 쾌감을 누그러뜨린다. 짐작컨대 빛은 방의 오른쪽 상단에 위치한 창문을 통해 들어와 왼쪽에서 오른쪽으로 퍼져 여성의 몸을 부드럽게 감싼다. 이 '가시성의 원칙'은 캔버스를 조직하고 비너스의 나체를 드러내되, 관람자의 직접적인 참여를 자제시킨다. 푸코는 이런 상호작용에 대해 다음과 같이 설명한다.

> 티치아노의 〈비너스〉의 몸이 […] 가시적이라면, 그래서 그녀가 우리의 시선에 몸을 맡긴다면, 그것은 측면에서 은밀히 들어와 그녀를 급습한 황금빛 광원, 그녀도 우리도 모르는 사이에 그녀를 놀라게 한 이 광원이 있기 때문이다. 여기에는 이 나체의 여인이 있으며, […] 아무렇게나 덥석 그녀를 덮친, 혹은 그녀를 어루만진 이 빛, 그리고 빛과 여인의 나체 사이의 놀이를 알아채는 관람자인 우리가 있다. (PM, 40)

여인의 몸과 빛 사이의 놀이는 캔버스 앞에 선 관람자의 위치와 관계 없이 일어난다. 측면에서 움직이는 빛에 의해 여인의 나체가 눈에 들어오 기 때문에 관람자는 대개 부차적인 존재로 남는다. 여기에서 우리는 마치 우연인 것 같은 한 장면, 마치 전혀 의도치 않게 우리의 시선을 잡아끈 것 같은 무언가를 목격하게 되고, 그로 인해 여전히 한 걸음 물러날 수 있게 된다.

반면 〈올랭피아〉는 드러내고자 하는 바를 조금도 거리낌 없이 드러 낸다. 이 장면이 계획되고 여인이 옷을 벗는 건 관람자의 즐거움을 위해 서다. 좀 더 강하게 표현하자면, 푸코의 주장대로 우리는 "필연적으로 이 나체에 연루되어 있으며, 어느 정도까지는 여기에 책임이 있다"(PM, 40). 이것은 외부의 실제 빛을 이용하게 된 결과이다. 마네의 '강렬한 빛'은 여 인의 몸을 측면으로 부드럽게 흐르는 것이 아니라, 관람자의 시선과 같은 위치에서 캔버스를 향해 빗발치듯 직접적으로 쏟아져 내려온다.

그녀를 우리의 시선 안으로 들어오게 한 사람은 다름 아닌 우리다. 〈올랭 피아〉를 향한 우리의 응시에는 빛이 담겨 있으며lampadophore 그것이 빛 을 낸 것이다. 따라서 우리는 〈올랭피아〉의 가시성과 알몸 상태에 책임이 있다. 그녀를 알몸으로 만든 사람은 바로 우리이므로 그녀는 오직 우리 때문에 알몸이 되었고, 우리가 그녀를 볼 때 그녀에게 빛을 비추어 환하 게 밝히므로, 어쨌든 우리의 응시와 조명이 똑같은 작용을 하므로, 결국 우리가 그녀를 알몸이 되게 만든 것이다. (PM, 40)

티치아노의 구도에는 가시성의 원칙과 관람자의 위치가 뚜렷하게 구 분되어 있었던 데 반해 마네는 두 가지를 무너뜨린다. 푸코에 따르면, 그 결과 회화는 회화이기 위해 중요한 요소를 더 이상 수줍게 감추려 들지 않으며, 이제 회화는 관람자를 위해 만들어지는 재현이 된다. 푸코는 빛을 조작해 관람자와 그림의 관계를 바꾸는 마네의 방식에 주의를 환기시킴으로써, 재현의 윤리적·정치적 전제들을 비판하기 위한 자료를 제공한다. 그러나 이 자료는 회화의 역사에서 남성의 쾌락이 담당하는 역할에 대한 일반적인 담론 안에서 찾을 수 있는 것이 아니라, 회화와 관련된 가장 직접적인 사건에 대해 고고학적인 측면에서 기술함으로써 찾아볼 수 있다는 사실에 주목해야 할 것이다.

8. 추함을 이용하기: 마네의 〈발코니〉

마네의 〈발코니〉Le balcon(그림 3)는 거의 모든 구성 요소가 가시성의 문턱으로 이행하는 역할을 하는 만큼, 〈발코니〉에 대한 푸코의 검토는 마네의 작품이 콰트로첸토 시대 회화에 영향을 미쳤던 미학적 변화의 상당 부분을 요약해 제시한다. 이 그림이 푸코의 강의에서 중요한 위치를 차지하고, 푸코가 1966~1975년 동안 이 그림에 대해 여러 다양한 관점에서 언급한 사실로 미루어 보아, 우리는 이 그림이 푸코에게 중요한 의미를 지닌다는 걸 알 수 있다. 그림에 대한 논의는 르네 마그리트와 서신교환을 통해 이루어졌는데, 이때 푸코는 마그리트에게 마네의 〈발코니〉를 변형시킨 작품 〈원근법 2: 마네의 발코니〉Perspective II: Manet's Balcony, 1950에 대해 문의했다. 푸코는 1975년 인터뷰에서 이 그림에 대해 다시 인용하면서, 〈발코니〉에는 '추함'laideur이 공격적인 형태로 작용한다고 설명한다. 그리고 〈풀밭 위의 점심 식사〉가 의미하는 바를 분명하게 설명해 달라는 부탁을 받았을 땐 이 작품이 천함이나 저열함 같은 인습적인 관련성이 아

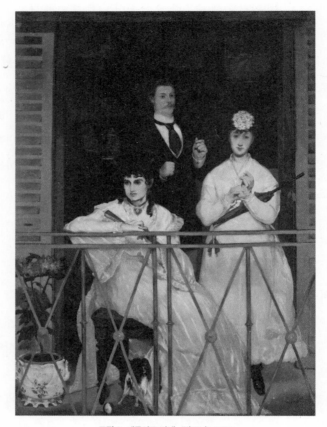

그림 3. 에두아르 마네, 〈발코니〉, 1868

닌, 미학적 관습에 대한 총체적인 무시를 염두에 두고 있다고 설명한다.

마네는 지금도 그가 왜, 어떻게 그랬는지 도무지 이해하지 못할 정도로
우리의 감성에 너무나 깊숙이 뿌리박힌 미학적 규칙들에 대해서는 관심
이 없었다. 오늘날에도 끊임없이 아우성치고 신경을 거스르게 하는 엄청
난 추함이 있다. (QRP, 1574)

푸코가 말하는 파괴는 충격을 받을지 모른다는 이유로 추한 것을 단순히 인위적인 방식으로 안정시키려는 것이 아님을 주목할 필요가 있다. 오히려 마네는 예술 작품을 지배하는 규칙들을 파괴하려 한다. 〈발코니〉의 조화로운 배열은 관습적으로 이해했을 때 결코 추하지 않으며, 이 그림이 무척 공격적이라는 푸코의 주장은 회화를 지배하는 관습, 즉 미학적 규칙과 관련해 그림이 수행하는 작용의 측면에서 이해되어야 한다.

이 작품을 마주할 때 우리는 선명하게 그려진 무수한 가로줄과 세로줄에 의해 작품의 구도가 이루어지고 있다는 걸 알 수 있다. 이 선들은 장면 안에 자리를 잡고 작품 자체의 직사각형 형태를 강조한다. 전경에 놓인 금속의 격자무늬는 장면 안에 직접 접근하지 못하도록 막아서면서 캔버스의 물질적인 평면성을 강조한다. 난간의 선명한 수평선은 이미지를 두 부분으로 나누고, 수직의 선들은 캔버스 자체의 직사각형 안에 작은 직사각형들을 만든다. 푸코의 추정상 '날카로운' 초록빛으로 이루어진 금속의 덧문은 이 장면에 일종의 테를 두른다. 각각의 덧문은 캔버스의 양 측면을 드러내 창문의 존재를 강조하는 한편, 캔버스의 직사각형과 가시성의 공간에 대한 언급을 다시 한 번 반복한다. 혹시 추하다고 여길 만한 어떤 것이 있다면 이 철제 부품 정도가 아닐까 싶다. '날카로운 초록색'le vert criard은 검정색 금속물이 산화작용을 거쳐 생긴 모양이므로 금속이 부식됐음을 알 수 있다. 고고학자인 푸코는 이 색을 실체화하지 않지만 대신 이 색이 어떻게 색의 배합에 포함되는지, 이 배합이 어떻게 담론을 형성하고 담론 형성에 이의를 제기하는지 탐구한다. 푸코가 연구하는 내용이 바로 이것이며, 푸코는 이러한 색채의 사용이 과거의 미학적 관습 체계를 어떻게 바꾸는지 설명한다. 콰트로첸토 시대에 시작된 이런 회화 양식에서 채색은 인물과 인물의 의복을 위해 남겨진 반면, 구성의 구조적인 요소들은 검은색과 흰색으로 표현되었다. 〈발코니〉는 이런 배치를 전도시킨 것으로, 인물들에게는 칙칙한 흰색과 검은색 옷을 입히고 선명한 색조는 덧문과 난간을 위해 사용되었다. 이러한 전도는 단순히 색상의 불쾌함을 넘어서서 콰트로첸토 시대부터 내려온 미학적 특성들에 도전을 가한다. 그러므로 마네의 작품에서 추함은 양식, 구도, 색채를 치밀하게 계획해 완성한 작품, 그 미학적 기대치에 대한 저항이라고 볼 수 있다. 관람자는 작품을 지배하는 새로운 규칙성을 알아보지 못하기 때문에, 추함은 언제나 관람자를 혼란스럽게 만든다. 그리고 마네의 작품이 오늘날에도 여전히 '아우성을 친다면' 그것은 그의 작품이 여전히 우리의 시선이 향하는 방향을 거역하기 때문이다.

〈발코니〉를 통해 입수된 가시성의 종류에 대한 푸코의 분석은 『말과 사물』에서 재현의 붕괴에 대한 분석을 통해 익히 알려진 또 하나의 중요한 주제, 즉 캔버스가 가시성과 비가시성 사이의 투쟁을 시작한다는 내용도 함께 환기시킨다. 실제로 푸코에게 〈발코니〉는 "비가시성 자체의 폭발적인 증가"이며, 이 그림의 구성은 그림을 뒷받침하는 가시적인 힘과 모호한 힘 사이의 폭넓은 교환을 언급하기 위한 구실에 불과하다(PM, 43). 고전주의 회화에서는 가시성을 위해 창문이 배치되는 데 반해, 이 그림에서 창문은 어둠을 향해 열려 있다. 시각적인 기대는 좌절을 겪고, 어린 소년이 나르는 커피포트로 추정되는 금속 물질 위로 가느다랗게 빛이 드리워진 흔적을 눈을 크게 뜨고 봐야만 겨우 알아볼 수 있다. 창틀은 "세 인물이 어둠과 빛 사이, 내부와 외부 사이, 방과 넓게 퍼진 햇빛 사이"(PM, 42)에 잠시 머물러 있는 문턱을 드러낸다. 푸코에게 이런 구도는 마그리트가 왜 이 세 인물을 관으로 표현했는지 설명한다. 일종의 허공에 매달린 세 인물은 삶과 죽음 사이의 경계에 걸쳐 있다. 다시 말해 마그리트는 마네가 암시한 바를 노골적으로 표현한 것이다. "사실상 삶과 죽음 사이의 경계, 이 그림에서 표현된 바에 따르면 빛과 어둠 사이의 경계가 이 세 인물에 의해 표현된다."(PM, 43)

이처럼 재현 안에서 드러나는 급격한 비가시성을 나타내기 위해, 마네의 인물들은 재현의 공간 외부에서 어떤 일이 일어나고 있음을 암시하면서 관람자에게 각기 다른 방향을 가리킨다. 각 인물이 가리키는 시선이 나머지 인물이 가리키는 시선을 무색하게 만드는 이런 식의 놀이는 관람자를 모호한 위치에 남겨 놓는다. 이 인물들은 무엇을 바라보는 걸까? 우리는 어떻게 이 장면에 다가가야 할까? 〈올랭피아〉와 〈시녀들〉에 대한 푸코의 분석에서 보았듯이, 회화의 구도상 드러난 빛이 장면을 밝히고 관람자의 응시를 지시하며 그에 따라 관람자의 위치를 정한다. 하지만 〈발코니〉는 이처럼 시선이 향하는 방향이 따로 없기 때문에, 인물이 향하는 각기 다른 방향이 관람자를 혼란에 빠뜨린다. 이런 작용에 의해 관람자는 캔버스 앞에서 위치를 이동하게 되는데, 바로 이 작용이 타블로-오브제의 세 번째 특징이다. 이 특징은 마네의 〈폴리-베르제르의 바〉에 대한 푸코의 분석에서 가장 완벽하게 설명할 수 있을 것이다.

9. 관람자의 위치

콰트로첸토 시대의 구성 요소들이 관람자를 어느 정도 이상적인 공간에 고정시켜 작품을 재현으로 기능하도록 공모했다면, 마네의 캔버스는 관람자를 모호하게 만들고 다른 자리로 이동하게 해 이런 관계에서 벗어나게 한다. 정확히 어디에 자리를 잡아야 할지 확신이 서지 않는 근대의 관람자는 수많은 관점에서 관찰할 수 있는 실제의 물질적 대상으로 캔버스를 접하게 된다. 푸코는 다음과 같이 설명한다. "마네는 공간을 규범화하지 않기 위해 캔버스의 이런 속성을 십분 활용한다. […] 캔버스는 우리 앞에 놓인, 우리가 움직일 수 있는 공간처럼 보인다."(PM, 47) 모더니티가 시작되면서 작품은 관람자가 자유로이 타협해야 할 공간에 놓인 실제 대상이 된다. 관람자가 차츰 시각적 경험의 구성에서 자신의 역할을 깨달을수록 시각은 더욱 촉각적인 형태, 이동 가능한 형태, 유형의 형태를 띤다.

〈폴리-베르제르의 바〉는 1882년 살롱전에 출품되었으며, 두말할 나위 없이 마네의 마지막 역작이다. 비평가들은 이 작품의 구도에는 주제와 조화를 이루는 힘이 담겨 있다고 평하면서 이 작품이 복합적인 의미에서 걸작임을 즉시 알아봤다.[25] 이 그림을 통해 활력을 느끼게 되는 이유는 관람자가 그림 앞에서 자꾸만 위치를 바꾸려고 시도할 때 경험하는 자유로운 이동성 때문이다. 푸코의 경우 이 이동성은 단순히 그림이 콰트로첸토 시대의 원근법과 빛의 사용을 기피해서가 아니라, 그림과 관람자의 관계를 복잡하게 만드는 양립하기 힘든 세 가지 복합적인 방식에서 비롯된다. 다니엘 드페르의 설명대로, 만일 이 그림이 〈시녀들〉과는 '역'으로 푸코를 매료시켰다면, 이 같은 조화롭지 못한 요소들이 왕의 자리를 체계적으로 해체하기 때문이다.[26] 〈시녀들〉과 마찬가지로 〈폴리-베르제르의 바〉역시 관람자의 위치에 영향을 주기 위해 거울에 의지한다. 그러나 마네의 거울은 재현으로 기능하기보다는 작품 자체의 물질성과 대결 구도를 형

---

25 예를 들어, [프랑스의 미술평론가] 에른스트 셰스노(Ernest Chesneau)는 다음과 같이 감탄했다. "마네는 자신의 양식을 고정시키지 않는다. 그는 효과적인 움직임 안에서 불시에 양식을 습격한다." Pierre Courthion, *Manet*(New York: Harry N. Abrams, Inc., 2004), p. 124에서 인용.

26 Daniel Defert, "Chronologie", DE1, p. 49. 드페르의 연대기를 살펴보면, 푸코가 튀니스 강의에서보다 1970년 11월 피렌체에서 했던 강의에서 이 작품을 더 폭넓게 다뤘음을 알 수 있다.

성하면서 장면을 불안정하게 만든다.

장면의 배경 전체를 담는 거울은 캔버스의 공간을 평평하게 만드는 역할뿐 아니라, 다소 역설적이지만 여자 바텐더의 앞쪽 광경을 마치 그녀의 뒤에서 일어나는 일인 양 묘사하는 역할도 담당한다. 푸코에게 이것은 전경이 후경을 대체하는 동시에 깊이의 착각이 부정되는 이중부정으로 나타난다(PM, 44). 뒤쪽의 왜곡된 장면에서 볼 수 있듯이 위치의 뒤바꿈이 완벽하게 이루어지지는 않는다. 가령 푸코는 두 개의 감상 공간에 같은 요소들을 담아내기란 사실상 불가능하다고 지적한다. 가장 큰 재현의 오류는 캔버스를 마주하고 섰을 때 여자 바텐더가 차지하는 공간의 오른편, 여자 바텐더와 거울 속에 비친 그녀의 모습 사이에서 일어난다. 푸코에 따르면 이런 특이한 배치는 이 캔버스 앞에서 느껴지는 '거북살스러움'malaise을 대변한다. 이런 영상이 이렇게 캔버스 맨 오른쪽에 드러나려면 화가와 관람자가 모두 오른쪽으로 이동해야 할 것이다. 그렇지만 우리가 수직선상에서 보게 되는 여자의 얼굴은 이 움직임과 모순된다. 이렇게 거울에 비친 영상은 여자의 얼굴이 요구하는 그림의 위치/관람의 위치와 반대된다. 푸코는 이러한 불일치의 결과를 다음과 같이 요약한다. "이렇게 화가는 양립할 수 없는 두 장소를 연달아서, 혹은 동시적으로 점유한다 ──그리고 이렇게 해서 관람자도 화가를 따라 공간을 점유하도록 요구된다."(PM, 45) 여기에서 거울은 콰트로첸토 시대의 직교선이 만들어 내는 단일 지점을 두 갈래로 가른다. 마네는 캔버스 앞에서 직접적으로 공간을 가리키기보다는, 이 같은 불일치의 첫 번째 형태를 통해 두 가지 경쟁적인 위치를 제공한다.

이 그림에서는 이 같은 주요 모순점 외에 '존재와 부재의 양립 불가능성'을 엿볼 수 있다. 이 존재와 부재의 양립 불가능성은 캔버스 맨 오른쪽, 실크해트를 쓴 신사에 의해 만들어지는 가시성과 비가시성의 충돌로 드러난다. 거울 속의 영상은 여종업원이 신사를 배려하는 모습을 보여 주면서 신사를 아주 분명하게 포함시킨다. 그러나 여자가 정면을 향한 묘사에서는 남자의 자취를 찾아볼 수 없으며, 여자의 시선은 아무런 방해를 받지 않고 곧바로 관람자의 시선과 마주친다. 거울에 비친 여자는 분명 남자와 대화를 나누는 것처럼 보이지만, 푸코는 전체 구도의 중앙에 남자가 존재하는 흔적이 ── 가령, 그림자 같은 ── 없음을 발견한다. 수직으로 들어오는 빛은 발그레한 여자의 얼굴을 비춘다. 엄밀히 말해, 여자의 바로 앞에 남자가 서 있다면 이런 식의 묘사는 불가능할 것이다. 따라서 남자는 존재하기도 하고 부재하기도 한 존재다. 세 번째 모순은 이 두 인물 간의 불안정한 시선에 의해 드러난다. 여종업원이 바깥을 향하는 묘사에서는 그녀가 관람자에게 시선을 고정시키는 것처럼 보이는 한편, 거울에 비친 오른쪽 영상은 두 인물의 키에서 근본적인 불균형을 드러낸다. 거울에 비친 영상에서는 여자의 시선이 위를 향할 수밖에 없기 때문에, 이런 상이함은 여자가 바깥을 향할 때 그녀의 시선과 상충된다. 정면을 향하는 광경에서는 여종업원의 시선이 관람자보다 약간 위에서 시작되어 아래를 향해 내려온다. 이 두 시선이 향하는 방향 사이의 불일치는 다시 두 개의 상이한 관람자의 위치로 이어진다(PM, 45~46).

재현적 공간과 대조적으로, 〈폴리-베르제르의 바〉에는 관람자들이 자유로이 수행할 수 있는 위치 이동 방식이 포함되어 있다. 이것은 구도에 의해 촉발되는 뜻밖의 매력의 원인이 될 뿐 아니라, 작품이 그 물질적 속성을 기반으로 한다는 사실을 강조하기도 한다. 콰트로첸토 시대에 관람자의 위치 선정은 회화의 형식적인 속성들을 감추는 얼버무리기의 보완적인 성격이 있는 반면, 마네는 관람자가 실제로 평면 앞에 서 있다는 사실을 무시할 수 없게 만들어 버린다. 이렇게 대형 거울은 회화의 형식적 속성들이 재현과 통합되는 변화가 시작됐음을 알리는 역할을 한다. 거울은 재현에 의해 부득이 압축될 수밖에 없는 캔버스의 바깥쪽을 드러내고, 관람자에게 엄격히 통제된 재현의 공간에서 그 토대를 침식하는 물질적인 힘들을 발견하게 한다.

10. 타블로-오브제

마네의 작품이 확실히 재현적이긴 하지만, 타블로-오브제의 구성에 의해 예시된 형식적 요소가 활동하면서, 회화는 궁극적으로 재현을 무시할 수 있게 된다. 실제로 푸코의 강의를 통해 우리는 재현을 지탱시키는 것에 대한 관심과 성찰성이 증가함으로써 회화가 재현을 능가하는 힘을 모아들인 사건을 목격할 수 있다.

> 마네의 모든 작품이 재현적인 만큼 마네는 비재현적인 회화는 결코 만들지 않았지만, 캔버스의 본질인 물질적 요소들을 재현 안에 활용했다. 그는 이런 식으로 열심히 타블로-오브제, 즉 대상으로서의 회화를 […] 창조했으며, 이것은 의심할 바 없이 마침내 언젠가 우리가 재현 자체를 치워버리고se débarrasse de 그 순수하고 단순한 속성, 그 물질적인 속성 자체를 가지고 놀 공간을 마련할 수 있는 근본적인 조건이 되었다. (PM, 47)

따라서 푸코에게 마네의 작품은 근대 회화가 출현하는 구심점이 된다. 이때 색채와 형식, 힘으로 회화를 구성하기보다 재현의 외부에서 회화를 기능하게 하는 것은 다름 아닌 단절이다. 마네에게 회화는 회화 자체를 스스로의 대상으로 삼고 그 규칙성과 가치를 고려해 작용하기 시작한다. 이 자기반성적인 속성은 타블로-오브제의 특징으로서, 회화는 채색된 어떤 것으로 스스로에게 주의를 환기시킨다. 마네는 작품의 물질적 요소를 재현에 통합시킴으로써 그림 속 그림에 대한 담론을 펼친다. 또한 형식적 요소들을 외부적인 것에 귀속시키는 대신 서로서로를 어떻게든 관련시키기 때문에, 이런 실천을 통해 추상화를 특징짓는 형식적 놀이를 순수한 놀이로 만들어 준다. 이런 측면에서 푸코가 인상주의 화가와 비교한 것은 매우 중요한데, 인상주의 화가의 작품은 ── 그것이 표상을 위해 자유자재로 광학을 이용하는 데도 불구하고 ── 회화란 모름지기 그 외부적인 것을 드러내야 한다는 원칙에 여전히 결부되어 있기 때문이다. 마네 작품의 진정한 유산이라면 외부 세계를 재현해야 한다는 의무를 폐지시킨 것이다. 회화가 외부를 드러내는 능력에 관심을 보이지 않는 것은 모더니티의 핵심 양상으로, 3장에서 보다 자세하게 다루어질 것이다.

마네의 작품은 고전주의 회화의 미학적 규칙성에 대한 논쟁을 통해 모더니티에 매우 중요한 단절을 형성한다. 회화는 더 이상 세계의 거울로 스스로를 설정하지 않으며, 재현을 가능하게 하는 것으로서 스스로를 드러내기 시작한다. 고고학이 포착하려는 것이 바로 지식의 실천 내부에서 이루어지는 이러한 변화다. 회화에 고고학적 사유를 적용한다는 것은 곧 특정한 작품이 어떻게 예술 작품의 규칙을 변형시킨 사건으로 기능하는지를 서술하는 것이다. 그러므로 타블로-오브제는 근대 회화 작품을 가능하게 하는 조건들이 시각적인 경험 안에 필연적으로 존재한다는 사실을 압축하는 푸코의 방식이다. 이후로 관람자들은 회화의 필요조건을 숨기는 재현 대신, 재현 아래에 놓인 힘들을 만나게 된다.

11. 힘의 놀이로서의 회화: 폴 레베롤의 작품

푸코는 프랑스 화가 폴 레베롤의 작품을 통해 마네의 단절을 추적한다. 푸코는 파리의 매그 미술관에서 열린 레베롤의 작품 전시회와 관련하여 1973년 3월, 에세이 「비행의 힘」을 출간했다. 이 전시회에는 갇혀 있던 작은 개가 마침내 자유를 찾아 움직인다는 내용을 묘사한, 복합 매체로 이루어진 작품 열 편이 전시되었다. 이 시기 푸코의 연구와 활동은 힘과 자유 사이의 투쟁 및 감금에 몰두해 있었던 터라 이 시리즈의 주제는 두말할 나위 없이 푸코를 매료시켰다. 그러나 레베롤의 캔버스는 단순히 힘을 재현하는 것에 그치지 않았으며, 푸코에 의해 일련의 그림 사이를 관통하고 마침내 그림을 뛰어넘는 힘의 놀이로 표현되었다. 과감한 물감의 사용, 이질적인 물질의 도입, 신체와 붓의 움직임은 이같이 재현을 능가하는 이미지의 힘들 속으로 이동한다. 이 힘들의 물질성은 재현만으로는 결코 가능하지 못할 방식으로 존재하며, 따라서 푸코는 이런 사건들 안에서 마네로부터 시작된 움직임의 유산을 발견한다. 그러므로 형식, 인물, 연재식의 서사가 이 시기 레베롤의 작품을 특징짓긴 하지만, 그럼에도 불구하고 그의 작품들은 타블로-오브제에 의해 시작된 회화의 관습을 활용한다. 사실상 이것은 재현과 관념 사이, 다시 말해 푸코의 경우, 이 작품에 정치적 의미를 부여하는 형식과 힘 사이의 진동이라고 할 수 있다.

이 에세이는 푸코의 연구에서 인식론 단계가 끝날 무렵에 발표되었으며, 이 시기는 『지식의 고고학』과 『감시와 처벌』이 출간되는 사이이자 푸코가 정치적으로 깊이 몰두해 있던 시기와 일치한다. 영국의 철학자 데이비드 메이시David Macey는 "이 에세이는 아마도 이 시기에 출간된 것들 중에서 가장 극적인 저작일 것이다"라고 말한다(LMF, 323). 제임스 베르나우어는 자신의 중요한 연구 논문 제목을 이 에세이로부터 인용했으며, 푸코의 글은 "그의 정신과 사유의 경험을 모두 담아낸 뜻밖의 초상화"로 읽힌다고 밝혔다.[27] 푸코는 초기부터 1970년대 중반까지 그의 강의에서 고고학적 방법의 중요성을 끊임없이 입증했으며, 그동안 권력에 대한 분석이 그의 사유 안에서 차츰 넓은 자리를 차지한다. 이 에세이는 명백히 권력을 주제로 한 푸코의 초기 저작 가운데 하나이며, 에세이에서 쌍을 이루며 함께 등장하는 권력과 자유는 몇 년 전부터 주목받던 주제다. 이 에세이를 읽어 보면, 보이지 않는 곳에서 많은 일들이 일어나고 있으며 우리가 실생활에서 경험을 통해 배운 내용들이 이론적으로 표현되어 있음을 알 수 있다.

콜레주드프랑스 교수 취임 강의에서 푸코가 진실의 담론을 기반으로 형법 기능에 의문을 제기했음에도 불구하고, 그의 동료들은 그가 참여한—그가 취임한 지 불과 몇 달 지난 후에 참여한—논쟁들에 아무런 대비를 할 수 없었다.[28] G.I.P.Groupe d'information sur les prisons; 감옥 정보 단체는 과도한 프랑스 형벌 제도에 대한 투쟁을 지지하기 위해 형성된 단체다.[29] 이미 많은 단체들이 죄수들이 처한 환경에 관심을 갖고 개혁을 시도하려 애쓰고 있었지만, 1971년 1월, 단식 투쟁과 거리 시위로도 변화를 일으키는 데 실패하자 새로운 방법을 강구해야 했다. G.I.P.는 대단히 획기적

---

27 James W. Bernauer, *Michel Foucault's Force of Flight: Toward an Ethics for Thought* (Amherst, New York: Humanity Books, 1990), p. 2.
28 Foucault, "The Discourse on Language", p. 219. "형법은 권리에 대한 이론으로 시작되었다. 19세기 이후부터 사람들은 사회학적, 심리적, 의학적, 정신의학적 지식에서 그 타당성을 찾았다. 이것은 참된 담론으로부터 비롯된 경우에 한해서는 예외로 두더라도, 마치 법의 명령들이 우리 사회에서 아무런 권한을 갖지 못하는 것 같다."
29 이 장에서 나는 메이시의 G.I.P. 활동 역사와 이 단체에서 푸코의 역할에 대한 그의 논의를 이용했다. 보다 자세한 역사는 "Intolerable", LMF, pp. 257~289 참조.

인 조직인 동시에 미디어를 능수능란하게 다룰 줄 아는 한편 자발적이고 자율적인 조직이었으며, 주의니 원칙이니 하는 것으로 조직을 과시하지 않았다. 이런 특징들 덕분에 G.I.P.는 다양한 신조를 지닌 여러 단체의 타협점이 될 수 있었으며, 따라서 그리스도교 단체와 마오주의자 단체, 자유주의자 단체들이 모두 푸코의 집에 모여 이론상의 차이를 무시한 채 공공의 적과 싸우기 위해 협력했다.

G.I.P.는 의지할 곳 없는 사람들에게 상황을 개선할 자율권을 주려는 것뿐, 그리 대단한 목적은 갖고 있지 않았다. 푸코는 이 단체의 목적에 대해 이렇게 설명한 바 있다. "우리는 재소자들에게 의견을 말할 권리를 주고 싶을 뿐이다."[30] 이 말은 G.I.P와 당시 푸코의 행동주의를 이해하는 데 매우 중요하다. 이 단체는 개혁에 대한 담론을 형성한다든지, 보다 대대적인 투쟁을 위해 죄수를 이용한다든지, 심지어 형법 이론을 만들려 하기보다, 그저 지식을 전달하는 중심 현장으로서의 역할을 담당할 뿐이었다. 들뢰즈는 정치적 실천을 재현의 이론적 비평과 접목시키는 G.I.P.의 혁신적 방식에 대해 푸코를 칭찬했다. "내 생각에 당신은 대단히 기본적인 사실, 즉 다른 사람들을 대변해야 하는 것이 얼마나 수고스러운 일인지를 우리에게 처음으로 가르친 — 당신의 책과 실천적 영역 안에서 — 사람이었습니다."[31] G.I.P.는 공적으로 알려진 정보는 정확하지 않다는 확신을 갖고 죄수들에게 직접 들은 생활상을 수집했다. 이 단체의 이념이 워낙 탄력적이라 많은 진보적인 교도관들이 편안하게 정보를 공유했다. 뿐만 아니라 많은 죄수들과 전과자들, 그들의 가족들은 이 단체가 향후 이익을

---

30 Michel Foucault, "Je perçois l'intolérable", DE1, p. 1072. 저자가 직접 번역함.
31 Michel Foucault & Gilles Deleuze, "Intellectuals and Power", FL, p. 76. 이하 'IP'로 인용함.

위해 자기들을 이용하지 않는다는 확신이 있었기 때문에 기꺼이 단체에 협조했다. 푸코의 주장대로 죄수들은 이론적이고 공식적인 평가를 바로잡기 위해 필요한 역할을 하는 "감옥, 형벌 제도, 그리고 정의에 대한 개인적인 이론을 지니고 있기" 때문에 이들의 참여는 매우 중요했다. "궁극적으로 중요한 것은 바로 이런 식의 담론 형태, 즉 권력에 맞선 담론, 죄수들과 소위 범법자들의 대항 담론counter-discourse이지 범법에 대한 이론이 아니다."(IP, 76)

푸코, 다니엘 드페르, 당시 『에스프리』지 편집자인 장-마리 도므나슈Jean-Marie Domenach, 그리고 고대 그리스 역사가 피에르 비달-나케Pierre Vidal-Naquet가 G.I.P.의 집단적인 목소리를 조절했다. 데이비드 메이시는 푸코가 오랜 시간 공을 들인 이 단체를 홍보했으며, 푸코는 이 철학자와 함께 단체의 여러 운영상의 과제에 대한 책임을 맡았다(LMF, 257). 푸코는 1971년 12월 프랑스 지방 도시 툴Toul에 소재한 감옥에서 폭동이 일어났을 때 여러 차례 이곳을 다녀간 적이 있는데, 이곳의 수석 정신과 의사인 에디트 로즈Edith Rose 박사가 프랑스의 대통령과 법무부 장관에게 보낸 공개 서한에서 시설의 관행에 대해 고발하자 ─ 식당을 처벌 장소로 이용하고, 노동 강도가 매우 높으며, 상습 범행을 부추기는 방침 등 ─ 1972년 1월에 다시 방문했다. 그녀의 진술은 널리 알려졌고, 프랑스 언론은 감옥의 지붕 위에서 저항하는 죄수들의 영상을 내보냈다. 그리고 이 영상들은 이내 프랑스의 극사실주의 화가 제라르 프로망제의 주제로 사용되었다. 그는 1975년에 '욕망은 어디에나 있다'Le désir est partout라는 제목으로 전시회를 열었는데, 이때 푸코가 카탈로그에 글을 쓰기도 했다. 전시된 작품 가운데 두 작품은 이 영상들을 차용해 극사실주의의 출발을 알렸다. 이 내용은 4장에서 자세하게 다루겠다.

감옥은 지역 투쟁이 어떻게 수많은 목숨에 영향을 줄 만큼 잠재력을 지니는지 보여 주는 좋은 예다. 이런 메커니즘이 존재한다는 자체만으로도 모두의 자유를 위태롭게 만드는 종류의 사회 구조가 변화될 것이다. 푸코는 죄수들의 저항이 폭넓은 지지를 받은 데에는 이런 이유가 있다고 주장한다. 사형제 폐지 운동은 모든 사람의 목숨을 다루는 권력 형태에 맞서는 투쟁이기 때문이다. 푸코의 저작들은 도처에 널린 처벌 기구, 특히 이 시기에 일반 대중을 움직이기 위해 고안된 공식 성명communiqués에 주의를 환기시킨다. 레베롤에 관한 에세이에서는 단명했던 G.I.P.의 전형적인 특징을 볼 수 있다. 「비행의 힘」과 「G.I.P. 선언문」의 첫 문장에는 감금될 위험을 안고 있는 수신인들이 소개된다. 「G.I.P. 선언문」은 이렇게 시작한다. "누구도 감금으로부터 벗어날 수 있다고 자신하지 못한다. 오늘날은 더더구나 그렇다."[32] 「비행의 힘」 역시 화랑의 막힌 공간과 레베롤의 그림에서 묘사된 감금 상태에서 유사점을 찾아낸다.

> 당신은 화랑에 들어선다. 여기에서 당신은 방을 에워싼 열 개의 작품에 둘러싸여 있으며 방 안의 창문들은 모두 굳게 잠겨 있다. 철망에 부딪쳐 가며 폭동을 일으키는 저 개들처럼 이제 당신이 감옥에 갇힐 차례인가? (FF, 1269)

레베롤이 묘사한 동물들은 G.I.P. 설문지의 주요 주장을 반영하는 것이기도 하다. "감옥 안 상황은 견딜 수 없을 만큼 괴롭다. 죄수들은 마치

---

32 Michel Foucault, "Enquête sur les prisons: brisons les barreaux du silence", DE1, p. 1042. 저자가 직접 번역함.

개처럼 다뤄지고 있다."(LMF, 261~262에서 재인용) 그러나 레베롤의 개들처럼, 감옥에 수감된 사람들도 마침내 외부까지 전달할 힘을 만들어 낸다. 푸코는 자신이 이 운동에 몰두하게 된 기원에 대해 다음과 같이 말한다. "이 운동은 감옥에서 시작해 외부로까지 확대되었다. 내가 관심을 갖기 시작한 건 바로 그 순간부터다."[33] 널리 확산된 한 운동 역시 레베롤의 작품들에 활기를 불어넣는데, 여기에서 푸코는 화가로부터 시작해 캔버스를 거쳐 외부에까지 이어지는 힘을 추적한다.

푸코가 근대의 남성과 여성 특유의 감금 형태에 주목하고 있다는 말이 자주 나오고 있는데 아주 틀린 말은 아니다. 그러나 레베롤의 작품에 대한 푸코의 분석에서 볼 수 있듯이, 푸코의 사상은 그와 동시에, 그리고 아마도 주로 운동, 변화, 저항의 가능성들과 관련이 있다. 푸코의 저작들, 특히 권력과 관계된 저작들의 연대표에서 이 에세이의 위치를 고려한다면, 나중에 저항의 중요성을 주장하는 내용을 보게 되더라도 놀랄 필요는 없을 것이다. 그리고 이 에세이는 모더니티에 대한 푸코의 계보학을 이해하기 위해 필요한 모든 내용이 담겨 있을 뿐 아니라, 어쩌면 권력과 저항의 문제를 다시 생각하는 출발점이 될 것이다. 실제로 이 에세이는 예술에 대한 푸코의 모든 저작들 가운데 단연코 가장 정치적인데, 단지 에세이의 완성을 둘러싼 상황 때문만은 아니다. 이 에세이에서 푸코는 레베롤의 회화에서 작용하는 힘에 대해 분석하면서, 이 작품들을 재현에 대한 끊임없는 거부의 일환으로 보고, 이 거부를 기반으로 예측해 볼 수 있는 예술의 윤리적·정치적 의미를 평가한다.

레베롤의 활동 시기 가운데 푸코가 가장 관심을 갖는 시기는 구상화

---

33 Foucault, "Je perçois l'intolérable", p. 1072.

의 고전주의식 훈련이 정점을 이루고, 추상화가 탐색되며, 콜라주 기법을 사용하기 시작한 시기다. 레베롤은 피카소로부터 깊이 영향받은 2차 세계대전 전후 세대의 프랑스 화가 부류에 속했다. 1950년대 후반부터 1960년대 초반까지 그의 작품은 거의 추상화가 대세를 이룬 반면, 1965년 이후부터는 콜라주 기법을 사용해 이전 작품과 차이를 보인다. 1960년대 후반과 1970년대 초에는 젊은 시절에 몰두한 구상화에 대한 관심이 다시 고개를 들었다. 논란의 여지가 있기는 하지만 이 시기 작품의 구도는 레베롤의 작품 가운데 가장 획기적이다. 푸코의 해석대로 이 시기 회화들은 회화의 재현 능력을 파헤쳐 힘의 작용을 밝혀낸다. 추상과 구상을 융합시킨 이 작품들은 재현의 붕괴에 의해 탄생된 에너지로 이루어진다. 푸코가 느낀 매력의 일부를 느껴 보려면 이 형식과 힘 사이의 상호 작용에 남겨진 마네의 유산에 주목해야 할 것이다. 모든 작품은 매체의 물질성을 이용한 대단히 물질적인 것으로서, 재현을 뒷받침하고 압도하고 뛰어넘는 방식으로 전시된다. 콜라주의 재료들 — 나무판과 철망 — 은 제거되지 않도록 캔버스에 단단히 부착된다. 캔버스의 속성에서 탈피함으로써 깊이를 드러내는 대신, 이런 물체들이 덧붙여짐으로써 실제적인 질감이 만들어진다. 철망 역시 구상적인 요소로 기능하는데, 개를 가두어 놓고 철망에 부딪치게 해 육체적으로 고통을 가하는 식이다. 푸코에게 작품을 지배하는 나무판자는 일련의 작품들을 체계적으로 조직하고 개의 감금 상태를 지시하는 엄격한 권력을 상징한다. 이 권력은 배경의 창문과 대조되는 것으로서, 푸코에게 창문은 무력함의 상징이기도 하다. 개가 아무런 도움이 되지 못하는 창문fenêtre vaine을 통해서가 아니라 벽의 갈라진 틈을 통해서 탈출했다는 사실은 의미심장하다. 푸코는 다음과 같은 뻔한 사실을 언급한다. "인간들의 투쟁에서 중요한 것은 창문으로 지나가지 않으며, 언제나 의기양양하게 붕괴된 벽 사이로 지나간다."(FF, 1270) 이처럼 창문에 대한 분석에서 우리는 개혁적인 담론에 대한 푸코의 의혹과 — 창문은 이미 감옥이라는 공간에 의해 암시된다 —, 탈출의 착각이 종종 투쟁에 앞서 기술된다는 교훈을 엿볼 수 있다. 푸코의 해석에 따르면, 이런 요소들 — 철망, 나무판자, 창문 — 을 포함하는 것은 궁극적으로 벽의 붕괴를 가리킨다. "이 세 가지 요소에 의해 […] 이 회화의 탁월함은 미학으로부터 정치 — 힘과 권력의 투쟁인 — 를 향해 기꺼이 허물어진다."(FF, 1270) 이 연속 작품에서 레베롤의 기법은 그림의 활동성이 만들어 낸 힘을 구성 요소의 내적 작용에 전달한다. 그는 재현을 파괴하기 위해 재현을 통해 힘을 이동시킨다. "레베롤은 회화의 힘을 단 하나의 몸짓으로 전달하는 수단을 회화의 진동에서 발견했다."(FF, 1272) 이렇게 함으로써 구성요소를 재현으로 고고하게 남기기보다, 그것을 힘에 넘기게 되는 것이다. 레베롤은 재현을 억제하면서 일종의 운동을 만들어 내고, 이 운동에 의해 "회화의 작용은 재현이 오랫동안 몸부림쳐 오던 캔버스를 급습한다"(FF, 1272). 그리고 뒤이은 충돌은 마침내 구성 요소 안에서 재현된 벽을 완전히 허물어뜨린다. 들뢰즈는 G.I.P.의 전략에 대해 이와 유사한 언급을 했다. "벽에 부딪치지 않고서는 어떠한 이론도 전개될 수 없으며, 이 벽을 뚫기 위해서는 실천이 필요하다."(IP, 74) 레베롤의 콜라주는 회화의 재현 능력을 단절시키는 실천이다. 이 운동은 감금 장소를 약화시키는 불안정한 상태를 초래한다. 푸코는 이 힘의 발견에 대하여 다음과 같이 주장한다. "회화는 적어도 이 점에서 담론과 공통되는 힘을 지니고 있다. 회화가 역사를 창조하는 힘을 허용할 때 회화는 정치적이 된다."(FF, 1269)

이러한 작품들의 힘은 아래에서부터 비롯된다. 푸코는 높이의 변화가 일으키는 힘에 대해 여러 차례 언급한다. 순수하게 재현적인 기능과 분리될 때 회화는 추가로 힘을 얻는다. 마찬가지로 개는 바닥을 지나다니는 짐승으로, 지면과 근접한 성격으로 인해 나무판자의 완고한 힘에 의해서도 제어되지 않는 힘을 부여받는다. 이것은 푸코의 저작에서 되풀이되는 주제로, 5장에서 헬레니즘 시대의 견유주의 철학자들로부터 비롯된 진실의 힘을 이야기할 때 다시 살펴보게 될 것이다. 여기에서는 화가로부터 시작해 작품을 거쳐 작품을 넘어서는 힘의 이동에 주목하는 것이 중요하다. 힘은 "캔버스 위에서는 드러나지 않지만, 두 캔버스 사이에서 순간적으로 일어나는 접근성에 의해 이루 표현하기 어려울 만큼 무한히 생성된다"(FF, 1272. 강조는 푸코의 것). 에너지는 그림의 작용으로부터 아래의 개를 지나, 캔버스를 관통해 움직이다가, 마침내 벽을 부수고 장면을 통과한다. 레베롤의 기법은 이런 운동의 강렬함을 하나의 재현 안에서 포착하려 하지 않는다. "형식은 더 이상 재현의 힘을 […] 책임지지 않는다." (FF, 1272) 대신 힘의 놀이로 표현을 담당하고 있다.

재현에 대한 염원과 뒤이은 회피는 캔버스들 안에서 힘의 요건을 만든다. 레베롤은 이런 사건을 구성하는 데 있어서 힘이 외부로부터 내부로, 그리고 다시 외부로 통과하게 한다. 마네와 마찬가지로 레베롤은 매체의 물질적 속성을 이용함으로써 우리가 우리 앞에 놓인 것과 관련을 맺는 방식을 바꾸어 놓는다. 그리고 마네와 마찬가지로 관람자를 자유롭게 하기 위해 콰트로첸토 시대의 관점을 약화시킨다. 그렇지만 관람자의 위치는 레베롤의 지배 안에서 일종의 감금 상태에 놓이게 된다. 힘이 구성 요소의 외부로 재빨리 전달되기 때문에, 어리둥절한 관람자는 갤러리/감옥 안으로 돌아서게 되는 것이다.

결론

마네에 대한 강의와 레베롤에 대한 에세이는 둘 다 고고학적 방식이 제공하는 힘을 증명한다. 이 힘은 이미지의 내용을 넘어서서 이미지의 작용을 바라보는 방법을 철학에 제공한다. 마네에 대한 강의는 회화가 근대화되면서 어떻게 재현의 요구들을 은폐하는지 탐구하게 하는 한편, 레베롤에 대한 에세이는 기법과 대상, 관람자 사이에 전달되는 힘을 고려함으로써 철학적 분석이 어떤 식으로 진행되는지 암시한다. 푸코는 회화를 일종의 사건으로 해석하고, 작품을 종종 모호하게 만드는 해석상의 질문들에 대해서는 생각하려 하지 않는다. 마네의 그림이 과거 미학적 구조의 법칙에 이의를 제기하는 방식에 대해 분석하든, 레베롤의 구성 요소에 담긴 형식과 힘 사이의 상호작용에 대해 기술하든, 푸코는 '이 작품이 의미하는 바가 무엇인가?'에서 '이 작품이 수행하는 바가 무엇인가?'로 끊임없이 질문의 내용을 전환한다. 그렇게 함으로써, 작품에 담긴 의미를 고찰해 작품의 본질을 파악하려는 비평 형태로부터 스스로 거리를 두는 것이다. 푸코의 경우 근대 예술은 시뮬라크룸에 대한 반-플라톤식 논리에 따라 기능하기 때문에 이런 식의 태도가 불가피하며, 우리는 곧 이에 대해 살펴보게 될 것이다. 다소 전문적인 의미에서 보자면, 이 말은 곧 포스트-재현 예술에는 아무런 의미가 담겨 있지 않다는 뜻이기도 하다.

3장 · 비확언적 회화

서문

벨기에 화가 르네 마그리트에 대한 푸코의 에세이를 다룬 2차 문헌들에서 혹시라도 합의를 이룬 내용이 있다면, 아마 우리는 이 내용을 우회적으로 알아차리게 될 터인데, 바로 이 에세이가 말하려는 바가 무엇인지 아무도 정확하게 파악하지 못한다는 것이다.[1] 마그리트에 대한 푸코의 에세이가 1968년에 발표되어 1973년에 단행본으로 출판된 이후 수많은 해

---

1 이 점에 대해 오해가 없길 바란다. 많은 훌륭한 에세이들이 마그리트에 대한 푸코의 설명을 출발점으로 삼고 있다. 단지 푸코의 글이 다루는 요점이 무엇이냐에 대한 의견이 매우 분분할 뿐이다. 두 가지 훌륭한 논의들이 이번 장을 진행하는 데 도움이 되었다. 먼저 AV, pp. 325~346에서는 샤피로가 푸코의 의견들에서 니체의 유산을 밝혀내고 피에르 클로소프스키와 질 들뢰즈와의 대화에 이 의견들을 끌어들인다. 그리고 스콧 더럼의 「마그리트에서 클로소프스키까지: 회화와 서사 간의 시뮬라크룸」(Scott Durham, "From Magritte to Klossowski: The Simulacrum, between Painting and Narrative", *October*, vol. 64, 1993, pp. 17~33)에서는 예술과 문학에서 드러나는 시뮬라크룸(simulacrum)의 다양한 기능들에 대한 상상적 표상을 이용해 마그리트와 클로소프스키를 매우 명확하게 분석한다. 그러나 이 저자들의 논의는 푸코가 그의 에세이에서 전개한 회화의 분석과 상이한 방향으로 우리를 안내하기 때문에, 클로소프스키에 대한 에세이에서 푸코가 마그리트를 다룬 방식을 논의한 부분에서는 이 저자들의 의견에 동의하지 않는다. 들뢰즈와의 관련성은 4장에서 자세히 다루겠다.

석들이 쏟아져 나와 독자들을 당황하게 만들었다. 그 점에서 푸코의 에세이는 그가 다루는 예술과 거의 흡사하다. 다시 말해 그의 에세이는 많은 함정들을 담고 있는데, 그 가운데 가장 큰 함정은 언어가 우리 눈앞에서 우리가 보고 있는 것들을 충분히 표현할 수 있으리라는 착각이다. 에세이 「작은 속임수」un petit truc는 푸코에게 그다지 중요한 저작이 아니었으며, 단지 한 명의 지지자의 작품을 기념하기 위한 목적으로 기술한 것이었다.[2] 그렇다고 이 에세이가 중요하지 않다는 의미는 아니다. 이 에세이는 예술에 대한 철학적 논의에서 교과서적인 위치를 차지했으며, 20세기 예술에서 언어와 이미지가 맺는 관계에 대한 담론에서 중요한 기준으로 작용한다.

이번 장에서 나는 이 에세이의 근대 회화에 대한 평가를 고찰하는 것을 목적으로 하며, 따라서 부정적인 진술 ──〈이미지의 반역(이것은 파이프가 아니다)〉(그림 4)와 〈두 개의 신비〉Les deux mystères, 1966 ── 과 함께 따라오는, 마그리트의 유명한 파이프 이미지와 마주칠 때 제기되는 곤혹스러운 문제들은 논의하지 않으려 한다. 이 에세이는 예술 작품의 지위를 그 역사적 고유성과 관련해서 생각하려 노력하는 만큼, 나는 이 에세이가 지금까지 예술에 대한 푸코의 저작들을 통해 우리가 목격해 온 방향과 얼마나 일치하는지 보여 주고자 한다. 종종 간과되는 것처럼, 푸코의 에세이는 마그리트의 작품이 제기하는 특정한 수수께끼를 해결한다기보다, "어떤 의미에서 〈이것은 파이프가 아니다〉가 만들어 낸 심오한 체계화 과정"을 진단하는 것과 더 관련이 깊다(TNP, 54). 이 에세이의 고고학적인 기여에 중점을 두고 에세이를 읽는다면, 푸코의 관심이 단순히 마그리트

---

2 Daniel Defert, "Chronologie", DE1, p. 41.

그림 4. 르네 마그리트, 〈이미지의 반역(이것은 파이프가 아니다)〉, 1929.
© René Magritte/ADAGP, Paris − SACK, Seoul, 2020.

의 작품 〈이것은 파이프가 아니다〉를 넘어서서 이 작품이 시사하는 보다 보편적인 시각적 재배열로 확대됨을 분명하게 알게 될 것이다. 우리는 어쩌면 이 작품들 안에 포함되어 있을 심오한 의미를 탐색하기보다 ── 마그리트 스스로가 내켜 하지 않았던 행동이다 ── 고전주의 회화의 전제들을 약화시키는 사건으로 작품의 구성요소들을 이해해야 할 것이다. 고고학적인 관점으로 마그리트의 작품을 보게 되면, 그의 작품이 일반적으로 인정되고 있는 회화의 관습에 대단히 신중하게 반응하고 있음을 알 수 있다. 다시 말해, 그의 그림은 회화의 지시적 기능, 즉 작품 외부의 무언가를 가리키는 회화의 능력을 침묵시키는 것을 그 목적으로 삼는다. 이렇게 근대 회화가 그 재현적 소명을 벗어던지고 푸코가 말하는 것처럼 '비확언적'nonaffirmative이 될 때, 우리는 근대 회화에 의해 시작되는 항해를 보다 깊이 이해할 수 있다.

　이번 장에서는 고고학을 예술에 도입하는 것에 대해 보다 자세히 설명하려 한다. 그런 면에서 푸코의 에세이는 마네에 대한 그간의 논의들을 보완하는 성격으로 보아도 좋겠다. 어차피 두 사람 모두 재현에 의해 확립된 시각적 패턴을 과시할 목적으로 탄생된 예술을 다루고 있으니 말이다. 알다시피 새로운 특징들 덕분에 우리는 포스트-재현 예술의 형태를 보다 뚜렷하게 특징지을 수 있게 되었다. 마그리트에 대한 에세이는 푸코가 마네에 대한 관심이 한창 정점에 이르던 시기에 시작되어 미뉘 출판사(Editions de Minuit)에 『검정과 색채』Le Noir et la couleur를 제안하던 달에 완성되었다.[3] 시각적인 외관 면에서는 추상화에 가까운 마네의 경향과 일상생활에서 흔히 사용하는 물건들을 대단히 정교하게 묘사하는 마그리트의 경향이 언뜻 조화롭지 않게 보일지 모르지만, 고고학적 관점은 재현을 탈피하기 위해 노력한다는 측면에서 두 사람의 공통점을 발견한다. 마네와 마그리트 모두 시각적 세계를 담아내는 회화의 전통적인 목적을 거부하는 사건을 일으키기 때문이다. 그러나 4장과 5장에서 보게 되겠지만, 회화의 조건이 새롭게 바뀌었다고 해서 모더니티의 이미지들이 아무런 효과를 드러내지 못한다는 의미는 아니다. 모더니티 작품들은 독립적이고 다소 비현실적인 상태에도 불구하고 여전히 주체성을 표현하고, 즐거움을 야기하며, 감정을 일으키고, 진실에 대한 비판적인 방식을 제시할 능력을 지니고 있다.

　마네와 마그리트에 대한 푸코의 분석에서 우리는 주요한 문화적 결과물을 선정하고, 그것들을 사건으로 해석하며, 그 출현을 야기한 법칙

3　각주 2번 참조.

과 규칙성과 관습을 이해하기 위한 노력의 방식을 목격할 수 있다. 이 방식은 단절의 순간을 분리하는 한편, 그림으로 표현된 언표가 더 이상 과거 체계의 법칙을 따르지 않고 스스로 새로운 법칙을 생성한다는 사실을 보여 준다. 여기에서는 콰트로첸토 시대 회화를 분석하는 대신 '고전주의 회화'la peinture classique를 분석하기 때문에 조금 다른 용어가 사용된다. 푸코가 제시하는 연표는 콰트로첸토 시대와 마찬가지로 르네상스 시대와 고전주의 시대를 아우르는 고전주의 회화와 거의 유사하다. 그러나 이 에세이에서 푸코는 고전주의 회화를 향한 공격이 가해진 시기를 마네가 속해 있는 19세기 후반이 아니라 20세기 초로 추정한다(TNP, 32). 이런 변화가 크게 문제될 필요는 없다. 푸코는 모더니티와 그 이전 시기를 구분하면서 여전히 그 거리를 분석하는 한편, 분석 대상을 약간 변경시켰을 뿐이다. 푸코는 회화의 형식적 특징들 ── 공간과 광원을 다루고 관람자의 위치를 선정하는 ── 을 주목하기보다, 외부 세계와의 관계에 대해 좀 더 보편적으로 설명한다. 이번 장을 통해서 우리는 마그리트의 '비확언적' 예술이 근대화 과정에서 회화가 재현의 운명을 극복한 방식 가운데 하나라는 사실을 분명하게 알게 될 것이다. 이 비확언적 예술은 여기에서 고전주의 회화라고 불리는 한편, 인식론적 상태 역시 콰트로첸토 시대로 정의되는 이전 세대의 관습 체계에 작용함으로써 이루어졌다. 앞에서 보았듯이 고고학은 뒤이어 오는 것과 비교하기 위해 이전 시기의 규칙성에 대해 먼저 기술한다. 우리는 『이것은 파이프가 아니다』에서 이 내용을 찾아볼 수 있는데, 그렇지만 마그리트 작품을 분석하기 전이 아닌 분석하는 동안 발견하게 된다. 좀 더 명확한 설명을 위하여 이 이야기부터 시작해 보자.

1. 고전주의 회화의 두 가지 원칙

푸코에 따르면 15세기 이후 서양 회화를 지배하는 두 가지 원칙이 있다. 다시 말해 작품은 캔버스에 물감이 칠해지기 전에 이미 그 존재를 규정하는 두 가지 일반 법칙에 지배되었다. 『말과 사물』의 표현을 빌리면, 우리는 이 역사적 아프리오리^a ^{prioris}가 회화의 형식적 요소를 조직하고, 그 가시성의 영역을 분배하며, 외부 세계와의 관계를 결정한다고 말할 수 있다. 약간의 긴장 상태에서 서로 상호 작용하는 이 두 법칙이 20세기 초까지 서양 회화를 주도한다. 고전주의 회화는 일종의 '진술'식으로 이루어진다. 푸코는 "당신이 보는 것은 바로 그것이다"(TNP, 34; CP, 43. 번역 일부 수정)라는, 이미지 뒤에 숨은 말을 표면에 끄집어낸다. 모더니티의 관점에서 보면 고전주의 회화는 외부의 것에 의미를 고정시킨 채 회화를 넘어서는 그 순간을 향해 나가려는 경향을 보인다. 그러므로 고전주의 회화는 외부의 무언가를 간접적으로나마 가리키거나 확인하거나 명명하거나 참조하는 방식이라고 할 수 있다. 반면에 근대 회화는 이미 마네를 통해 보았듯이 이 같은 회화의 전형적인 특징들을 침묵시키려 한다. 그 이유는 바로 침묵하는 '비확언적' 공간을 구성하기 위해서다. 마네가 회화의 전형적인 임무를 극복했음을 입증하기 위해 우리는 그의 작품이 전복시킨 이 두 가지 원칙들에 대해 살펴볼 필요가 있다.

첫 번째 원칙은 푸코가 주장하는 고전주의 회화의 목적과 언뜻 상충되어 보인다. 이 원칙은 작품에 내재된 언어기호와 시각기호를 엄격하게 분리할 것을 요구한다. 즉, 언어는 결코 캔버스의 공간 속으로 들어가지 않는다는 의미가 아니라, 익히 보았듯이 보기와 말하기의 문법이 근본적으로 다르다는 의미다. 이미지는 유사성을 기반으로 차이를 가로지른다.

언어는 차이와 더불어 지시 가능성을 만들면서 차이를 통해 기능한다. 다시 말해, 이미지는 여전히 침묵을 지키는 한편 명명의 과제는 일반적으로 언어를 통해서만 가능하다는 의미가 되는 만큼, 이 원칙은 매우 중요하다. 푸코에 따르면 이렇게 회화의 시각적 경험은 유사성에 의해 사물을 연결하며, 언어와 근본적으로 다르다. 이 말은 푸코가 『말과 사물』에서 주장한 "우리가 보는 대상은 결코 우리가 말하는 내용에 속해 있지 않다"는 내용을 반복한 것이다. 이 말은 이미지와 언어는 한 공간 안에 결합되어 있을 때조차 서로를 분리시키는 차이가 있음을 가리킨다. "두 체계는 서로 합해질 수도 교차될 수도 없는 것이다."(TNP, 32) 읽기는 다른 방향에서 움직이고, 푸코에게 무엇보다 중요한 지시적 요소를 도입한다. 언어는 언어로 표현할 수 없는 무언가를 가리키고, 바로 그것을 말할 책임을 맡고 있다. 하지만 이 분리 원칙이 고전주의 회화의 틀 안에 결코 언어가 존재하지 않는다는 의미는 아니다. 이미지 안에 언어적 요소들이 있을 때, 이것은 형태 자체의 움직임과 공간성 밖으로 관람자를 몰아낸다. 일정한 방식 안에 이미지와 언어가 공존하게 되면 시각기호나 언어기호 어느 한 편이 유리해지는 것이다.

> 어떤 식으로든 종속 관계가 이루어지기 마련이다. 텍스트가 이미지의 지배를 받든(책, 비명, 글자, 인명이 묘사된 그림들에서처럼), 반대로 이미지가 텍스트의 지배를 받든(마치 손쉬운 방법을 택할 뿐이라는 듯 언어가 표현해야 할 메시지를 그림으로 완성한 책에서처럼) 말이다. (TNP, 32)

우리는 이미지의 흐름을 따르거나 언어의 지시를 따를 수는 있지만, 두 가지를 한꺼번에 따를 수는 없으며 이미지와 언어의 처리 방식은 서로에게 특권을 주면서 이 원칙을 따른다.

　고전주의 회화가 이 원칙에 의해서만 형성되었다면, 이미지는 여전히 침묵을 지키고 있을지 모른다. 그러나 고전주의 회화는 시각적 유사성을 구성하는 이러한 구분에도 불구하고 끊임없이 이야기를 계속한다. 이것은 회화의 두 번째 원칙이 말과 유사한 무언가를 재도입하기 때문이다. 간단히 말해, 유사성은 확언을 내포하고 있는데, 이 유사성을 통해 회화 바깥의 세계를 가리키는 회화의 능력이 ── 바깥 세계를 정확하게 반영하든 그렇지 않든 ── 복원된다.

> 형태를 대상과 유사하게 표현하자 […] 그렇게만 해도 언표^{énoncé}를 그림으로 그리는 순수한 놀이에 충분히 빠져들게 된다. […] (이것은 형태의 침묵을 에워싸며 고통을 가하는 무한한 중얼거림과 같다. 이것은 침묵을 억누르고, 침묵을 외부로 탈출하게 하며, 마침내 우리가 명명할 수 있는 사물의 영역 안으로 되돌아오게 하는 방식으로 침묵을 부여한다). (TNP, 34; CP, 42~43. 번역 일부 수정)

　그러므로, 언어에 의한 지시 대상과 조형적 형태의 분리에도 불구하고, 언어에 의한 지시 대상이 이미지 속으로 슬그머니 들어온다. 유사는 필연적으로 어떤 것과 유사할 수밖에 없고, 그렇게 함으로써 회화는 외부 대상과 관련되기 마련이다. 언어가 배제됨에도 불구하고 유사는 시각적 놀이의 순수성을 훼손하는 준^{準}언어적 관점을 포함하고 있다. 이처럼 유사는 조용히 만들어지고 있는 담론성^{discursivity}을 들여오면서 캔버스 너머의 관람자에게 모방의 경제를 강요한다. 이런 식으로 '회화의 순수한 놀이'는 결국 지시 대상이나 명명, 확언과 같은 과제에 종속된다.

푸코는 그의 에세이 마지막 부분에서 두 원칙 사이의 진동이 고전주의 회화의 특징이라고 설명한다.

언어 기호와 조형적 요소의 분리, 유사와 확언의 등가성. 이 두 가지 원칙이 고전주의 회화에 긴장감을 조성하는데, 두 번째 원칙이 언어적 요소가 신중하게 배제되었던 회화에 담론을 ─ 누군가가 말하는 곳에는 확언만이 있을 뿐이다 ─ 재도입시켰기 때문이다. 이런 이유에서 고전주의 회화는 전적으로 언어 외부에서 스스로를 구성하는 한편 ─ 끊임없이 ─ 이야기를 하고, 담론적 공간에 조용히 머물며, 바로 그 아래에 이미지와 기호 사이의 연관성les rapports을 회복하는 일종의 공통 지점lieu commun을 제공했다.[4]

프랑스어 표현(lieu commun)대로 유사는 이미지가 언어적 모델에 동화되는 공통 지점을 만들어 낸다. 고전주의 회화는 최선의 노력을 다한다 하더라도 여전히 모방 상태로 남고, 그로 인해 회화의 이미지는 모방해야 할 실제의 요구에 따라 판단된다. 푸코의 말장난이 암시하듯 이런 이미지들은 지시 대상의 제약을 받고 외부 세계와의 비교에 짓눌려 여전히 '진부한'commonplace 상태로 남는다.

---

4 TNP, 53. CP, 77~78. 번역은 다음과 같이 수정되었다. 푸코의 분석 가운데 일부는 마그리트가 대상과 언어에서 그 접합점을 박탈함으로써 일상생활에 흔히 사용하는 물건들을 진부한(commonplace) 영역으로부터 수수께끼 같은 영역으로 이동하는 방식을 보여 주므로, 나는 'lieu commun'을 '공통 기반'(common ground)이 아닌 '공통 지점'(common place)이라고 옮긴다. 나는 제임스 하크니스(James Harkness[『이것은 파이프가 아니다』의 영어 번역자])가 이 놀이에 예민하게 반응하지 않는다는 것을 암시하고 싶은 생각은 없다. 오히려 그는 'lieu commun'을 'common place'로 표현했으며, 심지어 주석을 달아 이 말장난에 대해 설명하기도 했다. 위의 이유로 인해 나는 이 구절에도 이 같은 용어가 사용되어야 한다고 주장한다.

시각 예술가들은 20세기 내내 이런 원칙들을 대체하고, 그렇게 함으로써 회화의 지시적 기능을 대체할 방법을 강구했다. 이런 면에서 가장 먼저 떠올리게 되는 사람은 단연 마그리트인데, 그는 회화가 언어로 변환되는 이 같은 공통 지점을 완전히 폐기하기 때문이다. 푸코의 분석은 마그리트가 일상의 수수께끼가 일어나는 비지시적 공간을 발굴하면서 어떻게 이런 방식들로부터 근대 회화를 탈출시키는지 보여 준다. 또한 푸코는 마그리트를 예로 들면서 회화가 어떻게 비확언적이 되는지 설명한다. 마그리트의 예술은 모더니티의 저 건너편에 있는 언어와 이미지의 특정 상태를 드러낸다. 'Ceci n'est pas une pipe'라는 문구는 이것이 새겨진 그림 뒤에서 벌어지는 더 큰 과정을 대신하고, 그럼으로써 회화의 새로운 지위를 확고히 한다. 하지만 푸코는 이러한 이행을 일으킨 구체적인 작용들을 따라간다. 따라서 푸코가 에세이에서 작품별로 분석을 시도한 방식은 한 예술가에게서 모더니티를 만든 경향들이 어떻게 상징적으로 드러나는지, 회화의 확언적 차원이 어떻게 침묵을 당하는지에 대한 실례로 이해되어야 한다.

이런 난해한 에세이를 명확하게 이해하기 위해, 우리는 마그리트가 공격하는 두 가지 원칙에 따라 푸코의 담론을 분석하고 그런 점에서 고고학의 일반적인 지향을 따르기로 한다. 우리는 두 번째 원칙을 먼저 분석하면서 마그리트가 어떻게 유사성과 확언을 분리해 생각하는지 살펴보고, 그런 다음 마그리트가 각각의 원칙을 근절하기 위해 불안정한 지대 위에서 어떻게 언어적 요소와 조형적 요소들을 결합하는지 살펴볼 것이다. 두 번째 원칙부터 거꾸로 다루는 이유는 임의적이 아니라, 이렇게 해야 마그리트 특유의 초현실주의 개념을 깊이 이해할 수 있기 때문이다. 더욱이 푸코가 이끌어 내는 유사와 상사 간의 차이는 마그리트의 언어적 요소 도입에서 가장 중요한 것이 무엇인지 더욱 이해를 도울 것이다. 마지막으로, 『말과 사물』에서 유사성에 대한 푸코의 담론으로 인해 마그리트가 처음 푸코와 인연을 맺게 된 걸 고려해 볼 때, 이 담론은 푸코에게 마그리트에 대한 에세이를 쓰게 한 두 사람의 관계의 시작으로 우리를 되돌려 놓는다.

2. 지시 대상을 침묵시키기: 유사와 상사의 구별

마그리트가 철학에 관심이 있었다는 사실은 놀랄 일이 전혀 아니다. 그의 작품들은 그 자체로 이런 의문을 유발하도록 계획되었으며, 심지어 〈인간의 조건〉The Human Condition, 1935, 〈쾌락 원칙〉The Pleasure Principle, 1937, 〈변증법에 대한 찬미〉Praise of Dialectic, 1937, 〈헤겔의 휴일〉Hegel's Holiday, 1958 같은 일부 작품들은 노골적으로 그 의도를 드러낸다. 특히나 그의 작품은 시각적인 표현 양식을 통해 근대적 사유의 변함없는 질문들, 이를테면, 점차 진부해지는 세계에서 어떻게 초월이 가능할 수 있을까? 혹은 의미란 무엇인가? 재현의 한계는 무엇인가? 같은 질문들을 제기해 그 자체로 철학적이라고 말할 수 있겠다. 마그리트는 세계를 맹목적으로 모방하는 장인으로서의 예술가 개념을 강하게 거부했다. 그는 예술가란 시각의 문제를 해결하기 위해 노력하는 사상가라고 주장했으며, 푸코와 서신을 교환하면서 이런 태도를 벨라스케스에게까지 거슬러 올라가 추적한다. "눈으로 보고 시각적으로 묘사할 수 있는 사유가 있다. 〈시녀들〉은 벨라스케스의 비가시적인 사유를 담아낸 가시적인 이미지다."[5]

---

5 René Magritte, "Letter to Michel Foucault", TNP, p. 57의 복사된 자료에서 인용.

이 같은 매우 지적인 요소가 마그리트의 예술과 당시 주류를 이루었던 초현실주의 미학을 구분시킨다. 마그리트는 파리 근교의 페뢰-쉬르-마른Perreux-sur-Marne에 거주하면서 1927년에서 1930년 사이에 한 주요 단체에서 활발하게 활동했다. 그는 이 단체에서 발행되는 출판물에 초현실주의와 유사한 이미지들을 그려 주는 등, 단체의 성격을 시각적으로 드러낼 수 있도록 도왔다. 그렇지만 창조력에 대한 마그리트의 개념은 이 단체에서 문학에 몸담고 있는 부류들이 생각하는 개념과 크게 달랐다. 마그리트는 앙드레 브르통André Breton이 옹호한 미에 대한 격정적인 개념을 단호하게 거부하고, 창조력을 무의식이 스스로를 드러내기 위한 격렬한 몸부림이 아닌 합리적인 사고력의 확장으로 보았다. 또한 이 단체가 역점을 두는 운이나 우연을 신뢰하지 않았으며, 자신의 그림은 질문을 던지거나, 생각을 드러내거나, 신비한 무언가를 환기시키기 위해 신중하게 계산된 노력이라고 말했다. 마그리트는 재현을 통해 불가해한 사물이 시각을 압도할 정도에 이르도록 계획된 엄격한 리얼리즘을 전개하면서, 일상에서 흔히 보는 사물을 시적으로 재작업했다. 그의 작품은 재현을 극한까지 끌고 가 현실이 그 현실성을 의심하게 만드는 회화의 형태로서 초현실주의sur-realism다. 마그리트의 작품은 가시적인 세계에 계산적으로 접근하면서, 재현의 한계 뒤에 숨은 수수께끼를 드러내고 겉으로 드러난 양상을 뛰어넘는다. 이렇게 마그리트는 재현 뒤에 무엇이 있는가, 라는 모더니티의 주요 문제에 몰두한 최초의 시각적 사상가이다.

1966년 봄, 마그리트는 푸코에게 보낸 편지에서 『말과 사물』의 서두 부문에 소개된 '유사'와 '상사'의 활용에 대해 문의했다. 1장에서 보았듯이 푸코는 르네상스 시대의 지식에 대해, 뚜렷한 차이 너머에 있는 동일한 것의 예를 찾아내고 그것을 체계화한 것이라고 설명하면서 두 가지 용어를 거의 동의어로 사용했다. 마그리트의 경우 이 용어들의 역사적 반향에는 별로 관심이 없었다. 그에게 사전적 의미는 별 도움이 되지 못했으며 오히려 그는 다음과 같은 의문을 품었다. '그렇다면 유사와 상사 간의 유의미한 차이는 없는 걸까?'[6] 마그리트는 둘의 차이를 다음과 같이 구분한다.

예를 들어 완두콩들은 가시적으로나(색깔, 모양, 크기) 비가시적으로(특성, 맛, 무게) 상사의 관계를 지닌다고 생각합니다. […] 자기들끼리 유사하지 않은 사물들은 상사할 수도 있고 상사하지 않을 수도 있습니다.[7]

마그리트는 계속해서 이렇게 주장한다. "생각만이 유사성을 지닙니다. 생각은 그것이 보거나 듣거나 아는connaît 것이 됨으로써, 세계가 제공하는 바로 그것이 됨으로써 유사성을 지닙니다."(TNP, 57 참조) 이렇게 마그리트에게 유사는 생각의 속성으로서, 외부 현실과 접촉하는 마음의 능력을 의미한다. 한 평론가는 이 말을 단순히 수동적인 반영으로 해석해서는 안 되며, 주어진 것을 변형시키기 위한 생각의 움직임으로 해석해야 한다고 주장했다.[8] 반면에 상사는 대상의 속성, 실재 사이에 현존하는 동

---

6 TNP, p. 57 참조. 『말과 사물』에서 유사와 상사의 활용, 마그리트와 교환한 편지 내용, 그리고 프랑스어에서 각 단어가 지니는 복합적인 의미에 대한 설명은, Dominique Chateau, "De la ressemblance: un dialogue Foucault-Magritte", *L'Image: Deleuze, Lyotard, Foucault*, ed. Thierry Lenain(Paris: Librairie Philosophique J. Vrin, 1998), pp. 95~108 참조.

7 Magritte, "Letter to Michel Foucault", TNP, p. 57.

8 Silvano Levy, "Foucault on Magritte on Resemblance", *The Modern Language Review*, vol. 85, no. 1(1990), pp. 50~56. 레비는 마그리트의 구분에 대해 푸코가 오해했다고 여기고 그 부분에 대해 비평한다. 그는 이 에세이에서 푸코가 말하는 유사와 상사를 요약해 설명하고, 마그리트에게 상사의 개념은 푸코보다 더 광범위하다고 주장한다. 한편 유사에 대해서는 정신이 "가시적인 실체들에 영향을 받는" 과정이라고 칭한다. 레비는 창조 과정에 대한 마그리트의 개

일함의 예와 관련이 있다. 이처럼 상사의 관계는 생각에 의한 견해와 관계없이 실재 사이에 존재하며, 유사는 세계가 제공하는 것을 받아들이고 변화시키는 정신의 능력과 관계가 있다.

마그리트가 두 용어의 차이를 간단명료하게 구분했다면, 푸코는 두 용어를 잘못 해석하거나, 이런 식의 구분으로는 충분하지 않다고 생각하거나, 마그리트에게 존경을 표하며 둘 사이의 구분을 간과한다. 그렇지만 푸코는 다른 식의 해석을 제시하면서, 이 차이가 마그리트의 작업에 필요한 열쇠를 쥐고 있다고 주장한다.

> 내가 보기에 마그리트는 상사와 유사를 구분해서 생각하고 전자와 후자를 겨루게 하려는 것 같다. 유사는 일종의 '패턴', 즉 원형적 요소를 지니며, 이 패턴은 원형으로부터 제외될 정도로 점차 그 본래 모습을 잃어가는 복제품들을 지시하고 서열화한다. 그러므로 유사를 위해서라면 지시하고 분류하는 최초의 지시 대상을 전제로 삼아야 한다.[9]

넘에서 유사가 필요 불가결한 역할을 담당하고 있음을 설명한다.

9 TNP, p. 44. CP, p. 61. 번역은 일부 수정. 중요하고 복잡한 이 구절은 이 에세이의 1973년 판본에 추가되었다. 불어 원본은 다음과 같다. "Il me paraît que Magritte a dissocié de la ressemblance la similitude et fait jouer celle-ci contre celle-là. La ressemblance a un 《patron》: élément original qui ordonne et hiérarchise à partir de soi toutes les copies de plus en plus affaiblies qu'on peut en prendre. Ressembler suppose une référence première qui prescrit et classe." 나는 주로 문맥상, 그리고 생성 요소에 대한 언급을 훼손하지 않기 위해 'patron'을 '패턴'(pattern)이라고 옮긴다. 불어로 'patron'은 여러 가지 의미를 지니는데, 푸코는 이 단어에 인용 부호를 사용해 의미를 더욱 심화시킨다. 'patron'이라는 단어에서 독자들은 위에 언급한 의미에서처럼 '패턴'이라는 의미는 물론이려니와 '예술의 후원자'에서처럼 '후원자'(patron)라는 의미, 그리고 '소유주'(owner), '상사'(boss)라는 의미도 엿볼 수 있을 것이다. 나는 하크니스의 '모형'(model)이라는 용어보다는 '패턴'이라는 용어를 선호한다. 하크니스가 사용한 '모형'은 푸코가 다른 상황에서 사용한 'modèle'이라는 용어를 번역할 때 사용했다.

푸코의 정의는 정확히 고전주의 회화의 모방적 틀 안에 유사성을 위치시킨다. 유사하다는 것은 한 가지 모델을 모방한다는 것이다. 유사성은 원형적인 요소를 참조하고, 다소 정도의 차이는 있겠지만 이 복제본이 어느 정도 원형적인 요소에 근접하도록 지시한다. 고전주의 회화는 관람자가 그림을 보면서 그림으로 표현된 이미지와 익히 알고 있는 세계 간의 충실성을 평가하고, 유사성을 통해 진실을 확인하게 한다. 언어적 언급과 마찬가지로 유사성은 이미지의 의미를 판단하기 위해 다수의 사고방식을 가리키고 시사한다. 그렇기 때문에 유사성은 관람자에게 그림을 넘어서서 그림의 정당성을 제공한다고 여겨지는 것을 볼 수 있도록 부추긴다.

반면에 상사는 유사성 안에서 커지고 있는 외부의 확신에 찬 목소리를 잠재운다. 마그리트의 그림에서 상사는 일종의 공격이다. 상사는 복제와 패턴 사이의 차이를 혼동시킴으로써 언급에 대항한다. 푸코의 정의에 따르면 상사는 원본을 대체할 수 있을 정도로 원본에 충실한 복제품이다. 따라서 상사는 모델에 대한 충실성을 기반으로 한 위계 안에 이미지를 위치시키려는 모든 시도를 중단시킨다.[10] "상사한 것Le similaire은 시작도 끝도 없는 연쇄 안에서, 이쪽뿐 아니라 저쪽으로도 쉽게 이어질 수 있는, 어떠한 위계도 따르지 않지만 작은 차이들 사이에서 작은 차이들로부터 분파되는 연쇄 안에서 일어난다."(TNP, 44) 상사와 유사는 이처럼 밀접하게 관련되어 있다. 둘 다 시각적 형태의 공통점을 드러내는 '동일한 것'과 관련이 있다. 그러나 상사는 원형의 패턴을 흉내 내고 근원의 모든 의미를 혼란시킴으로써 원형의 우선권을 강탈한다. 그리고 그로 인해 유사가 시

---

10 1973년 판본은 들뢰즈의 시뮬라크룸 논의에 영향을 받았음을 감지할 수 있다. 이 같은 상호교환에 대해서는 4장에서 살펴보겠다.

각 속으로 슬그머니 들이민 지시 대상을 상사가 약화시킨다. 푸코는 계속해서 다음과 같이 말한다.

> 유사는 재현에 기여하고 재현은 유사를 다스린다. 상사는 반복에 기여하고 반복은 상사 위에 늘어서 있다. 유사는 되돌아가 밝혀야 할 원형에 근거를 둔다. 상사는 상사에 대한 상사의 무한한 가역 관계로서 시뮬라크럼을 순환시킨다. (TNP, 44)

유사가 진정한 모방, 다시 말해 원형을 더 철저하게 복제하기 위해 원형으로 환원되는 관계라면, 상사는 원형을 패러디한다. 상사는 유사의 비어 있는 형태, 보다 정확히 말하면 패턴을 고수하지 않거나 원형에 근접하지 않거나 외부적인 것을 단언하지 않는 유사의 형태다.

푸코에 따르면 마그리트의 상사는 근대 회화가 진가를 발휘했다는 걸 보여 준다. 마그리트의 상사는 이제 진짜와 똑같은지 아닌지에 크게 관심을 두지 않고도 시각적 문제를 제기할 수 있는 자기지시적 공간 안에 깃들게 된다. 우리는 이 같은 역사적 진단에 의한 관점을 염두에 두면서, 푸코가 바실리 칸딘스키Vasily Kandinsky의 작품에서 유사의 확언적 차원에 대한 이러한 공격성의 선례를 발견한다는 사실에 주목해야 한다. 칸딘스키가 추상이라는 수단을 통해 재현을 회피한다는 측면에서 마그리트와 칸딘스키 두 화가의 작품이 크게 다르지만, 푸코는 두 예술가가 단절시키려는 사회적으로 용인된 관습을 고고학적인 차원에서 확인하고 이에 따라 그들이 어떻게 공통의 노력을 시도하는지 보여 준다. 바로 이러한 원칙을 ─ 유사가 확언을 내포한다고 하는 ─ 바탕으로 푸코는 칸딘스키가 비구상적인 추상을 통해 단절을 꾀했다고 믿는다.

3. 유사의 폐지에서 흉내 내기로

일설에 따르면 칸딘스키는 형태와 색깔만으로 작품을 구성한 최초의 모더니스트였으며, 1913년 말과 1914년 초에는 완전히 추상적인 '즉흥화' improvisations를 그렸다.[11] 그는 이런 방법을 통해 관찰된 세계로부터 음악에서 차용한 개념 ── 조화, 질서, 균형 ── 으로 매체의 방향을 돌림으로써 회화의 재현적 경향을 극복했다. 푸코의 말에 따르면 칸딘스키는 유사와 지시 대상을 분리해서 생각하고, 순수한 확언 다시 말해 오로지 회화의 형식적 속성들이 결합할 때에만 비로소 미학적 가치가 이루어진다는 생각에 기초해 작품의 구도를 설정한다. 그러므로 회화는 오직 회화 자체하고만 관련을 맺는다.

> 칸딘스키의 작품은 유사와는 조금도 관련이 없으며, '이것이 무엇이냐'는 질문을 받을 때 '즉흥화'나 '구성'처럼 그것을 작품을 형성하는 행위와 관련시키거나, 작품 안에서 발견되는 '붉은 형태', '삼각형', '자줏빛 오렌지'와 관련시키거나, 혹은 '단호한 장미'라든가 '꼭대기를 향해', '노란 배경', '장밋빛 구상' 같은 긴장이나 내적 관계와 관련시킴으로써 대답할 수 있는, 있는 그대로의 확언이다. (TNP, 34~35; CP, 43. 번역 일부 수정)

마네의 단절을 심화시킨 칸딘스키는 재현을 지향하는 회화의 속성을 하나도 남김없이 완전히 떨쳐 버린다. 그의 추상화는 그 추상화의 요

---

11 H. H. Arnason, *History of Modern Art*, 3rd ed. Daniel Wheeler(New York: Harry N. Abrams, Inc., 1986), p. 127. 이하 'HMA'로 인용함.

소들을 통해 내적 관계 외의 그 어떤 것도 지시하길 거부함으로써 고전주의 회화에 내재된 지시 대상을 침묵시킨다. 한마디로 말해, 선은 선, 형태는 형태, 색채는 색채로, 우리는 보는 그대로 받아들이게 되는 것이다. 그러나 이런 침묵을 이루어 내는 데 있어서 칸딘스키는 단순히 재현으로부터 유사를 벗겨 내는 것에 그치지 않는다. 그는 유사를 파괴하고, 그 결과 자신의 그림을 더 이상 무엇과도 닮지 않게 만들어 버린다.

어떤 면에서 마그리트는 이러한 추상의 과제와는 완전히 동떨어져 있다. 마그리트의 이미지는 극도로 객관적이고 정확하게 대상과 형태를 환기시킨다. 그의 이미지가 실재하는 무언가를 나타냈다면, 아마도 그의 작품을 리얼리즘의 한 형태로 분류하고 싶어질 것이다.[12] 그러나 그의 작품은 푸코의 말대로 "설득력 있는 유사의 계략"(TNP, 43)을 이용해 유사의 외양만 지닐 뿐이다. 이 말은 곧 유사는 결코 칸딘스키가 그랬던 것처럼 파괴되지 않을뿐더러, 상사의 활동에 의해 창조된다는 걸 의미한다. 다시 말해, 캔버스 내부에 퍼져 급속히 확산되는 목소리 속에 지시 대상이 묻힐 공간을 만들기 위해 상사는 유사를 모방하게 된다. "상사는 서로 기울이고 넘어뜨리면서 함께 춤을 추는 다양한 확언들을 증식시킨다." (TNP, 46) 칸딘스키와 마찬가지로 마그리트의 작품 역시 모방의 필요성에서 벗어나고, 따라서 회화의 동일한 고고학적 변화를 전제로 삼는다. 그러나 이것은 유사를 파괴함으로써가 아니라 확언을 어지럽게 드러내 보임으로써 가능해진다. 마그리트는 회화의 물질성이 아닌, 현실로부터

---

12 Jacques Meuris, *René Magritte*, trans. Michael Scuffil(Los Angeles: Taschen, 2004). 이하 'RM'으로 인용함. 특히 "Magritte the Realist —Imagination and Inspiration"이라는 제목의 장에 주목한다. 이 장에서 뫼리스는 19세기 프랑스 리얼리즘의 전통이라고 할 수 있는 마네의 예술과 20세기 팝아트와 극사실주의 사이의 관계에 대해 논한다.

자유로운 상^像을 만드는 회화의 능력을 적극적으로 활용한다.

마그리트의 〈재현〉^{Representation, 1962}은 똑같은 축구 경기 장면 두 개를 나란히 배치함으로써 이 같은 탈출을 보여 준다. 푸코에 따르면 이 방법은 어떤 것이 실제 경기이고 어떤 것이 재현인지 파악할 능력을 약화시킨다. "이렇게 두 이미지가 같은 그림 안에 상사와 관계를 맺으며 나란히 묶여 있는 경우, 모형과의 외적인 관련 —— 유사를 통한 —— 이 방해를 받을 뿐 아니라 쉽게 모호해지고 유동적이 된다. 우리는 무엇이 무엇을 '재현'하는지 의문을 제기하게 된다."(TNP, 44; CP, 62. 번역 일부 수정) 나란한 배치는 외부 모형이라는 '군주 정치'가 캔버스를 지배하던 회화의 낡은 공간을 파괴한다(TNP, 44~45). 이것은 실제와 재현의 구별이 분명하지 않은 완전히 가역적인 공간, 어떠한 장치로도 캔버스의 운동을 멈출 수 없어 시작도 끝도 없는 공간으로 안내한다. 왼쪽의 두 기둥 사이에 끼어 있는 축소된 경기 장면이 오른쪽 큰 경기 장면의 원형일 수도 있다. 그런가 하면 그 반대 상황 역시 얼마든지 가능하다. 혹은 푸코의 주장대로 두 이미지 가운데 작은 쪽을 확대해서 보면 두 가지가 똑같은 장면임을 발견할지 모른다.

〈위험한 관계〉^{Les liaisons dangereuses, 1936}에서는 같은 목적을 위해 다른 장치가 이용되었다. 이 그림에서는 벌거벗은 여인이 엉거주춤하게 서 있고, 관람자의 응시로부터 자신의 나체를 가리기 위해 거울을 이용한다. 거울은 몸통이라는 물리적 공간을 가려 주지만 과장된 왜곡에 의해 여자의 뒷모습을 비춘다. 이 그림은 두 가지 측면에서 편안하게 받아들이기 힘들다. 첫째, 거울은 관람자를 향하는 반면 아무런 장식이 없는 벽은 여자의 측면을 보호한다. 이런 식의 작동은 그림의 '모델'이 있기는 한 건지, 있다면 어디에 있는지 판단을 불가능하게 만든다. 거울의 표면이 관람자를 향해 있지만, 희한하게도 거울은 그것을 들고 있는 여자를 비춘다. 푸코에 따르면, 이것은 그림이 더 이상 그 소재를 위해 그림의 바깥을 보지 않는다는 걸 나타내는 기발한 방식이다. "어떤 참조 지점도 위치시킬 수 없는 상사가, 아무런 출발점도 지지점도 없는 물체의 이행이 이 모든 장면 사이를 미끄러져 지나간다."(TNP, 52) 즉, 이 그림처럼 근대 회화는 바로 스스로를 모델로 삼는 일련의 왜곡 현상에 의해 생각되어야 한다.

4. 단어와 이미지의 습격: 분리 원칙의 소멸

앞에서 보았듯이 고전주의 시대 회화는 언어적 요소와 조형적 요소의 분리를 기반으로 한다. 같은 그림 안에 두 요소가 공존할 때조차 하나는 다른 하나에 종속된다. 교과서에서 혹은 책이나 편지를 묘사한 그림에서 흔히 발견하게 되는 배치가 그 전형적인 예다. 교과서의 경우 본문은 이미지의 의미를 설명할 책임이 있다(TNP, 32). 이 본문은 세부 내용을 설명하거나, 문맥을 알려 주거나, 구도 뒤에 숨은 의도를 진술하기 위해 시각적 정보가 처리될 때 접근해 들어와 이미지의 수용에 영향을 미친다. 반면에 가령 그림 속 편지는 그것을 둘러싼 장면에 따라 위치가 정해진다(TNP, 32). 엄격히 말해 편지의 언어는 쓰인 것이 아니라 재현된 것이다. 단어는 재현의 일부를 이루는 시각적 장식의 역할을 한다. 푸코는 어떤 배치도 완벽하게 안정적인 경우는 드물다는 걸 인정한다. 우리는 언어적 요소에서 조형적 요소로 초점을 옮기고, 그렇게 함으로써 확실하게 정착된 체계를 뒤집을 수 있다. 하지만 그럼에도 불구하고 서양 문화는 언어와 이미지가 서로에게 여전히 이질적인 공간을 확립했으며, 푸코는 "정말 중요한 사실은 언어적 기호와 시각적 재현이 결코 동시에 표현될 수 없다는 것이다"(TNP, 32~33)라고 말했다. 물론 이 둘이 한 공간 안에 동시에 들어 있을 수는 있지만, 한 공간에 있더라도 각각의 차이는 결코 사라지지 않는다. 언어적 지시와 재현적 형태는 이미지와 언어를 배치하는 관습에 의해 각기 제자리를 유지한다는 단순한 이유로 서로 겹쳐지지 않는 것이다.

가령 고전주의 시대 회화의 질서는 교과서와 확연하게 다르다. 그럼에도 불구하고 푸코는 우리에게 단어와 이미지를 짝짓기에 앞서 이러한 질서의 경험을 관찰하라고 요구한다.

> 삽화가 그려진 책에서 우리는 텍스트 위와 그림 아래의 작은 공간, 영원히 공통의 경계 지역으로 기능하는 이 좁은 공간에 거의 관심을 두지 않는다. 그러나 단어와 표현 형식 사이의 모든 관계 —— 지시, 명명, 묘사, 분류 등의 —— 들이 확립되는 곳은 바로 이 몇 밀리미터의 하얀 여백 위, 페이지의 고요한 모래사장 위에서이다. (TNP, 28; CP, 33~34. 번역 일부 수정)

이런 측면에서 마그리트에 대한 에세이는 보기와 말하기 사이의 유동적인 관계에 대한 푸코의 고고학의 연장선으로 보아야 할 것이다. 마그리트의 그림들은 시험적 사례, 다시 말해 예부터 내려온 언어적 기호와 시각적 기호의 분리를 지우기 위한 실험이다. 그의 회화는 이런 원칙을 지워 없애고 새로운 양식의 이미지와 새로운 형태의 시각을 만들어 낸다. 마그리트의 이미지는 모더니티의 저쪽, 회화의 관습을 지배하는 규칙이 다시 한 번 활발하게 작용하는 바로 그 공간에 속해 있다. 푸코에 따르면 마그리트가 실천하는 것은 바로 예술적 맥락 안에서 언어와 이미지를 분리하는 원칙의 단절이다. 마그리트는 그림과 제목 사이의 관계를 두드러지게 만들고, 언어적 요소를 아주 모호한 방식으로 포함시키며, 어떤 경우에는 언어적 기호가 시각적 형태의 자리를 차지하게 만드는 등, 여러 가지 방식으로 이러한 단절을 실천한다. 언어를 이용한 이런 실험들은 중립적인 공간, 다시 말해 이미지와 단어가 휴전을 협정한 '고요한 모래사장'을 건드린다. 이렇게 마그리트는 이미지와 단어가 평화롭게 공존하는 공통의 장소를 없앰으로써 조형적 기호와 담론적 기호 사이의 갈등을 재개한다. 비무장지대가 불안해지면서 이미지와 단어는 서로를 침입해 들어가 비밀 작전을 시작하고, 그로 인해 둘 사이의 분리 상태를 유지시켜 주었던 원칙은 교묘하게 약화된다. 물론 마그리트가 가장 독창적인 예술가 가운데 한 명인 건 사실이지만, 이 원칙을 불안정하게 만든 유일한 시각 예술가인 것은 아니다. 마그리트 작품은 고전주의 회화의 형성 규칙에 대한 공격을 통해 근대 회화를 출현시킨 더 큰 변화의 일환이다.

5. 클레와 분리 원칙: 읽어야 할까 보아야 할까?

스위스 화가 파울 클레Paul Klee는 분리 원칙에 맞선 최초의 화가들 가운데 한 명이었다. 클레는 처음에는 뮌헨의 청기사파Der Blaue Reiter를 통해서, 이후에는 바이마르에 위치한 바우하우스 스쿨의 교수로서 칸딘스키와 가까이 지냈다. 하지만 클레는 칸딘스키와 교제하면서도 추상미술을 근대 미술 실현의 요건으로 결코 인정하지 않았으며, 심지어 자신의 작품 가운데 가장 추상적인 구도에서조차 회화 외부의 세계를 더듬는 조형적 요소를 유지했다. 더욱이 우리가 익히 알고 있는 그의 작품 방식과 독창성에 대한 개념으로 미루어 보았을 때, 세계에 반응하는 회화의 전통적 과제를 클레가 포기했다고 주장하기는 어려울 것 같다. 다시 말해 그의 작품은 계획된 구도나 일련의 예비적 스케치 작업을 거친 후에, 혹은 세계의 자기표현에 대한 직접적 반응에 의해 이뤄졌다(HMA, 329~331). 따라서 전반적으로 그의 작품은 순수 추상의 기획과는 거리가 먼 유기적 감성을 지니고 있다고 할 수 있다(HMA, 331). 푸코의 표현을 빌리자면, 우리는 클레의 작품이 여전히 지시적인 외부 세계와 닮아 있다고 할 수 있다──비록 그의 작품이 비재현적인 방식으로 세계를 드러냄으로써 재현의 우위를 약화시킬 때조차도. 클레의 작품은 회화 외부의 대상과 접촉하는 과제에 집착하지만, 그 과정에서 회화와 재현 모두에 의심을 품으며 작품을 분석한다. 그의 작품은 관람자들에게 회화의 재현적 차원을 깨닫도록 촉구하며, 그럼으로써 재현의 범주를 벗어나 생각하도록 강요한다.

이런 도전은 언어적 요소가 시각적 형태로 기능하는 구도에서, 그리고 조형적 디자인이 해석되기 위한 기호로 주어지는 구도에서 쉽게 목격된다. 푸코가 제대로 지적했듯이 클레는 이런 요소들을 모호한 방식으로 한자리에 묶어 놓음으로써 고전주의 회화가 강조하는 읽기와 보기의 분리를 약화시킨다. 그는 언어적 기호에 각별히 시각적인 역할을, 그리고 시각적인 요소에 지시적인 기능을 부여한다. 이렇게 해서 두 요소는 언어적 재현과 조형적 유사 사이를 갈팡질팡하며 어정쩡한 양상을 띤다.

보트, 집, 사람은 모두 알아볼 수 있는 형태인 동시에 글로 쓸 수 있는 요소들이다. 이것들은 길이나 운하 위에 놓여 있으며 글로 읽을 수도 있다. […] 그리고 이것들이 마치 사물의 본질을 벗어나기라도 한 듯, 시선은 이어지는 길을 가리키는 단어, 그리고 이동 중에 만나는 풍경을 명명하는 단어와 마주친다. 그리고 이러한 형상과 기호와의 연계 속에서 불쑥불쑥 나타나는 화살표(흡사 그림으로 표현된 의성어와도 같이, 원형과의 유사성을 지닌 기호이자 질서를 체계적으로 드러내는 형태로서의 화살표)는 보트가 움직이는 방향을 가리키고, 해가 뜨는 모양을 보여 주며, 시선이 따라 가야 하는 방향을 지시하는 역할을 하거나, 더 정확히 말하면, 임시로 그 리고 조금은 제멋대로 놓여 있던 형상을 상상력의 작용에 의해 움직이게 하는 선이라고 보아야 할 것이다. (TNP, 33; CP, 41~42. 번역 일부 수정)

푸코의 언어는 때때로 까다롭지만 분석은 복잡하지 않다. 클레는 언 어적 기호라든지 언어에서 발견할 수 있는 지시적 형태를 지닌 기호 —— 예를 들어, 화살표 —— 를 포함시킴으로써 작품의 순수한 시각적 경험을 방해한다.[13] 이런 모호한 기호들 때문에 관람자는 부득이 독자의 위치에 서게 된다. 보트가 움직이고, 해가 뜨고, 그림이 활기를 띠게 하려면, 관람 자는 마치 책의 서술처럼 화살표 방향을 따라가야 한다. 세계의 에너지를 연상시키는 활기를 장면에 불어넣음으로써, 클레는 마치 문학 텍스트처 럼 "그림을 보는 독자들이여, 이것을 저쪽으로 옮기시오"라고 방향을 지 시하면서 시각과의 단절을 꾀한다. 그러나 동시에 이 같은 언어적 요소는 시각적 형태로 그 지위를 유지한다. 화살표, 글자, 상형 문자는 모두 자연 계에서 형태를 불러내 회화의 형식상의 요소들과 조화를 이루므로 효율 적으로 배치가 가능하다. 〈아침 식사 시간의 명상〉Contemplation at Breakfast, 1925에서 빨간색 느낌표는 이 장면을 흥분된 상태로 읽어야 한다는 걸 지 시하는 걸까? 혹은 수탉의 모양과 색을 보완하는 측면에서 장면에 포함 시킨 걸까?

---

13 아르나슨(Arnason)은 이 화살표의 출처로 짐작되는 것을 다음과 같이 제시한다. "클레는 가르 침을 통해 그의 도상학적 표현의 대부분을 얻을 수 있었다. 그가 학생들에 대한 영향력을 드러 내기 위해 화살표를 사용했던 것처럼 이 화살표는 그의 작품에 서서히 영향을 미치기 시작했 다." HMA, p. 329.

클레의 작품은 이렇게 형태적 요소로서의 가치에 따라 언어적 요소를 배치함과 동시에 시각적 형태를 언어적 지시와 연결시킨다. 이러한 고전주의 회화의 분리 원칙에 대한 공격은 푸코에게 모더니티 자체를 형성하는 재배치를 암시한다. 『말과 사물』의 출간 후에 이루어진 인터뷰에서 푸코는 〈시녀들〉이 고전주의 시대 재현의 경험을 담아낸 것과 같은 방식으로 예술의 영역에서 모더니티를 집약한 예를 들어 달라는 요청을 받았다. 푸코는 두 경우 모두 파울 클레의 작품을 인용했는데, 첫 번째 경우에는 근대 에피스테메와 마네의 예술을 설명하기 위해 사용한 용어들로 클레의 작품을 설명했다. 클레의 회화는 전반적인 모더니티의 움직임과 더불어 회화의 '자기반성 되기'becoming-self-reflexive이다. 클레의 회화는 마네의 재현에 대한 평론과 유한성에 대한 분석과 마찬가지로 '회화의 지식' savoir de la peinture을 통해 이루어진다. "클레가 회화를 구성할 수 있는 몸짓, 행동, 그래픽, 흔적, 외형, 표면 등 모든 것을 가시적인 형태 안에 드러나게 할" 때 회화는 그 가장 기본적인 조건을 반영한다.[14] 이것은 우리가 모더니티를 살펴보는 동안 계속해서 보아온 움직임이다. 회화는 스스로 새로운 가능성을 재발견하기 위해 근본적인 속성을 연구하는 것이다. 이런 맥락에서 푸코가 '지식'이라는 단어를 사용한 것은 매우 중요한데, 클레의 회화가 거친 표현주의적 몸짓이 아닌 몸짓 자체에 대한 통제된 성찰로 이해될 수 있다는 의미가 되기 때문이다. "그의 회화는 아르 브뤼l'art brut[다듬지 않은 거친 형태의 미술이라는 의미]가 아니라 가장 근본적인 요소들에 관한 지식savoir에 의해 되찾은 회화이다."(HEM, 572)

---

14 Michel Foucault, "L'homme est-il mort?", DE1, p. 572. 이하 'HEM'으로 인용함. 이 책에 대한 모든 내용은 저자가 직접 번역했다.

이 분석은 모더니티 전반에 대한 푸코의 견해와는 일맥상통하지만, 『이것은 파이프가 아니다』를 통해 클레를 설명하는 방식과는 일치하지 않는다. 클레의 회화는 모더니티 내부의 지식과 마찬가지로 자기반성적으로 기술된다. 다시 말해 클레의 회화는 재현의 가능 조건을 조사하는 일종의 이중 형태로 이루어진다. 푸코는 다음과 같이 말한다. "클레의 회화는 단순하지만 그 못지않게 회화의 지식에 의해 지탱되고 그 지식이 수시로 드러나며 스며드는 회화의 요소들 안에서 클레의 회화는 회화를 구성하고 해체한다."(HEM, 572) 이 견해는 1966년 중반부터 『말과 사물』에 소개된 근대 에피스테메의 정의에 크게 영향을 받았으며, 다른 여러 모더니스트들에게도 똑같이 적용된다. 약 일 년쯤 뒤에 〈시녀들〉에 상응하는 근대 작품의 예를 들어 달라고 다시 요청을 받았을 때, 푸코는 또 다시 클레의 작품을 언급했다. 하지만 이번에는 그 이유가 보다 분명했고, 『이것은 파이프가 아니다』의 분석을 통해 더욱 명징해졌다. 푸코는 다음과 같이 요약하면서 스스로 이 문제를 재고했음을 인정한다.

클레는 기호로서 가치를 지닌 모든 일련의 형태들을 세계의 표면 위로 끄집어낸 사람이며, 이런 형태들을 그림의 공간 내부에 조직한 사람이다. 이 형태들은 요컨대 기호로서의 존재 방식을 유지하는 동시에 기호를 더 이상 의미 작용 방식이 아닌 다른 방식으로 기능하게 하면서 기호로서의 형태와 조직을 손상시키지 않는다. 구조주의 비평가도 언어학자도 아닌 나는 이런 식으로 기호를 활용하는 것에 대해, 다시 말해 의미를 드러내는 역할로서가 아니라 기호로서의 존재 방식 측면에서 기호를 활용하는 것에 대해 무척 환영하는 바다. (QV, 642)

이처럼 클레 작품의 상이한 해석에 대해 너무 진지하게 생각할 필요는 없다. 물론 두 인터뷰가 이루어지는 사이에 푸코는 예술의 모더니티가 지닌 다양한 측면을 숙고하는 데 더 많은 시간을 할애했다. 푸코는 마그리트에 대한 에세이를 시작했으며, 그의 설명대로 클레와 칸딘스키의 관계를 보다 철저하게 연구했다.[15] 그리고 이 작업은 결정적이었다. 덕분에 그는 근대 미술 내부의 여러 가닥을 풀 수 있었고, 고전주의 시대 회화의 규칙과 관련해 만들어진 각각의 움직임을 도표로 만들 수 있었다. 그리고 가장 중요한 사실은, 덕분에 모더니즘 자체 안에 중요한 차이들을 도입하고, 마네와 칸딘스키, 클레, 마그리트에게서 볼 수 있는 시각의 유형들을 분리할 수 있게 되었다는 것이다.

6. 급진적인 공격

클레가 분리 원칙을 전복시켰다는 것은 그림으로 표현된 평면에 언어를 포함시킴으로써 고전주의 회화가 강요한 종속의 규칙을 더 이상 따르지 않게 된다는 걸 의미한다. 이후로 언어적·조형적 요소들은 새로운 존재 방식을 취하게 된다. 이 요소들은 완전히 불안해지고, 마그리트의 경우 서로의 자리를 빼앗으려 든다. 말과 이미지는 근본적으로 다른 성격으로 인해 각각의 특징이 정해져 있지만, 마그리트는 둘이 서로 충돌을 일으키

---

15 QV, p. 642. 이 시기에 가졌던 앙드레 브르통의 작품에 대한 또 다른 인터뷰에서 푸코는 창조하는 사람과 발굴하는 사람이라는 '두 부류의 위대한 창시자' 간의 차이를 구분한다. 그는 클레를 후자의 진영에 둔다. "아마도 불확실한 공간에서 우리는 발굴하는 부류들, 그러니까 (후설보다는) 니체, (피카소보다는) 클레와 더 가까울 것이다." "C'était un nageur entre deux mots", DE1, p. 582 참조.

는 공간을 마련한다. 푸코에 따르면 이 같은 대립은 캔버스에 계산된 모호함을 불어넣어, 관람자가 자신이 읽고 있는지 보고 있는지 혹은 둘 다인지를 의심하게 만든다. 푸코는 마그리트의 전략을 클레의 단절을 심화시키기 위한 움직임으로 해석한다. 마그리트의 전략은 한때 소위 순수라고 하는 것을 벗어던진 말과 이미지 사이에 새로운 관계를 짜는 것이다. 그렇지만 마그리트는 조형적인 유사의 기능과 언어적 지시 기능을 공공연하게 결합시킨 클레처럼 자신의 의도를 직접적으로 드러내지는 않는다. 마그리트의 그림은 언뜻 이미지가 보여 주고 단어가 말해 주는 과거의 교훈적인 방식을 그대로 유지하는 듯 보인다. 그러나 푸코가 보기에 그는 이러한 전통적인 방식을 흉내 낼 뿐, 이미지와 말의 분리에 은밀하게 공격을 가한다. 설명에 의해 판에 박은 듯이 이미지를 고정시키는 말은, 이제 유사에서 상사로 전환하면서 이미지를 훼손시킨다. 이 점에서 클레와 마그리트의 비교는 푸코의 분석으로부터 주요 내용을 파악하는 데 중요하다.

> 클레는 형상이라는 씨실로 기호의 사슬을 엮으면서 이름도 기하학적 구조도 없는 공간을 꾸준히 만들어 갔다. 반면에 마그리트는 전통적인 방식을 유지하는 **것처럼 보이는** 공간을 은밀히 전복시킨다. 하지만 그는 이 공간을 언어를 이용해 파헤치지는 않으며, 원근법이라는 과거의 금자탑은 그것이 붕괴된 사건에 비하면 아주 사소한 것에 불과하다. (TNP, 36; CP, 48. 번역 일부 수정. 강조는 인용자의 것)

마그리트는 관람자들이 고전주의 회화의 관습에 따라 이런 이미지들을 보고 이런 글을 읽을 수밖에 없을 정도까지 분리를 가장한다. 물론 이것은 이미지가 그것을 둘러싼 말에 의해 침해받고 있다는 걸 관람자들이 깨닫지 못하게 하려는 함정이다. 여기에서도 클레와 비교한 푸코의 설명이 도움이 된다.

클레는 자신의 조형적 기호를 배열하기 위해 새로운 공간을 만들어 냈다. 마그리트는 재현이라는 과거의 공간이 군림하도록 내버려 두지만, 이 공간은 형상과 단어를 새긴 반짝이는 돌멩이에 불과하기 때문에 표면상으로만 그렇게 보일 뿐, 그 아래에는 아무것도 없다. (TNP, 41; CP, 56~57. 번역 일부 수정)

마그리트의 작품에 수반되는 말은 전통적으로 그림의 형태를 위해 남겨둔 특권들을 독차지하면서 이미지를 침범한다. 마그리트의 이미지는 상사이며 근본적으로 비어 있는 것이므로, 겉으로는 고전주의 회화의 속성을 존중하는 듯 보이는 말에 의해 쉽사리 침입을 당한다. 사실상 "말은 대상의 가늘고 허약한 성질을 드러내 대상을 달아나게 만들었다." (TNP, 41; CP, 56. 번역 일부 수정)

이 같은 말과 이미지 간의 상호작용은 푸코가 분리 원칙의 중심에 두고 그에 따라 두 요소 간의 계층이 드러날 수 있었던 불안정 이상의 의미를 지닌다. 이러한 작용들 덕분에 우선순위가 하나에서 다른 하나로 이동할 때조차 조형적인 유사와 언어적 지시를 정의하는 이질적인 성격이 유지된다. 클레의 작품은 읽을 수 있는 기호와 볼 수 있는 이미지를 교대로 내세우는 이종의 요소들을 만들어 냄으로써 이 분리에 도전한다. 마그리트의 결과는 보다 교묘하다. 그는 말과 이미지의 속성을 가장함으로써 분리 원칙을 밀어내는 작용들을 아예 감춰 버린다. 다시 말해, 마그리트는 먼저 고전주의 회화의 공간이 주는 영향력을 약화시키고, 그런 다음 전통적 질서를 모방한 외형으로 자신의 배반을 완전히 덮어 버리는 것이다. 그의 캔버스는 사실상 대립의 현장이며, 말과 이미지가 스스로를 확인하는 자리, 나아가서 서로의 자리에 대한 자신의 권리를 확인하는 자리다. 말은 '내가 더 많이 보여줄 수 있어'라고 주장하면서 시각적인 형태 속에 스스로를 내세울 정도로 곁에 있는 이미지를 직접적으로 부인하지 않는다. 마찬가지로 이미지 역시 '당신이 보는 그대로'라고 표현함으로써 언어의 지시적 능력을 빼앗을 정도로 곁에 있는 말을 부정하지 않는다. 여기에서 우리는 간접적인 부정, 다시 말해 같은 공간 안에 함께 모인 확언들의 확산으로 인해 만들어진 간접적인 부정을 다루게 된다. 앞으로 보게 되겠지만 이 모든 확언들은 사실상 이런 구도 속에 드리워진 본질적인 결여를 감추고 있다.

7. 말과 이미지의 변형

대부분의 관람자들에게 보기와 말하기 사이의 이 놀이는 마그리트의 그림 제목으로도 나타난다. 그의 작품은 수수께끼 같은 제목으로 유명한데, 이 제목들 가운데 대부분은 그림이 완성된 후에, 합리적인 해석을 하도록 자극하고 이런 해석을 왜곡하고 초월하도록 의도된 논리에 따라 정해졌다. 산맥을 배경으로 구름이 떠 있고 깨지기 쉬운 유리잔 하나가 구름을 받치고 있는 이 그림의 제목은 〈심금〉La corde sensible, 1960이다. 이런 제목들은 종종 일종의 실내 게임 방식에 의해 결정됐다. 화실을 방문한 사람들이 적당한 제목을 대면, 마그리트는 이 제목들을 간직하고 있다가 그림이 완성되는 순서와 전혀 상관없이 나름대로 어느 정도 규칙적인 방식에 의해 제목을 붙였고, 최종 결정에 대해서는 궁극적으로 마그리트가 책임을 졌다. 자크 뫼리스Jacques Meuris는 마그리트가 "자신이 그림을 그리도록 이끌었던 정신적 과정과 일치하는 제목", 참가자들이 그림에 의해 "같은 정신적 경로를 밟도록" 요구하는 제목을 찾고 있었다고 말한다(RM, 120). 따라서 최종적으로 선택된 제목은 그림의 가시적인 형태 뒤에서 의아한 느낌을 심화하기 위해 말과 이미지를 연결하는 생각의 부분적인 복원이라고 할 수 있다. 마그리트는 자신의 의도와 이 요소들 간의 관계에 대해 분명한 입장을 취했다. "제목은 그림을 설명하지 않으며, 그림 역시 제목을 묘사하지 않는다."(RM, 121에서 재인용) 그 결과는 설명적인 표현보다 훨씬 폭발적이었으며, 언어와 이미지, 생각이 서로를 넘나들면서 변화를 이루었다. 이렇게 하는 목적은, 마그리트의 주장에 따르면 "불안으로부터 달아나기 위해 기계적으로 생각을 끌고 가는 익숙한 영역에 내 그림을 한정시키지 않도록 하기 위해서"였다(Rene Magritte, TNP, 36; CP, 47~48. 번역 일부 수정).

푸코에게 그 결과는 마그리트의 진술이 주장하는 것보다 훨씬 다방면에 걸친 것이었다. 제목들은 익숙하지 않은 정신 상태를 야기할 뿐 아니라 시각적 경험 자체를 혼란스럽고 복잡하게 만들고 그것을 강화시켰다. 관람자는 그림을 보면서 '이 제목은 그림의 장면과 어떤 관계가 있는 게 틀림없어. 이 관련성을 밝혀야겠다'고 생각하게 된다. 마그리트가 그림과 제목 간의 전통적인 관련성을 회피하는데도 불구하고, 제목은 장면을 보는 관람자에게 뭔가를 기대하게 만들고 그것을 기반으로 어떤 해석을 만들어 내게 한다. 그러나 마그리트가 그림을 둘러싼 말에 대한 기대감을 키움으로써, 이 관습은 시각적 경험을 뚜렷하게 만들기보다 오히려 그 경험을 복잡하게 만들어 인습에 얽매이지 않은 독특한 결론을 내리게 한다. 푸코에게 이 같은 작용들은 제목과 그림 사이의 관계에 의문을 제기하는 것 이상의 의미를 갖는다.

> 마그리트는 명명에 주의를 환기시키기 위해 […] 작품에 제목을 붙인다. 하지만 갈라지고 표류하는 공간 안에 낯선 관계가 만들어지고, 이 관계들이 서로를 침해하며, 통명스럽고 파괴적으로 서로가 서로를 덮치고, 말의 환경 속으로 이미지들이 쇄도하며, 언어가 빛을 번쩍이면서 그림에 줄을 긋고 그림을 산산이 부숴버린다. (TNP, 35; CP, 47~48. 번역 일부 수정)

마그리트의 제목은 상당히 모호한 방식으로 그림의 장면에 밀착된다. 마그리트의 제목은 가시적인 실재 안에는 아무것도 없으며, 사실상 가시적인 실재는 이미지와 '모순'되고 쉽사리 와해되어 이미지와 일시적인 관계만 형성할 뿐임을 암시한다. 그러나 무엇보다도 제목은 "스스로 형상 속에 잠입해 들어가 형상을 갉아먹고 무너뜨리는 못과 흰개미를 지지하는" 두 가지 역할을 담당한다(TNP, 38; CP, 50~51. 번역 일부 수정). 다시 말해 마그리트의 제목은 시각적 흔적이 갈라진 틈새로 슬그머니 언어를 밀어 넣는다. 이렇게 말이 스며들면 시각은 달라지고 이미지는 허약해진다. 마그리트는 종종 관람자로 하여금 이 그림의 제목이 장면에서 비롯된 것인지, 아니면 제목 때문에 장면이 이런 식으로 보이는 것인지 고민하게 만드는 재미있는 방식으로 제목과 이미지와의 관련성을 보여 준다.

이렇게 말이 이미지를 관통하는 작용은 아마도 〈지는 저녁〉Le soir qui tombe, 1964에서 가장 뚜렷하게 드러나지 않나 싶다. 이 그림은 해질녘이라는 고전적인 주제를 새로운 방식으로 전환한다. 관람자는 양측에 커튼이 달린 창문 사이로 언뜻 드러나는 무지갯빛 지평선을 본다. 멀리서 태양이 환하게 빛나는 것으로 보아 해가 지고 있는 것 같지는 않다. 자세히 들여다보면 창문이 깨져 있고 깨진 파편이 바닥에 놓여 있다는 걸 알 수 있으며, 그 파편에서 또 하나의 태양을 발견할 수 있다. 사물은 떨어지면 깨지게 되어 있다는 걸 언어가 우리에게 말해 준다. 그림의 제목에 의해 환기되는 이 개념이 이미지 속으로 밀고 들어가 마침내 유리를 태양과 함께 떨어뜨린다. 존재론의 변방에 출몰하는 실체 없는 실재인 언어(『말과 사물』에서 푸코가 사용하는 용어에 따르면 '언어의 비-장소'non-place of language)가 실질적인 형태를 띠고 물리적인 결과를 생성하는 것이다.

다른 작품에서는 말words이 그림의 형태와 직접 경쟁을 벌이면서 보다 분명하게 물질적인 형태를 띤다. 〈대화의 기술〉L'art de la conversation, 1950에서는 말이 곧 인간 세계를 구성하는 건축 블록이다. 푸코는 전경에 서 있는 두 인물이 '들을 수 없는 대화'를 하고 있으며, 대화에 그늘을 드리우는 돌들 때문에 그들의 대화는 또다시 흡수된다고 본다. 관람자가 이 거대한 돌들을 어떻게 올려다보느냐에 따라 돌에 새긴 철자는 'Rêve'(꿈)이나 'Trêve'(휴전) 혹은 'Crève'(죽음)이 된다. 이 그림은 푸코에게 언어의 응고에 대한 철학적 견해를 제시한다. "〈대화의 기술〉은 매일 일어나는 인간들의 수다 속에서 자신의 존재를 알아차리는 사람 하나 없이 그저 그 자리를 지킨 채 인간의 무관심 한복판에서 자기만의 언어를 만들고 있는 사물의 익명성을 보여 준다."(TNP, 37~38; CP, 50. 번역 일부 수정) 마찬가지로 〈수평선을 향해 걸어가는 인물〉Personnage marchant vers l'horizon, 1928~1929에서 언어는 시각적 경험을 대신할 수 있는 물질적인 형태를 띤다. 이 그림에서는 마그리트의 그림에서 흔히 등장하는 중절모를 쓴 남자가 '단어 전달자'porte-mots로 등장하고, 그림으로 표현되어야 할 대상들은 '총', '안락의자', '말', '구름', '수평선'이 새겨진 색색의 방울로 대체된다.

이때 사용되는 단어들은 클레의 경우에서처럼 언어적·시각적 혼합물이 아니다. 이 단어들은 언어의 현실과 상상력을 유도하는 단어의 힘을 확인한다. 작품의 공간 안에 단어가 출현함으로써 이미지가 정상적으로 채워지는 그 자리에 이름을 기록하고 사물을 재현할 필요를 없앤다. 푸코는 마그리트의 말을 그대로 옮긴다. "때때로 사물의 이름이 실제 대상을 대신할 수 있다."(TNP, 38에서 재인용) 그림 속에 등장한 이 단어들은 대상과 닮은 곳이 없으며 나름의 생명을 지닌다. 푸코는 "'단어 전달자들'은 실제 대상보다 더 많고 실질적으로 더 중요하다"(TNP, 39)고 말한다. 따라서 단어가 상상력을 만들고 그림으로 표현된 표면 안에서 시각적인 형태를 취하고 있기 때문에 대상은 생략되어도 괜찮다. 단어의 변형에 대한 마그리트의 설명대로 "작품 안에서 단어는 이미지와 똑같은 실체를 갖는다. 우리는 작품 안의 이미지와 단어를 다르게 볼 뿐이다."(Rene Magritte, TNP, 39; CP, 52에서 재인용. 번역 일부 수정)

8. 캘리그램이 와해될 때[16]

고전주의 회화와 그 후에 이어지는 이 영역에 대한 도전을 살펴보다 보

---

16 푸코는 마그리트의 캘리그램을 'défait'(와해된), 'dénoué'(흐트러진), 그리고 'décomposé' (분해된)과 같은 세 가지 주요한 방식으로 기술한다. 첫 번째 방식을 제외하면 나머지 방식들은 비교적 쉽게 번역된다. 첫 번째 방식은 푸코의 에세이 중 2장의 제목 「와해된 캘리그램」 (Le Calligramme Défait)에 사용되고 있다. 푸코의 용법에는 흐트러진 상태 혹은 정돈되지 않은 상태라는 의미가 내포되어 있을 뿐 아니라, 캘리그램은 괴롭고 절망스럽다는 의미를 시사한다. 그러므로 하크니스가 붙인 부제 "The Unraveled Calligram"(와해된 캘리그램) 대신 "The Defeated Calligram"(절망스런 캘리그램)이라고 번역해도 좋을 듯하다. 이번 장에서 내가 논의하고자 하는 바는 마그리트의 절망스런 캘리그램, 다시 말해 '와해된 캘리그램'이 말과 이미지 간의 차이를 가장 먼저 효과적으로 지운다는 내용이다.

면, 마그리트의 파이프 이미지에 대한 푸코의 분석을 이해할 수 있다. 앞에서 보았듯이 고전주의 회화는 두 가지 원칙 사이의 갈등에 의해 이루어진다. 첫 번째 원칙은 그림의 장면 안에 언어를 포함시키고 종속시킴으로써 언어적 지시 대상을 차단하는 것이다. 두 번째 원칙은 반대로 재현의 지시적인 목소리를 은밀히 다시 불러들이는 것으로 '당신이 보는 것이 바로 그것'임을 말해준다. 'Ceci n'est pas une pipe'(이것은 파이프가 아니다)라는 말이 첨부된 캔버스들은 단절이 이루어졌음을 암시하면서 두 가지 원칙에 다음과 같이 반응한다. 첫째, 이 캔버스들은 각각의 경계를 불안정하게 만드는 식으로 언어적 기호와 시각적 형태를 결합시킨다. 그 결과 지면에 단어를 배열해 이루어진 그림인 캘리그램calligram이 만들어졌고, 이것은 기욤 아폴리네르Guillaume Apollinaire에 의해 널리 알려졌다.[17] 단어와 이미지 사이에 이런 갑작스런 침입이 이루어진 후, 마그리트는 파이프의 이미지를 그것과 동반하는 단어와 분리하면서 고전주의 회화의 전통적인 방식에 따라 이 요소들을 배분한다. 그러나 이 공간은 완전히 가상의 공간이며, 푸코는 자신의 분석에서 이것을 단순히 분리를 가장한 것에 불과하다고 밝힌다. 푸코는 캔버스 아래에 놓인 것은 '와해된 캘리그램'calligramme défait, 다시 말해 요소들이 실물 교육의 허용된 공간 안에서 부서지고 분해되어 배치되는 문자들의 이미지라고 주장한다. 이러한 상사가 캔버스 전체에 부옇게 안개를 뿌려 단어와 이미지 사이의 이 같은 갑작스런 침입이 얼마나 폭넓게 이루어졌는지 파악하기 어렵게 만들고, 이

---

17 푸코에게 전통적인 캘리그램은 세 가지 주요 기능을 지닌다. 첫째, 묘사하는 형태를 시각적인 형태로 한정시켜 철자를 늘리고, 둘째, 수사적 기교의 도움 없이 오직 단어가 제공하는 것만을 반복하며, 셋째, 시각적 움직임과 언어적 움직임이라는 두 가지 움직임에 의해 그 대상을 파악하는 것이다. TNP, pp. 20~21 참조.

요소들을 제자리에 복원하지 못하게 한다.

마그리트의 작업은 조형적인 요소와 언어적 요소를 구분하는 기준점을 지워 버린다. 그리고 이런 지점이 사라져 버린 상태에서 다양한 상사의 형태들이 자기를 주목해 달라며 앞으로 돌진할 때 관람자들은 캔버스의 표면에 그대로 남을 수밖에 없다. 이런 결합은 다양한 확언적 담론들이 내재된 하나의 공간 안에서 회화 외적인 것을 확언하는 회화의 능력을 제압한다. 푸코는 이 같은 결합에 대해 다음과 같이 설명한다. "이 결합은 아무것도 확언하지도 재현하지도 않은 채, 그림의 구도 안에서 작동하고 증식하며 전파하고 조화를 이루게 하는 이동의 작용이 시작됨을 선언한다. 따라서 마그리트의 그림에서 우리는 결코 회화 바깥으로 넘쳐흐르는 법이 없는 정화된 상사의 무한한 놀이를 발견한다."(TNP, 49) 푸코의 분석에서 파이프는 그야말로 어지러울 만큼 빠른 속도로 확산되는데, 이러한 효과 덕분에 우리는 이 환영 속 어디에도 파이프가 없다는 사실을 점점 다급하게 깨닫게 된다. 이 같은 일련의 가장된 확언들은 유사가 확언으로부터 이탈하는 변화를 말해 준다. 확언이 관람자의 관심과 끊임없이 경쟁하는 공간을 만들면서, 평면으로서의 그림은 그 본질을 그대로 유지하고 지시 대상은 방해를 받는다. 회화의 확언적 차원, 유사를 확립하고 압도했던 낮은 중얼거림은 그야말로 간단히 짓밟혀서가 아니라 점점 간절히 확언을 구함으로써 오히려 입을 다물게 된다. 이 과정을 보다 정확하게 살펴보기 위해 우리는 푸코의 분석 단계를 따라가, 텍스트와 이미지가 결합되고 해체되며 고전주의적 공간의 시뮬라크룸 안에 한데 놓이는 과정을 지켜보아야 한다.

푸코는 마그리트의 이미지들이 엄밀히 말해 모순되지 않는다고 언급한다. 모순은 진술의 차원에서만 존재한다. 여기에는 한 가지 진술만이 존재하며 —— 'Ceci n'est pas une pipe'(이것은 파이프가 아니다) —— 여기에서 '이것'은 물론 '파이프'가 아니다. 관람자를 잘못된 방향으로 이끄는 것은 불가피한 작용이며, 이 작용에 의해 회화는 시각적 기록과 언어적 기록을 융합한다. 푸코는 다음과 같이 언급한다.

> 우리를 혼란스럽게 만드는 것은 텍스트와 회화의 불가피한 결합이며(여기에서는 지시대명사로서, 'pipe'라는 단어의 의미^{sens}와 그 이미지의 유사성이 우리를 혼란 속으로 끌어들인다), 그렇기 때문에 어떤 주장이 사실 혹은 거짓이나 모순이라고 말할 수 있는 지도를 그리기란 불가능하다. (TNP, 20; CP, 19. 번역 일부 수정)

이런 식의 구도로 인해 우리는 이미지를 단어와 연결시키게 되고, 따라서 이미지 역시 일종의 언표로 읽게 된다. 그리고 동시에 언어적 관습에 걸려 넘어진다. 다시 말해 '이것은 무엇인가?' 라는 질문을 받을 때 우리는 오류인 줄 알면서도 불가피하게 '파이프'라고 대답하게 되는 것이다. 회화의 방식은 이처럼 어긋난 결과들을 무의식적으로 증식시킨다. 'ceci' 즉 '이것'이라는 지시대명사는 이처럼 불안정한 작용을 초래하는 데 가장 중심이 되는 모호함이다. 푸코는 'ceci'라는 단어에는 적어도 세 가지의 지시 대상이 있는데, 이 지시 대상이 많아질수록 관람자는 언표와 이미지를 영원히 분리하는 안정된 위치를 얻지 못한다고 말한다. 게다가 회화의 교육학적 공간은 '당신이 이 그림에서 보고 있는 대상이 무엇인지 말해보시오'라는 식으로 실물 교육이라는 관례를 도입해, 학교에서 가르친 대로 주입된 관람자들은 —— 푸코에 따르면 식물 안내 책자에서 찢어낸 페이지와 똑같이 닮은 사람들 —— 이미지를 텍스트와 연결시키는 데 익숙해진다(TNP, 19). 따라서 우리는 마그리트 그림에서 누가 봐도 알 수 있는 명백한 이미지를 보면서 '이건 파이프야! 파이프라고!' 라고 크게 외치고 싶어지는 것이다.

　이러한 함정들은 시작에 불과하며, 사실상 이 공간 아래에서 일어나고 있는 단어와 이미지의 훨씬 은밀한 병합을 감추고 있다. 푸코는 'Ceci n'est pas une pipe'라는 텍스트가 대단히 '인위적인' 글씨체로 정성스럽게 표현되어 있다고 말한다. 이 섬세한 글씨체는 아주 많은 다양한 인상을 떠올리게 해 우리는 이 글자를 문자로 분류하기 힘들 정도다. 사실상 이 글씨체는 푸코의 상상대로 수녀원이나 아동의 학교 공책에서 볼 수 있을 법한 글씨체와 무척 유사해, 차라리 "텍스트의 이미지"라고 부르는 것이 더 정확할 정도다(TNP, 23). 푸코에 따르면 이렇게 우리가 보고 있는 것은 교과서에서 볼 수 있는 제목의 디자인을 흉내 낸 시각적 형태이다. 뿐만 아니라 푸코는 파이프 이미지가 글과 함께 삽화를 수반한다기보다, 삽화 아래에 쓰인 글을 확장시키는 것 같다고 말한다. 그림으로 그려진 파이프는 보는 위치에 따라 "글자의 형태를 한 도형"이 되는 것이다(TNP, 23). 이것은 곧 파이프의 모양이 캔버스의 그래픽 요소를 복제한다는 의미이다. 위에 그려진 파이프는 글자로 이루어진 요소라고 생각될 정도로 아래의 'ceci'와 닮아 있다. 이것이 바로 교육학적 공간이 우리에게 바라는 것, 다시 말해 파이프로 그려진 그림을 언표로 취급하라는 것이다. 'pas'와 'pipe'에서 'p'를 옆으로 돌리면 위의 파이프 그림과 쉽게 대체될 수 있을 것이다. 사실 이 그림을 오래 응시할수록 파이프의 이미지가 아래 구절의 언어적 요소 가운데 일부를 대체할 수 있을 것 같다는 생각이 점점 강하게 든다. 그런데 글자들 역시 파이프의 모양을 본뜨고 있다고 말할 수 있을까? 수녀원 글씨체로 쓰인 이 글자들 가운데 'n'은 파이프의 곡선과 유사하며, 마찬가지로 'une' 가운데 'u'와 'n' 역시 파이프의 우묵한 부분과 목 부분을 암시한다. 따라서 푸코가 주장하는 주요한 모호함이 드러난다. 즉, 글자의 형상이 파이프 모양을 본뜬 것일까 혹은 파이프가 아래 글자의 이미지를 본뜬 것일까?

푸코가 보기에, 이러한 갑작스런 침입에는 캘리그램의 특징이 담겨 있지만, 그 요소들은 모두 흐트러지고 해체되어 있다. 전통적으로 캘리그램은 보기와 말하기라는 각각의 한계를 가지고 창조적으로 기능하는 장치이다. 캘리그램은 형상-문자의 단일 공간 안에 단어들로 만들어진 사물의 이미지를 결합시킨다. 단어를 조형적 요소로 보고 단어를 반복함으로써 그 단어가 환기시키는 시각적 요소를 만들어 공간에 배치하는데, 그렇게 함으로써 언어와 시각 모두를 이용해 마술을 부리며 그 대상에 대해 이중으로 함정을 설치한다. 이렇게 우리가 한 공간 안에서 보고 말하는 것을 한데 묶어 각각의 이질성을 극복하려 애쓰는 동안 캘리그램은 언어와 시각 모두의 한계를 조금씩 확장시킨다. 푸코는 다음과 같이 설명한다. "이렇게 캘리그램은 철자로 이루어진 문명에서 가장 오랫동안 대립해 온 것들, 즉 보여 주기와 명명하기, 형상 만들기와 말하기, 재현과 표현, 모방하기와 보여 주기, 보기와 읽기의 대립을 그저 재미삼아 없애기를 열망한다."(TNP, 21) 그러나 캘리그램은 이러한 경계들을 완전히 허물지는 않는다. 이것은 중요한 내용인데, 캘리그램은 두 경향 간의 긴장을 이용하지만 보기와 읽기 사이의 대립을 결코 지울 수는 없다. 푸코는 이렇게 주장한다. "캘리그램은 책략에 의해서든 무기력에 의해서든 동시에 말하고 재현하지 않는다. 보이고 읽히는 똑같은 대상이 시각을 통해 감춰지고 읽기를 통해 가려진다."(TNP, 24~25; CP, 28. 번역 일부 수정) 그러므로 캘리그램의 장난 같은 속성에도 불구하고, 캘리그램이 할 수 있는 최선의 것은 형상-텍스트의 단일한 형태 안에 두 가지 기능을 결합하는 것이다. 그러나 캘리그램은 둘의 차이를 지울 수 없다. 텍스트는 그 단어를 읽는 관람자가 그 안에 담긴 상(像)을 보지 못하게 하는 것과 마찬가지로, 단어의 형태를 응시하는 관람자에게 아무것도 말해 주지 않는다(TNP, 24). 이렇게 캘리그램은 그 복잡성에도 불구하고 언어적 요소와 조형적 요소를 인식하고 규정하고 분리할 수 있는 뚜렷하게 규정된 기준점, 즉 '공통 지점'을 보유한다. 따라서 우리는 읽거나 보는 데에 따라 그 시각적 유사나 언어적 지시를 평가할 수 있다.

전통적인 캘리그램과 대조적으로 마그리트의 '와해된 캘리그램'은 모든 기준점을 지운다. 따라서 그의 회화에는 더 이상 쉽게 정의되지 않는 애매한 요소들이 퍼져 있다. 푸코는 마그리트의 구도에 대해 이렇게 설명한다.

> 이것은 마치 와해된 캘리그램 요소들로 이루어진 것 같다. 그의 그림은 과거의 구도로 돌아가는 척하면서 캘리그램의 세 가지 기능을 회복하지만, 사실상 이 기능들을 왜곡하고 그럼으로써 언어와 이미지 간의 전통적인 관계를 방해하기 위해 그렇게 한다. (TNP, 22; CP, 23. 번역 일부 수정)

마그리트는 익숙한 캘리그램의 온갖 애매모호한 요소들이 담긴 구도에 우리를 직면하게 하는 것도 모자라, 그림을 보는 사람이자 글을 읽는 사람에게 그 기능의 분리를 뚜렷하게 나타내는 수단을 제공하지 않음으로써 수수께끼 같은 요소를 더욱 강화한다. "마그리트는 말로 된 기호와 조형적 요소를 결합시키지만, 이들을 과거의 동위태isotopism에 귀속시키지는 않는다."(TNP, 53) 마그리트는 캘리그램을 해체시키면서 관람자에게 이미지와 텍스트가 만나고 헤어지며 안정을 찾는 '공통 지점'을 허용하지 않는다. 이 말은 곧 이러한 장면들 안에서 무엇을 읽고 무엇을 봐야 하는지 판단하기가 불가능하다는 의미가 된다. 마네에 대한 푸코의 분석을 고려했을 때, 이것은 관람자가 콰트로첸토 시대 회화에 중심을 이루던 지점으로부터 벗어나게 된 또 다른 수단이라고 말할 수 있다. 그의 작품들은 관람자에게 시선이 향하는 안정된 방향을 더 이상 제공하지 않을 뿐 아니라, 그림 앞에 서 있는 사람이 여전히 관람자인지 질문하게 만든다.

푸코에게 캘리그램의 해체는 이처럼 작품에 외부의 지시 대상이 결여된 것으로부터 비롯된다. "마그리트는 작품이 묘사한 것에 캘리그램이 놓은 덫을 다시 열었다. 그러나 바로 그 순간 대상 자체가 달아나 버렸다." (TNP, 28) 대상이 지나간 흔적 속에는 여전히 텍스트와 이미지 사이의 전통적인 관계를 가장한 모습들이 남아 있고, 이 빈 공간은 캔버스 전체에 운동을 일으킨다. 캘리그램은 일단 와해되고 나면, 단어를 이용해 설명하든 시각적인 형태로 디자인하든 평소에 사용하던 수단으로 지시 대상을 포착할 수 없다. 마그리트의 캘리그램은 대신에 이 그림이 엄밀히 말해 아무것도 의미하지 않는다는 사실을 숨긴다. 이 모든 에너지, 텍스트와 이미지의 밀접한 관련이 파이프는 어디에도 없다는 사실을 감춰 버린다. 이런 본질적인 침묵에 근거를 두면서, 언어적·조형적 요소들은 공모하는 듯한 분위기를 취한다. 회화는 더 이상 자기 자신 외부의 것을 언급하지 않으며 거짓된 존재를 연상시킴으로써 외부의 존재를 감춘다. 재현된 파이프, 그 아래 단어들, 그리고 둘 사이의 교육학적 배치, 이 모든 것은 상사일 뿐이다. 모형은 없으며 따라서 재현은 불가능하다.

계략은 빈 공간 위에서 산산조각이 났다. 이미지와 텍스트는 각각 자신의 무게로 인해 자기편 위에 쓰러진다. 텍스트와 이미지는 함께 만날 수 있는 공간, 단어가 형태를 갖출 수 있고 이미지가 어휘의 배열에 들어갈 수 있는 공통의 공간을 더 이상 갖지 못한다. 마그리트의 그림에서 텍스트와 형상을 분리하는 색깔도 특성도 없는 가느다란 조각은 이제 텅 빈 공간 creux으로, 이미지의 낙원을 가볍게 떠다니는 파이프와 한 구절 안을 터벅터벅 걸어가는 지루한 단어의 발걸음을 구분하는 불확실하고 뿌연 지대로 드러난다. [⋯] 둘 사이를 지나가는 어떤 것도 이 둘의 이혼 판결, 다시 말해 그림이 가리키는 것과 텍스트가 지시하는 것을 두고 동시에 경쟁을 벌이는 진술을 더 이상 막을 수 없다. (TNP, 28~29; CP, 34~35. 번역 일부 수정)

파이프와 텍스트를 분리하는 공간에 대한 푸코의 견해를, 캘리그램의 놀이가 펼쳐지고 나면 이 둘의 전통적인 분리가 회복된다는 의미로 받아들여서는 안 된다. 이 배치 안에서는 낡은 체계가 군림하지 못한다. 심오하고 지속적인 불확실성이 이미지와 텍스트가 분류되는 안정된 기반을 지우고 이 요소들 속으로 슬그머니 잠입해 들어온다. 이들의 혼합이 얼마나 광범위하게 이루어졌는지 판단하거나 단어와 이미지가 어느 지점에서 작용하는지 밝히기란 불가능하다. 마그리트의 상사는 학교 교실에서 발견할 수 있는 정도의 단어와 이미지의 전통적인 배열을 흉내 낸다. 그렇게 함으로써 마그리트는 캘리그램에 수반되는 텍스트와 이미지의 뒤섞임을 감추는데, 이 과정에서 관람자는 텍스트와 이미지를 따로 떼어 놓고 그것들을 글로 기술된 요소든 조형적인 요소든 어느 쪽으로든 다룰 수 있는 위치를 박탈당한다. 이것이 바로 푸코가 캘리그램의 중심에 위치시킨 빈 공간이다. 대상을 두 차례 재현시키는 전통적인 캘리그램과 달리, 마그리트의 와해된 캘리그램은 관람자에게 단지 결여만 제시할 뿐 파이프는 어디에도 없다. 이 캘리그램이 아무것도 닮지 않았다는 사실, 더구나 두 번이나 그렇게 결여를 드러낸다는 사실로 인해 일종의 무질서가 캔버스 전체를 휩쓸게 된다. 이제 우리는 어디에서나 파이프를 보기 시작한다. 캔버스 아래에 숨어 있는 글자 속에서도, 1966년 작품에서 위쪽에 어렴풋이 나타나는 파이프의 상像에서도 파이프가 보이기 시작한다. 동시에 우리는 아래쪽의 이미지로 표현된 글과 위쪽의 글로 쓰인 파이프의 시뮬라크룸과 마주한다. 익히 보았듯이 텍스트-이미지는 둘 다 상대의 형태로 무한히 전환할 수 있으며, 글로 표현된 이미지가 어디에서 멈추고 실제 글이 어디에서 시작되는지 판단하기란 불가능하다. 이것은 이미지가 언어적 요소에 얼마나 깊이 영향을 받는지 영원히 모호한 상태로 남는 것과 마찬가지다. 요컨대 우리는 글로 쓰인 요소가 어디에서 시작하고 끝나는지 어떻게 판단해야 할까? 푸코가 던진 질문처럼 어떤 파이프가 진짜 복제품인지 어떻게 알 수 있을까? 이런 질문에 답하지 않고는 모호함을 깨뜨리고 이것이 파이프이다, 라고 말하기란 불가능하다. 그러므로 이런 이미지들의 소란은 유사성 안에 내재된 확언을 침묵시킨다. 그리고 상사라는 텅 빈 무게 아래에서 회화는 마침내 말을 멈춘다.

전통적 캘리그램은 가득한 열망에도 불구하고, 읽기와 보기의 기능 사이의 구분을 조용히 유지한다. 전통적 캘리그램에서 읽기와 보기는 결코 동시에 말하고 재현하는 법이 없으며 각각의 속성을 존중한다. 전통적 캘리그램은 글로 읽히거나 그림으로 보이되 그 기능을 동시에 수행하지 않는다. 따라서 전통적 캘리그램은 공통 기반, 즉 조형적 요소와 언어적 요소의 안정감이 기대고 있는 여백을 자기도 모르는 사이에 유지하게 된다. 따라서 부여받은 과업을 완수하는 데, 보여 주기와 명명하기 간의 대립을 지우는 데 결코 성공하지 못한다. 하지만 마그리트의 와해된 캘리그램은 실패한 채 고스란히 남아 있는 바로 그 지점에서 성공을 거둔다. 마그리트의 캘리그램은 단어와 이미지를 단일 형상 속에 융합시키고, 그런 다음 그 항목들을 흐트러뜨림으로써 분리의 기반을 제거한다. 이 요소들은 교육이 만들어 낸 가상의 공간에 배치되어 단어와 이미지가 서로 뒤얽힌 범위가 얼마나 광범위한지 판단을 불가능하게 만든다. 텍스트와 이미지 사이의 여백은 두 요소 간의 경쟁으로 인해 훼손되며, 그와 동시에 외부의 지시 대상이 부재함으로써 무엇이 글로 쓰인 것이고 무엇이 그림으로 그려진 것인지 판단할 수 있는 균형감을 명확하게 갖추지 못하게 된다. 텍스트나 이미지 둘 중 어느 한 가지 요소가 없이는 어떤 질서든 강요되지도 인위적이지도 않은 상태로 이처럼 쇄도하는 상사 속에 들어오기란 불가능하다. 이런 점에서 마그리트의 '와해된 캘리그램'은 진정으로 목표를 달성한 첫 번째 성과라고 할 수 있다. 마그리트의 캘리그램은 다른 사람들이 오직 열망하기만 했던 것, 즉 조형적 유사와 언어적 지시 사이의 차이를 완전히 없애 버린 것이다.

결론

이번 장에서 줄곧 이야기했던 것처럼 이 모든 현상은 회화가 확언을 중단했음을 시사한다. 모더니티 내에서 캔버스는 더 이상 의미를 설명하고 해석을 이끌어 내는 외부 모형의 요구에 의해 측정될 수 없다. 마그리트의 작품에서 우리는 회화가 말 그대로 스스로의 힘으로 스스로에 대해 말할 권리를 취하면서 그 지시적 기능을 침묵시키는 사건 가운데 하나를 목격한다. 마그리트에게 이것은 단순히 회화의 비확언적 지위를 확인하는 문제를 넘어서서, 유사성 안에 숨은 담론성을 그림의 평면에 포함시키는 까다로운 과정이었다. 2장에서 마네와 폴 레베롤에 대한 푸코의 분석을 통해 보았듯이, 회화에서 재현의 붕괴가 전개시킨 방향 가운데 하나는 바로 추상이었다. 재현이 불가피하게 무너지게 되자 유한성에 대한 근대적 사고의 분석이 변화를 겪으면서, 회화는 재현의 바깥에 머무르며 재현을 뒷받침하는 것 — 나름의 형식적 조건들 — 을 추구하게 되었다. 마그리트의 작품은 근대 에피스테메에 낯선 것이 아니지만, 모더니티의 저쪽에, 즉 이러한 문제들이 사상과 견해에 대한 지배력의 일부를 포기하기 시작한 바로 그 지점에 속한다. 푸코에 따르면 마그리트의 작품은 이제 막 시야에 들어온 흐릿한 영역, 언어가 짙은 안개 속에서 재발견되고 이미지가 그 독립성을 주장하기 시작하는 바로 그 지점에 속한다. 고고학적인 차원에서 마그리트의 캔버스는 구상적인 회화에 내포된 지배적인 원칙 가운데 하나, 즉 회화의 외부에 무언가가 있으며 회화의 임무는 바로 그것을 재현하는 것이라는 원칙을 극복하기 위한 의도로 만들어진 사건이다.

회화가 더 이상 재현의 요구에 지배되지 않을 때 회화는 외부의 대상을 포착하려는 야심을 포기하게 된다. 포스트-재현적 회화는 미술품이 제공하는 장면이 더 이상 세계와의 관계에 대한 문제에 종속되지 않는 완전한 가상의 공간에서 작용한다. 아무튼 우리는 미술의 이미지가 이제 현실 자체에 힘을 행사할 수 있다고 말할 수 있다. 모더니티의 시기에 미술은 그 모형을 추월하고 대신 그 자리에 자신을 내어 주려는 경향을 보인다. 푸코는 근대 문명의 이러한 시뮬라크르적 요소가 그렇게 비난받을 일이 아니라고 주장한다. "파이프가 있든 없든 무슨 상관이란 말인가?" 푸코의 에세이 『이것은 파이프가 아니다』의 마지막 문단은 푸코가 질 들뢰즈의 시뮬라크룸에 대한 사유를 중심으로 중요한 에세이를 발표한 후

1973년 증보판에 덧붙인 내용으로, 이 부분에서 우리는 장차 미술의 판도를 어렴풋이 예상해 볼 수 있다. 이 문단에서 푸코는 엔디 워홀의 작품을 언급하고 마그리트의 상사에 의해 펼쳐진 궤도 안에 재빨리 팝아트를 배치시킨다. "한 시리즈가 지속되는 시간에 따라 무기한 이동되는 상사의 작용에 의해, 이미지가 그에 부속된 이름과 더불어 독자성을 잃는 날이 올 것이다. 캠벨, 캠벨, 캠벨, 캠벨."[18] 4장과 5장에서 보게 되겠지만 예술이 점차 비현실적인 방식으로 작용한다는 사실은 예술에 결론이 없다거나 우리가 예술로부터 기대해 온 많은 것들 — 의식 고양, 쾌락, 윤리적-정치적 의미, 진실에 대한 비평적 형태를 전달하는 역할 — 을 포기해야 한다는 의미가 아니다. 전통적인 사유의 형태는 의미와 해석 바깥에서 작용하는 이런 결과물들에 대해 말하기 어려운 반면, 고고학과 계보학이 제공하는 관점들은 이 결과물들을 분석할 수 있게 해준다. 문화적 산물을 언표-사건으로 다루면 문화적 산물이 역사적·가시적 영역에 어떻게 부합하는지, 문화적 실천의 규칙성을 어떻게 바꾸어 놓는지, 그리고 새로운 시각 방식을 어떻게 전달하는지 묻게 된다. 뿐만 아니라 스스로와 관계 맺는 방식에서, 우리가 어떻게 이런 이미지들에 의해 형성되고 자신을 알게 되는지 주의를 기울이도록 상기시킨다. 콰트로첸토 시대 회화와 이후 그 자리를 대체한 마네의 회화에 대한 푸코의 분석에서 보았듯이, 회화가 관람자에게 할당한 위치는 고고학적 연구를 위한 풍요로운 장을 형성했

---

18 TNP, p. 54. Foucault, CP, p. 79. 번역은 일부 수정되었음. "캠벨, 캠벨, 캠벨, 캠벨"(Campbell, Campbell, Campbell, Campbell)은 앤디 워홀(Andy Warhol)의 작품을 분명하게 언급한다. 위홀은 1960년대 초 캠벨 수프 깡통 이미지를 자신의 도상학에 도입했다. 4장에서 보게 되겠지만, 푸코는 시뮬라크룸에 대한 이런 분석과 워홀에 대한 고찰을 전개한다. Michel Foucault, "Theatrum Philosophicum", LCMP, p. 189. 이하 'TP'로 인용함.

다. 이번 장에서는 마그리트의 작품들 역시 이런 관계에서 작용한다는 사실이 드러났다. 마그리트의 작품은 관람자에게 캔버스 앞에 설 자리를 찾도록 강요할 뿐 아니라, 더욱 근본적으로, 관람자가 읽기와 보기에 의해 만들어진 다양한 요구들을 이용해 이런 대상들과 어떤 형태의 관계를 맺고 있는지 문제를 제기하게 한다. 이런 상사들에 직면할 때 내가 읽고 있는 건지 보고 있는 건지 의아해하는 건 당연하다. 그리고 더 강하게 밀고 나간다면, 마그리트의 시뮬라크라에 둘러싸인, 한때 왕과 왕비가 차지했던 자리에 서 있는 이 존재의 정체성에 대해 의문을 제기해 볼 수도 있을 것이다. 그 혹은 그녀는 여전히 관람자인가? 아무것도 없는 상태에서 이미지를 떠올릴 수 있는 이처럼 낯선 포스트-재현적 영역에서 그 혹은 그녀의 사고와 감정과 열망과 신체는 어떻게 되는가? 근대 시각 예술과의 관련을 통해 생각한다는 것은 곧 그 반응과 결과물에 내포된 주체성의 형태를 고찰하는 것이다. 이제 그 과제에 주목하기로 하자.

4장 · 반-플라톤주의

서문

푸코는 질 들뢰즈의 저서 『차이와 반복』1968과 『의미의 논리』1969에 대한 서평으로 1970년에 「철학의 극장」Theatrum Philosophicum이라는 제목의 에세이를 발표했는데, 이 에세이에서 근대 미술의 반-플라톤주의를 선언한다. 푸코에게 반-플라톤주의 예술은 두 가지 거부를 특징으로 한다. 첫째, 본질을 찾길 거부한다. 그리고 둘째, 자기 동일성을 유지하길 거부한다. 반-플라톤주의 예술은 거짓된 동일성을 위장해 고의적으로 경계를 넘나드는 매우 불성실한 예술 작품이다. 예를 들어 이런 이미지들은 동일성·진실·의미의 경제에 의해 지배되지 않는 정서와 생각을 불러일으킨다. 이런 작품들은 주체성이 스스로를 탈피하고 그것을 야기한 차이를 바탕으로 변형되게 할 수 있다. 푸코의 서평은 철학적 사유를 전개하기 위한 그의 지속적인 노력으로 이해할 수 있으며, 이 철학적 사유는 이를테면 현재까지 근대적 이미지를 윤리적 반향으로 가득 찬 사건으로 간주할 수 있다. 푸코는 들뢰즈를 읽으면서 이 사건의 개념을 보다 시각적인 측면으로 해석하고, 이 해석을 이용해 앤디 워홀, 제라르 프로망제, 듀안 마이클을 분석한다. 이 사건은 — 이 사건 자체가 바로 이미지인 만큼, 이미지 안에 지속적으로 순환되는 것으로 이해될 수 있는 — 1970년대 시각 예술에 대한 푸코의 담론에서 시작점을 이룬다. 주체성을 향한 비판적 관심, 그의 후기 연구에 뚜렷이 나타나는 특징들 역시 이런 맥락에서 생각할 수 있다. 푸코에게 프로망제와 마이클과 같은 예술가들의 혼합된 이미지는 동일성에 이의를 제기할 수 있는 보다 강력한 방법 가운데 하나다. 두 예술가의 창조적 실천은 예상 밖의 결말로 이어지는 위반 행위와 매체의 왜곡과 관련되기 때문이다. 이렇게 푸코가 옹호하는 이미지들은 단일하고 명백한 예술 형태와 동일시되길 거부한다. 이런 사건들의 경험은 궁극적으로 재현적 사고가 차이의 견제를 통해 이룬 동일성에 이의를 제기하게 된다. 아무쪼록 이번 장에서 내가 바라는 바대로, 재현에 얽매지 않은 근대적 이미지가 자기를 형성할 힘을 행사하기 위한 방법들을 고려하는 데에 푸코와 들뢰즈 사이의 교류를 통해 전개된 '비-범주론적 사고 체계'acategorical thinking가 도움이 되길 바란다.

1. 플라톤주의의 윤리적 지향 극복하기

푸코는 그의 서평에서 무수한 존재들이 윤리적 지향에 의존해 사실상 사유의 범주로 축소된다는 사실을 상기시키기 위해 들뢰즈의 개념을 전개한다. 이런 자기 연관self-relation 형태는 다른 대상들과 같은 부류에 속한다고 생각하도록 보장하는 선의의 조약을 필요로 한다. 그러나 푸코는 여기에 이의를 제기한다. "하지만 우리가 순전히 악의적으로만 행동한다면? 우리의 사유가 상식에서 벗어나 아주 괴상한 방향으로만 기능하기로 작정한다면?"(TP, 182) 푸코에게 플라톤주의는 환영–사건d'événement-fantasmes을 포함하기 위한 의지의 산물이다. 푸코는 플라톤주의 이면에는 다음과 같은 일이 일어난다고 주장한다.

> 우리는 선의의 독재, 다른 사람들과 '같은' 생각을 해야 한다는 의무감, 교육학적 모형의 지배, 그리고 가장 중요한 것으로 어리석음bêtise의 배제 —— 우리 사회에서 그 기능이 쉽게 해독되는 사고의 형편없는 도덕성 —— 와 맞닥뜨리게 된다. (TP, 181)

푸코는 어리석음에 대해 이같이 언급하면서, 대체로 사회는 어리석지 않으며, 오히려 철학이 어리석음을 해결하기 위해 고심해야 할 상황을 서둘러 회피하느라, 어리석지는 않지만 상당히 잘못된 범주로 안전하게 물러나 있다고 암시한다. 들뢰즈가 설명한 대로 재현적 사고는 그 적용 분야의 교의적인 한계를 이용해 어리석음을 회피한다. 오류가 중요한 지점이 바로 여기다. 오류로 인해 생각은 미리 정해 놓은 원칙에 따라 반응하지 못하게 된다. "사유의 놀이가 추론적이기를 멈추고, 일종의 라디오 퀴즈처럼 될 때에야 비로소 오류가 의미를 획득한다."[1] 따라서 재현적 사고의 개념은, 들뢰즈에 따르면 철학을 보다 풍요로운 차이의 장 안에 흡수시켜 창조적이게 할 수 있는 사유의 '우발적 사고'를 차단한다. 그 결과 이러한 사회에서는 사유–행동이 결핍되고, 그로 인한 결과물들 —— 예술 작품, 문학 작품, 상상력의 산물들 —— 은 출입을 금지당하거나, 철학의 영

---

1 Gilles Deleuze, *Difference and Repetition*, trans. Paul Patton(New York: Columbia University Press, 1994), p. 150. 이하 'DR'로 인용함. 어리석음의 배제에 대해서는 3장 "The Image of Thought", pp. 129~167 참조[『차이와 반복』, 김상환 옮김, 민음사, 2004].

역 안에 남길 원하는 경우 상당한 무시를 받게 된다. 푸코와 들뢰즈가 특징 지은 것처럼 철학적 장치는 동일자의 형태를 둘러싼 주변의 차이를 지시한다. 이 철학적 장치는 플라톤주의로부터 시작된 공간 안에 작동하면서 차이를 차이로 생각하지 못하고, 차이를 동일성 간의 관계로 개념적으로 이해한다. 따라서 이미지의 경우, 재현의 철학이 세계와의 지각된 유사성에 따라 서둘러 범주를 분류하고 그 범주들 속으로 물러나는 바람에, 우리는 결코 이미지를 있는 그대로 바라보지 못한다.

　　그러나 푸코는 이런 구분은 역사적으로 이루어지는 것이며 진실에 대한 확고한 의지에 의존하기 때문에 얼마든지 다시 방향을 돌릴 수 있다고 상기시킨다. "우리는 이러한 제약들로부터 벗어나야 한다. 이런 도덕성을 벗어나면서, 철학은 방향을 잃는다."(TP, 181) 푸코는 플라톤주의를 역전시킬 수 있었던 데에는 들뢰즈의 공이 크다고 주장하는데, 플라톤주의의 역전은 곧 우리의 의지를 역방향으로 돌리는 것이라고 할 수 있다. 다시 말해 플라톤주의를 역전시킨다는 것은 환영을 포함시키려 하는 대신 역설을 장려하고, 과감하게 어리석은 행동을 저지르며, 이미지를 사건으로 보지 못하게 방해하는 범주에서 벗어나 새로운 사유를 하는 것이다. 어쩌면 이것은 환각제를 복용하는 것과 유사할지 모르겠다.

> 우리는 LSD가 언짢은 기분, 어리석음, 생각 등의 관계를 어떻게 뒤집는지 잘 안다. 이것은 범주들의 우위를 제거하는 순간 무관심한 영역을 떼어내고 어리석음이라는 음울한 무언극을 해체시킨다. 그리고 이것은 단조롭고 비-범주론적인 덩어리를 다채롭고 유동적이며 비대칭적이고 분산된 채로 나선 모양을 하며 굴절되는 것으로 드러낼 뿐 아니라, 시시각각 다수의 환영-사건을 일으킨다. (TP, 190)

이런 노력들은 푸코가 윤리적 구성을 기술하는 것과 같은 방식으로, 자기self가 스스로를 돌아보게 만든다. 약물과 철학적 윤리의 의도적인 왜곡은 둘 다 재현적 사유의 분류 작용이 기대는 진지함과 어리석음 사이의 차이를 전복시킨다. 올바른 인식을 왜곡한다는 것은 환영과 그 표면 효과에 충분히 빠져든다는 것이다. 그리고 이것은 명백한 모순을 희생하면서까지 "차이를 수단으로 하는 단정적인 사유"의 실천에 참여하는 것이다 (TP, 185). 푸코에 따르면 반복, 다시 말해 차이의 사유에 의해 반복되는 확언은 생산적이다. 반복은 사유를 관념 밖으로 빠져나가게 할 수 있으며 반복을 야기한 차이를 기반으로 개혁을 가능하게 한다. 이런 실천들로 인해 사유는 불가피하게 사유 자체와 그리고 그것을 뒷받침하는 현실과 대립하게 되는데, 한마디로 이런 실천들 덕분에 다시 한 번 사유를 가능하게 한다. 사유가 근대적 이미지를 개념에 맞추기보다 자기 방식대로 고찰하려 한다면, 끊임없이 중심을 변화시키기 위한 노력의 일환으로 사유 자체가 지속적으로 대체되어야 할 것이다. 사유에 의한 공허한 차이의 반복이 이루어지는 지점이 바로 여기다. 사유는 자기모순을 단언하고 따라서 동일자의 형상을 그 외부에 공개한다.

2. 근대적 이미지 사유하기

푸코가 이 에세이를 흔쾌히 작성한 건 사실이지만, 그럼에도 불구하고 이런 작업들은 '자신과의 놀이'라기보다 이미지에 철학적 신뢰를 부여하기 위한 노력이라고 할 수 있다. 이 에세이는 모더니티의 핵심 양상을 공정하게 보여 주려는 시도로 이해될 수 있다. 다시 말해 이미지는 생산, 재생산, 그리고 확산에 의해 제거되고, 그와 동시에 훨씬 중요한 인과관계로 채워진다. 들뢰즈는 다음과 같이 말한다. "근대적 사유는 재현의 실패, 동일성의 상실, 그리고 동일한 것의 재현 아래에서 작용하는 모든 힘들의 발견으로부터 태어난다. 근대 세계는 시뮬라크라 가운데 하나다."(DR, xix) 플라톤주의가 우리를 사유하도록 이끌 때 환영과 시뮬라크룸은 정말로 전혀 존재하지 않을까? 이미지는 전통적으로 짝을 이루던 개념보다 덜 실제적일까? 플라톤주의와 그것을 지탱하는 재현의 공간이 갖는 문제는 플라톤주의가 이미지를 생각하기에는 열악한 위치에 사유를 처박아 둔다는 것이다. 푸코는 이미지로부터 이데아로 이동하는 사유 대신, 이미지와 시뮬라크룸에 의해 똑같이 발생하는 효과들을 추적하고 기록할 수 있는 분석 형태를 제안한다. 사유는 이미지를 단순히 보잘것없는 존재 혹은 비존재의 예로 취급하기보다, 이미지가 낳은 관계들과 더불어 특정한 이미지가 만들어 낸 단절을 분석해야 하는 것이다. 고고학적 방식이 그 존재 수준에서 담론을 다룰 수 있는 사유를 만들어 내려 했다면, 푸코는 들뢰즈를 읽으면서 사건으로서 이미지에 대한 사유, 다시 말해 그것이 이미지라는 사실에 의해 이미지 안에서 지속적으로 일어나는 사유를 전개시킴으로써 이 기획을 가시적인 영역으로 더욱 깊이 확장하려 한다. "결국 사건과 환영이 아니라면, 이번 세기에 가장 절실하게 사유해야 할 것이 무엇이겠는가?"(TP, 180)

이것은 이미지 특유의 인과관계, 이른바 푸코의 표현대로 말하자면 '비신체적 물질성'에 주의를 기울이는 것과 관련이 있다.[2] 이것은 환영이 신체를 구성하고 사유를 형성하며 동일성을 구성하는 방식이며, 그 결과

---

2 TP, p. 169. 푸코는 이 구절을 삽입함으로써 아마도 사유에 대한 들뢰즈의 서신에 반대한다는 뜻을 보여 주는 것 같다.

는 우리가 푸코의 분석을 '윤리적'이라고 특징지을 수 있는 주된 이유가 된다. 우리가 예술 작품, 이미지, 담론을 사건으로 생각할 때 우리의 시야에 들어오는 것은 바로 이 인과관계, 존재의 수준이다. 이런 관점은 지금까지 보았던 것처럼 철학의 역사적 편견을 극복하는 데 근거를 둔다. 여기에서 푸코는 니체로부터 계승된 것이 분명한 들뢰즈의 여러 복잡한 문제들 안에서, 계속해서 플라톤주의를 뒤집는 공격을 가한다. "들뢰즈와 함께 플라톤주의를 뒤집는 것은 그 안에 교묘하게 스스로를 들여놓는 것이고, 등급을 낮추는 것이며, 시뮬라크룸을 배제시키는 역할을 하는 최소한의 몸짓들 —— 개별적이지만 도덕적인 —— 로 내려가는 것이다."(TP, 168; 강조는 푸코의 것) 푸코의 입장에서 들뢰즈의 기획은 보다 윤리적이고 신체적인 형태를 띤다. 그에게 이것은 이미지가 주체성을 위해 보유한 효과를 측정할 수 있도록 진실과 허위에 따라 이미지를 분류하는 경향으로부터 사유를 해방시키는 문제가 된다.

3. 들뢰즈, 푸코, 그리고 플라톤주의의 전복

푸코는 오늘날 일반적으로 알려진 하이데거적인 비판을 거부하면서, 들뢰즈가 형이상학 분야에 새로운 생명력을 불어넣는다고 믿는다. 들뢰즈의 획기적인 돌파구는 서구 사상의 전개에 대해 신성시하는 담론을 통해서가 아니라, 그 암묵적이고 도덕적인 가정들의 계보를 통해 시작된다. 따라서 푸코의 설명에 따르면 들뢰즈의 타개책은 주의니 사상이니 하는 것들의 논박이 아니라, 플라톤주의가 전복될 수 있는 윤리학의 체계적인 왜곡을 동반한다. 들뢰즈의 설명대로 플라톤의 기획을 움직이는 추동력은 이미지를 분류하기 위한 장치의 구성이다. 들뢰즈는 플라톤의 대화록 삼부작, 『정치가』, 『파이드로스』, 『소피스트』에 주목하면서 지금 중요한 건 실재와 외관을 구분하는 것이 아니라, 진짜 모방과 가짜 모방을 구분할 수 있게 해주는 계보를 만드는 것이라고 언급한다. 예를 들어, 정의의 이데아에서 정의로운 것의 특성으로, 개개의 정의로운 인간들의 실례로 이어지는 계층적 구조에서 제일 끝항에 자리 잡은 것은 정의로운 인간의 시뮬라크룸, 즉 정의로운 인간을 흉내 내는 닮은꼴이다. 이 최종 위치가 가장 큰 불안을 불러일으킨다. 다시 말해, 진정으로 원형에 참여하는 진짜 모방자와 단순히 복제품만 겨우 따라할 뿐인 가짜 모방자를 어떻게 구분할 수 있을까를 고민하게 되는 것이다. 바로 이런 이미지에 대한 공포로 인해 플라톤주의는 구분을 가능하게 하는 모형을 만들게 된다. 들뢰즈는 다음과 같이 말한다.

> 우리는 이제 보다 유리한 입장에서 플라톤의 전체적인 동기를 명확히 밝힐 수 있다. 플라톤의 동기는 좋은 복제와 나쁜 복제, 아니 오히려 (항상 실재에 입각한)복제와 (항상 차이에 둘러싸인)시뮬라크룸을 구분하면서 모방자들 가운데 선택하는 것과 관련이 있다. 이것은 시뮬라크룸에 대한 복제의 승리, 시뮬라크룸을 억압하고 그것을 완벽하게 가려 표면 위로 올라오지 못하게 하며 '교묘하게' 도처에 스며 있는 복제의 승리를 보장하는 것과 관련된 문제다.[3]

플라톤의 관점에서 시뮬라크룸은 철학의 중심부 전체에 번질 수 있

---

3 Gilles Deleuze, *The Logic of Sense* 부록에 수록된 "The Simulacrum and Ancient Philosophy", trans. Mark Lester & Charles Stivale(New York: Columbia University Press, 1990), pp. 256~257. 이하 'SAP'로 인용함[『의미의 논리』, 이정우 옮김, 한길사, 1999].

는 일종의 발암성 위력을 지닌다. 사실상 복제는 이데아와 닮은 반면, 시뮬라크룸은 이미지뿐 아니라 모형까지도 전복시키려 위협하는 공격성을 띤다. 푸코의 설명대로 들뢰즈의 극장에서 "소피스트가 불쑥 나타나 소크라테스에게 그가 불법 횡령자가 아님을 증명해 보이라고 요구한다"(TP, 168).

이렇게 들뢰즈는 플라톤주의를 본질적으로 미학으로 해석한다. 이 것은 하나의 이미지 형태를 다른 이미지 형태와 분리하기 위해 존재-인식론적 재료를 활용하고, 들뢰즈의 주장대로 주로 환영-시뮬라크룸을 포함하는 것과 관계가 있다. 들뢰즈는 "이데아와 이미지의 가장 분명한 이중성은 두 부류의 이미지 사이에 잠재적인 차이를 확인한다는 목적 안에서만 드러난다"고 주장한다(SAP, 257). 두 부류의 이미지란 유사의 법칙을 고수하는 '실재에 입각한 모방자'인 복제와 모형으로부터 '이탈'된 모습을 감추는 '거짓된 모방자'를 말한다. 의지적인 동시에 '정신적인' 내부의 유사는 이렇게 도상(좋은 복제)과 우상(악의적인 시뮬라크룸)을 나누는 플라톤주의의 구분을 정의한다.[4] 두 이미지 모두 모방자이지만 복제는 논의되는 대상과 정말로 유사한 반면, 시뮬라크룸의 가장假裝은 근본적으로 다른 차이를 감추는 전복이다. 플라톤주의는 이데아를 향한 의지로 순수성을 시험해 모방자들 가운데 선택하고 그렇게 해서 이미지 자체를 회피한다. 그러므로 이데아와의 유사가 발견되는 곳에서 진정한 복제(도상)를 다루고, 유사가 결여된 곳에서 시뮬라크룸(우상)을 다루게 된다. 따라서 이데아에 대한 참여가 존재를 보장하는 이런 체계에서, 시뮬라크라는 버

---

4 SAP, p. 256, 들뢰즈는 다음과 같이 말한다. "플라톤이 이미지와 우상이라는 두 영역으로 나눈 것도 바로 이런 점에서다. 이미지에는 복제-아이콘이, 우상에는 시뮬라크룸-환영이 속한다."

림을 받는다. 시뮬라크룸은 복제를 유사로 간주할 수 있는 더 높은 수준의 동질성을 기반으로 억압된다. 때때로 착각하는 것처럼 시뮬라크룸은 복제의 복제가 아니다. 시뮬라크룸은 원형에 대한 정확성 측면에서가 아니라 차이로 여겨지는 이미지다.

미학은 철학의 영역에 남아 그 자체로는 이미지를 고찰하기 힘들게 만들면서 동일성의 진동에 시달린다. 들뢰즈는 예술론과 관련된 플라톤주의의 유산을 이렇게 설명한다. "그것은 늘 같은 과제, 즉 도상학을 추구한다…"(SAP, 260) 들뢰즈는 고전 형이상학에서든 현상학에서든, 동일자의 형태 아래에 차이를 몰아넣고 진짜 유사와 거짓 유사 사이를 심판하려는 시도가 똑같이 일어나고 있음을 발견한다. "상위의 목적성, 근본적인 실재, 심지어 역사적 의미라는 미명하에 언제나 닮은 것들 가운데에서 선택하고 이상하고 다른 것들을 배제한다."(SAP, 260) 이것은 소외감을 느끼게 하는 이미지의 작용을 포스트-아우라라느니 구경거리라느니 매도를 해야 직성이 풀리는 마르크스주의 전통에서 뚜렷이 볼 수 있다.[5]

푸코와 들뢰즈가 주장하듯이, 이 같은 이미지의 비하가 환영을 포함하려는 의지에 기반한다면 다른 방향이 우리를 안내할 수도 있다. 그리고 이 새로운 방향은 사유가 우발적인 환영의 행위를 분석할 수 있게 해야 한다. 정말로 필요한 것은 근대 이미지와 같은 연속성과 리듬으로 움직이는 사유이다. 이들이 필요로 하는 비-범주론적 사고 체계는 이미지의 이른바 소외감을 일으키는 작용을 저지하려 하는 것이 아니라, 이미지들이 어떻게 생성되고 배치되며 효력을 드러내는지에 주목한다. 이렇게 푸코

---

5 자크 랑시에르는 최근 플라톤주의 형태가 포이어바흐의 영향을 받아 어떻게 구경거리(spectacle)에 대한 드보르(Guy Debord)의 개념적인 해석을 시작하는지 설명했다. Jacques Rancière, "The Emancipated Spectator", *Artforum*, vol. 45, no. 7, (2007), pp. 271~280 참조.

와 들뢰즈는 이미지의 '비신체적 물질성'에 민감한 언어를 전개함으로써 동일성의 특권을 해제한다. 환영은 순수하게 상상적인 창조물이 아니다. 환영은 윤리적인 용어로 묘사할 수 있고 분명하게 정의할 수 있는 기능을 지닌다. 환영은 신체에 접촉하고 관계를 규정하며 길을 표시하고 장애물을 만든다. 푸코는 다음과 같이 말한다.

> 환영은 신체의 한계에서 기능하도록 허용되어야 한다. 환영은 신체에 대해서는 신체에 고정되고 신체로부터 튀어나오므로, 뿐만 아니라 신체를 접촉하고 절단하고 산산조각내고 분할하고 그 표면을 증식시키므로, 동시에 신체 외부에 대해서는 근접과 비틂과 가변적인 거리의 법칙 ─ 신체가 여전히 알지 못하는 법칙들 ─ 에 따라 신체와 신체 사이에서 기능하므로 그렇다. 환영은 유기체를 상상의 영역으로 확장하지 않는다. 환영은 신체의 물질성을 위상학적으로 다룬다. 따라서 환영은 우리가 그것에 부과하는 제약들로부터 벗어나야 하고, 진실과 허위의 딜레마, 존재와 비존재의 딜레마로부터 벗어나야 한다. (TP, 169~170)

앞으로 보겠지만, 자기와 자기 혹은 자기와 환영이 일으키는 다른 무엇과의 관계 측면에서 이런 사건을 고찰할 수도 있겠다.

푸코에게 이 관점은 이미 만들어진 분류 상자를 거부하는 데에 근거를 둔다. 푸코는 다음과 같이 설명한다. "환영은 차이의 무질서를 뛰어넘어, 차이를 여러 구역으로 나누며, 그 권리의 한계를 정하고, 개개의 존재별로 명시할 과제를 규정한다."(TP, 186) 들뢰즈의 용어를 따르면, 범주론적 사고 체계로부터의 퇴장은 차이를 발견하길 기대하는 동시에 모든 것을 동등하게 취급하는 어리석은 존재론적 평준화다. 우리는 범주 안에서는 실수를 저지르고 그 바깥에서는 어리석어진다.[6] 범주의 억압과 동시에, 사유는 존재의 단조로움에 대한 확언을 요구한다. 이런 확언들은 둔스 스코투스와 스피노자의 철학에 분명히 표현되었지만, 두 사람 모두 존재가 다른 것들에 대해 같은 방식으로 표현된다고 생각했다. 푸코에게 이런 존재론은 동일자의 형상을 중심으로 한 차이의 질서화를 재도입한다. 푸코는 대신 "존재가 모든 차이에 대해 같은 방식으로 표현되지만, 오로지 차이만을 표현할 수 있는 존재론"을 상정한다(TP, 186~187). 다시 말해, 푸코는 존재들이 차이의 측면에서만 서로 동등하다는 점에서 우회적으로 동일성을 간주하는 존재론을 상정한다. 이렇게 존재는 더 이상 근본적인 통일체가 아닌 차이의 반복으로 간주된다.[7] 차이의 강물을 헤치고 나가는 동안 우리는 어리석음을 확실하게 회피하게 해주는 범주론적 사고 체계를 포기한다. 푸코의 설명대로 "사유는 그것을 형성하는 과정을 고려해야 하고, 또 이러한 숙고를 통해 사유를 형성해야 하기 때문에" 이것은 불가피하다(TP, 178). 어리석음을 사전에 회피하기보다는 어리석음을 통해 생각하려면, 차이의 반복을 통해 자발적으로 사유를 생성하지 않을 수 없다. 사실과 오류의 경계 밖에서 작용하면서 사유는 완전히 소멸되지 않고 사유로서 자신의 차이를 인식하길 바란다. 사유는 어리석음으로부터 벗어나 스스로의 차이를 발견함으로써 활동하게 하는 '충격'을 기다리면서, 차이를 차이로 생각하기 위해 자신의 정체성을 부인한다. 한

---

6 TP, p. 188. 푸코는 다음과 같이 말한다. "범주는 어리석음을 조용히 거부한다. […] 그러므로 우리는 범주로부터 벗어나길 바라면서 위험을 자초한다. 우리는 범주의 원칙을 저버리는 즉시 어리석음의 마그마와 마주치게 된다."

7 TP, p. 187. 푸코는 다음과 같이 말한다. "차이는 자발적으로 순환하고, 존재는 이 모든 차이들에 대해 같은 방식으로 드러나며, 존재는 더 이상 차이를 안내하고 분배하는 통합체가 아니라 차이로서 반복될 것이다."

마디로 사유는, 들뢰즈의 말대로 "사유 안에 '생각'을 불러일으키는"(DR, 147) 차이의 놀이를 기반으로 스스로를 소생시키기 위해 과감히 어리석음과 대립하느라 여념이 없다.

들뢰즈에게 이러한 차이의 개념은 철학사를 조사하여 발견해 낸 것이다. 들뢰즈는 에피쿠로스와 특히 루크레티우스에게서 다름으로서의 다름에 대한 사유를 발견한다. 들뢰즈는 두 철학자가 동일성과 차이의 변증법을 회피하는 강렬함과 유추, 단계적인 변화의 자연주의에 기초를 이룬다고 믿는다.[8] 푸코는 그의 뚜렷한 시각적 지향성에 따라 이 같은 사유 형태의 영웅을 앤디 워홀의 작품에서 발견한다.[9] 어리석은 사유는 거짓된 복제와 진짜 복제를 같은 방식으로 다루거나, 보다 중요하게는, 실재와의 관계 측면에서 이미지에 대한 의문을 삼간다. 우리가 비신체적 결과를 기대하고 진실과 거짓의 변증법 외부에서 근대 이미지를 생각해야 한다면, 이런 단계는 필수적이라고 푸코는 주장한다. 사유에서 시각에 이르기까지 들뢰즈의 복잡한 문제를 푸코가 어떤 식으로 다시 공식화하는지 주목하자.

범주의 맥락에서 사유한다는 것은 진실을 알아 거짓과 구분할 수 있도록 한다는 것이다. '비-범주론적으로' 사유를 사유한다는 것은 깜깜한 어리

---

8 이 부분에 대해서는 Deleuze, "Lucretius and the Simulacrum", *The Logic of Sense*, pp. 266~279 참조.

9 들뢰즈는 복제를 시뮬라크룸으로 전환하는 과정으로 워홀의 '계열적'(serial) 회화를 끌어들인다. 들뢰즈에 따르면 근대 회화는 모방이 아닌 반복으로 이해되어야 한다. "예술은 무엇보다 그 반복성 때문에 모방한다고 볼 수 없다. 예술은 내적인 힘에 의해 모든 반복을 반복한다(모방은 복제이나 예술은 흉내 내기이며, 복제를 시뮬라크룸으로 전복시킨다)." 들뢰즈에게 이것은 "마침내 차이가 표현될 수 있도록" 근대 세계의 따분함을 근절하는 행위다. DR, pp. 293~294 참조.

석음과 직면해 눈 깜짝할 사이에 사유를 통해 어리석음을 구별해 낸다는 것이다. 어리석음은 오랫동안 눈길을 받고, 시선le regard은 그 영역을 꿰뚫어보다가 어느덧 어리석음에 매혹된다. 우리는 조용히 감동을 받아 스스로를 내맡겨 어리석은 행동을 흉내 내며 아무런 형태가 없는 그 유동성 위에 몸을 누인다. 감지하기 어려운 차이가 요동치는 최초의 순간을 기다리면서, 공허한 시선le regard vide으로 차분히 빛의 도래를 주의 깊게 지켜본다.[10]

푸코에게 차이에 대한 사유는 이렇게 일종의 시각적 실천 형태, 다시 말해 공허하지만 주의 깊은 관찰을 위해 사유로서 동일성을 내어 주는 시각적 형태다.

4. 앤디 워홀과 차이에 대한 사유

앞에서 보았듯이, 마그리트에 대한 푸코의 획기적인 에세이는 "캠벨, 캠벨, 캠벨, 캠벨"이라는 단어의 나열을 통해 회화의 비확언성을 확언하며 애매하게 끝을 맺었다. 3장에서는 모더니티가 확언과 유사라는 회화의 전통적인 두 쌍을 풀어놓았다는 사실을 설명했다. 물론 이 에세이에서 주요 관심사는 마그리트였지만, 수프 깡통을 연속적으로 묘사한 워홀의 작품을 언급함으로써 일반적인 모더니티의 과정에 대한 숙고로 에세이를 시작했다. 그림을 그린다는 것은 더 이상 동일함을 확인할 필요를 단언하는 것이 아니라, 자칭 원형을 훼손하는 이미지를 유포하는 것이다. 푸코

---

10 TP, p. 189. Foucault, "Theatrum Philosophicum", DE1, p. 961. 번역 일부 수정.

에 따르면, 위홀의 반복성은 의미를 드러내야 하는 의무로부터 벗어나 있는 만큼, 그림으로 표현된 위홀의 기호는 역설적이게도 더 이상 기호가 아니다. 이 논지는 위홀의 사유에서 중심을 이루는 반-플라톤주의 경향과 더불어 들뢰즈의 형이상학에도 이어진다. 이러한 사유가 예술의 영역에서 어떻게 기능하는지 푸코에게 구체적인 예를 제시하므로, 이 부분은 상세히 인용하는 것이 좋겠다.

이것은 통조림, 무의미한 우연들, 그리고 광고에 나올 법한 미소 연작 등, 그의 작품이 지닌 위홀의 위대함이다. 위홀은 반쯤 벌린 입술과 치아, 토마토소스, 세제를 기반으로 한 위생으로 구강과 영양의 등가성을 표현하고, 내장을 들어낸 자동차의 텅 빈 내부에서, 전신주의 꼭대기와 전선의 끝에서, 그리고 전기의자의 반짝이는 푸른색 철제 팔걸이 사이에서 죽음과 동의성을 표현한다. 어리석음은 자기 자신에게 빠져들어 자신을 드러내는 물건들과 더불어 그 본질을 무한히 확장하면서, '어떤 식이든 다 마찬가지다'라고 말한다. '여기서든 저기서든 항상 똑같다. 차이가 있다면 색깔이 다르거나 조금 더 어둡거나 밝은 정도. 삶도 여자도 죽음도, 모든 것이 온통 무의미하다! 이런 어리석음은 얼마나 우스꽝스러운가!' 그러나 끝없는 단조로움에 집중하다 보면 우리는 불현듯 그 자체로 다양성의 불빛을 —— 중심과 상단과 하단에서는 전혀 볼 수 없는, 아무 말 없이 서로에게 영원을 말하는 움직이는 상표와 황홀한 스냅사진을 눈빛보다 훨씬 빠르게 지나가 잇따라 비추는 깜박이는 불빛을 —— 발견하게 된다. 그 결과 등가성이라는 낡은 타성을 배경으로 줄무늬 형태가 갑자기 어둠을 뚫고 나오고, 영원한 환영은 저 특이하고 깊이 없는 얼굴, 수프 깡통을 보여준다. (TP, 189)

위홀에 대한 다분히 도식적인 푸코의 이해는 유럽 비평가들의 팝아트에 대한 일반적인 오해를 배경으로 해석되어야 한다. 비평가들은 팝아트를 모더니즘 자체 안에서 다른 논리와 정치학을 지니고 대항하는 경향으로 보기보다, 대중문화에 반대하는 예술가 집단의 주장에 근거를 둔 보다 앞선 운동들과 연관지어서 해석하려는 경향이 있다. 다시 말해 그들은 팝아트를 부정의 예술로 보았다.[11] 위홀의 경우, 이러한 해석은 보편적으로 확언적인 그의 작품 특성을 외면한다. 반면 푸코는 위홀을 20세기의 가장 어리석은 예술가라고 이해했다. 위홀은 "만일 그림에 대해 생각해야 한다면, 나는 그림에 문제가 있다고 간주한다. [···] 당신이 판단하고 선택하는 순간 그것은 잘못된 것이다. 그리고 당신이 그림에 대해 판단하면 판단할수록 그림에는 문제가 더 많아진다".[12]

위홀의 작품은 마오쩌둥과 믹 재거가 아무런 경쟁의식 없이 공존하고, 전기의자 이미지나 수프 깡통 이미지나 똑같은 임무를 맡고 있으며, 모두가 유명인이 되는, 존재론적으로 평등한 장소다. 위홀은 모든 일상용품의 애호가이지만, 동시에 끊임없이 이어지는 엄청난 찬양은 오히려 그것을 시시하게 만든다. 어떤 식으로든 마찬가지다. 위홀은 다음과 같이 말한다. "내가 이런 식으로 그림을 그리는 이유는 기계가 되길 원하기 때문이다. 나는 내가 하는 일이든, 기계적으로 하는 일이든 내가 원해서 하

---

11 Hans Belting, *Art History After Modernism*, trans. Caroline Saltzwedel, Mitch Cohen & Kenneth Northcott(Chicago: The University of Chicago Press, 2003), pp. 44~53. 벨팅에 따르면, 이 운동이 이야기된 두 가지 방식은 그의 지표가 된 논지의 예다. 기본적으로 근대 미술의 해체적 특성은 일관되고 통일된 미술사를 구성한다는 미술사의 전통적인 목적에는 어려움을 내포한다.

12 Andy Warhol, *The Philosophy of Andy Warhol*(New York: Harcourt Brace & Company, 1977), p. 149.

는 것이라고 생각한다."[13] 그러나 차이가 드러나는 것은 맹목적인 확언과 더불어 이처럼 등가적 표현들의 어리석음으로 옮겨옴으로써 가능해진 다. 워홀의 작품은 상업적인 형상의 끝없는 단조로움을 포용하고 반복함으로써, 그것을 비난하기보다 오히려 미학적으로 만든다. 다시 말해 그의 작품은 후기 자본주의 이미지들을 비현실적인 예라고 비난하지 않으며, 오히려 그 이미지들을 드러내고 확립시킨다. 그리고 그렇게 함으로써 차이의 경험, '다양함 그 자체에 대한 급작스러운 깨달음'을 흔쾌히 받아들이게 된다.

사유가 스스로 차이를 인식하면서 자신의 차이를 알아가는 이러한 차이의 충격은, 그것이 역설적이라는 이유에서 들뢰즈와 푸코에게 오히려 애매한 지점이 된다. 순수한 차이라는 측면에서 사유한다는 것이 과연 가능한가, 하는 의문이 제기되기 때문이다. 워홀의 예는 아마도 그 과정을 명확하게 보여 주고 그 실천을 위한 선구적 위치가 되어 줄지 모른다. 푸코가 지목하는 사건은 워홀의 영화에서 가장 잘 목격되고, 확언과 단조로움과 사소한 차이의 깨달음 안에서 작용한다. 이런 작업들은 본질을 파악하려 시도하지 않으며, 그보다는 본질을 완벽하게 반복하려는 시도에서 지시 대상을 지나쳐 간다. 형식 면에서 보면, 실시간으로 전개되는 워홀의 필름은 싱글 카메라를 사용하고, 줌 렌즈, 팬 촬영, 트랙 쇼트 등을 회피한다. 이처럼 영화적 기술을 사용하지 않음으로써 사물과의 거리, 행동, 영화의 감동은 최소화된다. 내용 면에서는 〈잠〉Sleep, 1963, 〈먹다〉Eat, 1964, 〈구강성교〉Blow Job, 1964 같이 일상적인 활동들을 주로 담아낸다. 그

---

13 이 구절은 다음 내용에서 인용했다. Eds. Kristine Stiles & Peter Selz, *Theories and Documents of Contemporary Art: A Sourcebook of Artists' Writings*(Berkeley: University of California Press, 1996), p. 340.

의 작업은 이런 방식을 통해 작품 자체를 사라지게 만드는 한편, 근대 세계의 따분한 구조로 관람자의 관심을 돌린다. 어리석음으로 인해 예술가가 사라지는 결말은 거의 전체 작품에서 드러난다. "내 영화는 모두 인위적이다. 그렇지만 세상 모든 것이 어느 정도 인위적이다. 나는 인위성이 끝나고 실재가 시작하는 지점이 어디인지 알지 못한다."[14] 최소한의 생각과 예술적 기교만으로 이런 활동을 기록하려고 아무리 애를 써도 이 영화들은 언제나 차이의 순간, 다시 말해 어리석음 안에 도무지 휘말릴 수 없는 지점을 여지없이 담아내게 된다. 반복의 단조로움으로부터 차이가 발생하는 것이다. 기술적 결함에 의해서든 행복한 우연에 의해서든 혹은 사소한 행동에 의해서든, 사유를 일으키는 작은 차이들에 의해 따분함이 훼손된다. 이렇게 워홀의 영화는 대상을 아주 열심히 반복하려 함으로써, 처음의 확언에 의해 시작된 차이를 무대로 올린다. 푸코의 설명대로 반복은 이중의 확언, 동일성의 힘을 무효로 만드는 일종의 말더듬기이다(TP, 184). 워홀에게 이것은 대상과 그 복제 사이의 필연적인 차이를 강화하는 영화의 형식적 속성을 파괴하거나, 영화의 단조로운 내용을 방해하기 위해 아무런 의미 없는 행동을 결합시킴으로써 일어난다.

데이브 히키Dave Hickey는 워홀의 영화 〈헤어컷〉Haircut, 1963에서 이러한 차이의 예들을 훌륭한 로큰롤에 필수인 우연에 비유하면서 기술한다.[15] 히키에 따르면, 재즈와 추상 미술은 참가자들을 자유의 한계에 직면하게 만드는 반면 —— 둘 다 동시에 즉흥적으로 만들어져야 한다고 주장

---

14 Stiles & Selz, *Theories and Documents*, p. 344. 이 부분은 1987년 4월 1일 뉴욕의 성 패트릭 성당에서 거행된 앤디 워홀 추도 미사에서 니콜라스 러브(Nicholas Love)가 인용했다.
15 〈헤어컷 No. 1〉, 〈헤어컷 No. 2〉, 〈헤어컷 No. 3〉의 세 종류의 헤어컷 영화가 있으며 모두 1963년에 만들어졌다.

하지만 음악은 결코 즉흥적으로 실현되지 않는다──워홀의 영화와 록 음악은 차이를 완벽하게 제거하는 데 실패함으로써 만들어진다. 추상 미술과 재즈가 표현의 경계를 확장하려다 결국 비-음악의 혼돈 앞에서 뒷걸음치는 것과 마찬가지로, 팝 음악과 록 음악 역시 동일한 것의 반복에 내재된 비-자유에 완전히 빠져들다가 결국 왜곡과 피드백, 그밖의 우연에 의해 동일성 바깥으로 내몰리고 만다. 〈헤어컷〉에서는 머리를 다듬던 남자가 너무 지루한 나머지 주머니에 손을 넣어 담배 한 갑을 꺼내 거기에 불을 붙이는 장면이 나온다. 주변 장면들을 고려하면 이 몸짓은 중요한 행동이 될 것이다. 히키의 말대로 "워홀의 영화는 […] 우리가 알아야 할 것을, 아무리 지치고 피로한 상태여도 […] 어쩌면 우리는 좋든 싫든 약간은 자유로**웠으리라는** 사실을 알려 주었다".[16]

위홀의 영화는 가짜 원시주의primitivism와 보편적인 확언에도 불구하고, 동일자의 외부에서 분출해 나와 다르게 보고 생각할 수 있게 한다. 워홀의 설명대로 "일단 팝을 '이해하면' 다시는 같은 방식으로 기호를 볼 수 없을 것이다. 그리고 일단 팝을 알고 나면 다시는 같은 방식으로 미국을 볼 수 없을 것이다. […] 수수께끼는 끝났고 이제 놀라움이 시작되었다".[17] 푸코의 진술대로 팝아트는 달라진 인식 작용 안에서 운동으로 기능한다. 팝아트는 관람자들이 더 나은 관점을 발달시킬 수 있도록, 지각 세계를 가득 채우는 기호들 속에 관람자를 빠져들게 한다. 철학에서 일상의 사소한 내용들에 집착하는 것은 어리석음과 마찬가지다. 그러나 내면에서 불현듯 찾아온 차이에 대한 깨달음은 차이의 사유를 위한 순수한 영감이다.

---

16 Dave Hickey, "The Delicacy of Rock-And-Roll", *Air Guitar: Essays on Art & Democracy* (Los Angeles: Art issues. Press, 1997), p. 99.

17 Andy Warhol & Pat Hackett, *POPism: The Warhol '60s*(London: Pimlico, 1980), pp. 39~40.

이것은 푸코가 워홀을 언급하면서 말한 경험, 모더니티 이미지의 연속적인 복제 속에 드러나는 새로운 사유를 구체적인 형태로 제시할 수 있게 해준 사건이다. 앞에서 보았듯이 실재와 모호한 관계를 유지하는 이러한 이미지들의 기능을 이해했다면, 이제는 플라톤주의적 사유의 편견을 없애야 한다. 플라톤주의를 뒤집는 것은 자기self를 만드는 환영에 대해 생각할 가능성을 다시 사유하게 한다.

데이비드 메이시는 푸코의 서평이 축하행사의 댄스파티에 참여하는 것만큼이나 들뢰즈의 사유를 설명하지 못한다고 평가하지만, 그럼에도 불구하고 우리는 두 사상가의 차이에 주의를 기울여야 한다(LMF, 253). 앞에서 설명했듯이 차이가 시작되는 지점은 이미지 분석을 위한 윤리적 수준의 고립에 해당한다. 이것은 두 가지 의미로 받아들여져야 한다. 첫째, 플라톤주의와 재현의 철학은 역사적으로 형성된 자기 관계self-relation 형태, 즉 환영을 포함하겠다는 의지에 따라 결정되는 바로 그 형태를 필요로 한다. 그리고 둘째, 환영은 스스로 자아와 타자 사이의 관계를 규정하는 기능을 한다. 푸코는 시뮬라크룸─환영의 결과를 언급하면서 그것을 폄하하는 데 이의를 제기한다. 우리는 곧 이들 기능 가운데 일부를 살펴볼 것이다. 시뮬라크룸과 환영은 사실상 비신체적이지만 그렇다고 해서 실재하지 않는 건 아니다. 이미지는 언표와 마찬가지로 사건이며, 사건으로 묘사될 수 있다.

5. 자유의 양식화: 제라르 프로망제

프랑스 극사실주의 화가 제라르 프로망제에 대한 푸코의 에세이 「포토제닉 페인팅」Photogenic Painting은 이러한 이미지─사건에 주의를 기울이기 위해 더 철저한 이론적 개선을 바탕으로, 보다 광범위한 역사적 관점을 가능하게 한다.[18] 푸코는 1975년 2월, 갤러리 잔 부셰에서 '욕망은 어디에나 있다'Le désir est partout라는 제목으로 열린 전시회를 위해 이 에세이를 발표했다. 메이시에 따르면 이 에세이는 프로망제의 경력을 "상당히 이롭게 해준 우정의 표현"이었다(LMF, 337). 우리는 둘의 우정에 관심을 갖느라, 이 에세이에서 쉽게 발견할 수 있으며 푸코가 프로망제의 작품에서 느꼈던 순수한 열정을 간과해서는 안 되겠다. 실제로 프로망제의 작업은 윤리적-역사적 이유로 푸코에게 깊은 흥미를 불러일으켰으며, 그의 이미지들은 팝아트에 대한 푸코의 관심을 확장시켰다고 볼 수 있다. 푸코가 이 에세이를 쓸 무렵 자크 프레베르Jacques Prévert와 질 들뢰즈 같은 전문가들은 이미 프로망제의 작품을 옹호했던 터라, 푸코의 이런 시도를 단순히 호의의 표시로만 받아들일 수는 없을 것 같다. 나는 이 에세이를 프로망제의 작품에 내재된 이미지의 실천에 대한 축하이자 모더니티의 중심 양상인 사진의 출현을 숙고할 기회로 읽는 것이 가장 바람직하다고 주장한다.

프로망제는 많은 점에서 워홀과 같은 이유로 매력적인 대상이었다. 그의 작품은 근대 문화, 특히 사진의 발명으로 태동된 이미지의 문화를 철저하게 연구한다. 헝가리 예술가 라즐로 모흘리-나기László Moholy-Nagy는 "미래에는 카메라와 펜의 사용법에 무지한 사람이 똑같이 문맹자가 될 것이다"라는 유명한 예언을 하면서, 근대 세계에서는 "사진을 아는 것이 철자를 아는 것만큼이나 중요하다"고 선언하기도 했다.[19] 사진의 개체

---

18 이 에세이의 제목은 윌리엄 헨리 폭스 탤벗(William Henry Fox Talbot, 1800~1877)이 만든 '포토제닉 드로잉'(Photogenic Drawing)과 관련이 있다. 포토제닉 드로잉이란 빛에 민감한 물질에 덮인 종이를 노출시킴으로써 밀착 인화를 만드는 과정이다.
19 Ed. Richard Kostelanetz, *Moholy-Nagy: An Anthology*(New York: Da Capo Press, 1970), pp.

발생은 이미지가 생성되는 방식뿐 아니라 우리가 우리 자신은 물론 이미지와 관계를 맺는 방식에도 변화를 일으킨다. 푸코에 따르면 프로망제의 작품은 이런 변화에 대한 반응으로, 이러한 이미지를 사랑하는 방법과 같은 본질적인 문제를 가르친다. 푸코는 사진과 회화를 구분하려는 20세기 미학적 시도 가운데 대부분을 회피한다. 대신 푸코는 두 매체의 경계에서 드러나는 실천들, 즉 동일성에는 관심 없는 현역 예술가들이 둘을 서로 대체하면서 즐거움을 찾는 실천들을 옹호한다. "아마도 그들은 회화나 사진 건판보다는 이동과 왜곡, 복장 도착증, 위장된 차이를 지닌 이미지 자체를 더 사랑했을 것이다."[20] 푸코에 따르면 프로망제는 1860년에서 1900년 사이 사진과 회화의 경계에서 전개된 '이미지의 공동 실천'의 정점으로 이해되어야 한다. 그리고 사진을 회화와 결합시키는 그의 작업은 이른바 이미지의 복장 도착증의 재발로 보아야 한다(PP, 88).

아드리안 리프킨은 푸코의 에세이가 "'사진적' 장치^{dispositif}" 측면에서 현대 미술을 분석한다고 주장한다.[21] 이러한 공식화는 잠재적으로 오해의 소지가 있을 수 있다. 이 내용을 이해하려면 푸코에게 있어서 이 용어가 지니는 전략적 성격을 유념해야 하고, 이 용어가 푸코의 에세이에는 전혀 나타나지 않는다는 사실에 주의해야 한다. 영어로 'deployment'(배

56~57.

20 Michel Foucault, "Photogenic Painting"(1975), *Gérard Fromanger: Photogenic Painting*, ed. Sarah Wilson, trans. Dafydd Roberts(London: Black Dog Publishing Limited, 1999), p. 84. 이하 'PP'로 인용함. 푸코의 에세이는 *Le désir est partout*(Paris: Galerie Jeanne-Bucher, 1975) 가운데 "La peinture photogénique"이라는 제목으로 처음 발표되었다. 지금은 DE1, pp. 1575~1583에 수록되어 있다. 이 책에서는 로버츠의 번역본을 주로 참조했으며 적절히 다른 번역본도 참조한다.

21 Adrian Rifkin, "A Space Between: On Gérard Fromanger, Gilles Deleuze, Michel Foucault and Some Others", *Gérard Fromanger: Photogenic Painting*, p. 39.

치) 혹은 'apparatus'(장치)로 주로 번역되는 이 용어는 특정한 역사적 기간에 지식과 권력 간의 다양한 관계를 기술하기 위한 노력으로 1975년에 처음 사용되기 시작했다. 이 용어는 푸코가 『말과 사물』을 발표한 후 널리 사용하기 시작했던 용어, 에피스테메를 효과적으로 대체한다. 에피스테메가 사실상 주로 담론적인 반면, 장치dispositif는 담론과 비담론 사이의 관련성을 포착하기 위해 만들어진 것으로서 보다 여러 가지 성격이 내포되어 있다. 1977년에 열린 한 회의에서 푸코는 철학적·도덕적·박애주의적 과제와 더불어 담론, 제도, 구성상 전개, 규제에 대한 결정, 법, 행정 조치, 과학적 진술 등, '장치'의 요소들 가운데 일부를 열거했다.[22] 또한 앞에서 보았듯이 고고학에 대한 푸코의 표현에서 비담론성 역시 결코 제외되지 않았다. 실제로 회화에 대한 고고학적 서술은 바로 '기타 고고학들' 가운데 하나로, 적용 가능한 분야로 명시되는 에피스테메를 향하지 않았다. 여기에서는 담론적 실천 분석으로부터 차용된 용어로 기술되긴 했지만, 비담론적 요소들이 고찰의 일부를 이루었다(AK, 193~194). 그러므로 장치 개념은 에피스테메에 대한 거부가 아니라, 보다 전략적인 분석을 위한 에피스테메의 확장이다. 푸코의 사유에서 장치는 특정한 역사적 지형 안에서 지식/권력의 암묵적인 사용을 분석하기 위해 이용된다. "다양한 종류의 지식을 뒷받침할 뿐 아니라 이들 지식에 의해 뒷받침되는 힘들의 관계에 대한 전략, 이것이 바로 장치dispositif다."(LJF, 300) 장치는 힘의 관계의 범위 안에서 움직이며, 텍스트와 제도, 법, 구성적 배치 등을 읽는 방식을 제공한다. "무의식의 논리를 위해 우리는 이렇게 전략의 논리

---

22 Michel Foucault, "Le jeu de Michel Foucault"(이하 'LJF'로 인용함), *Foucault: Dits et écrits II, 1976-1988*(이하 'DE2'로 인용함), eds. Daniel Defert, François Ewald & Jacques Lagrange(Paris: Éditions Gallimard, 2001), p. 299. 본문의 모든 내용은 저자가 직접 번역했다.

를 대체해야 한다. 기표와 그 연쇄에 [···] 특권을 부여하기 위해, 그 배치들dispositifs로 전략을 대체할 필요가 있다."[23] 앞에서 말했듯이, 푸코 자신의 사유는 이 개념을 만들어 내는 데 전략적으로 기능한다. 이것은 일군의 지식/권력에 의해 앞서 자리를 잡은 대립측의 위치를 표시해 이들을 피해 보려는 푸코 나름의 노력이다.[24]

본질적으로 전략적인 장치의 특성은 예술에 무엇을 적용하든 조심스럽게 진행해야 함을 의미한다. 푸코는 프로망제에 대한 분석에서 그 구조를 제시하긴 하지만——여기에서 푸코는 담론적 요소와 비담론적 요소의 관계, 특히 기술과 예술적 실천, 그리고 이론적 반영의 관계를 고찰한다——전략적 조치를 만들거나 표시하고 있다고 주장하기는 어려울 것이다. 우리는 푸코가 이 에세이를 발표하기 직전에 가진 인터뷰에서 했던 발언을 기억해야 한다. "회화에서 나를 즐겁게 하는 것은 다름 아닌 우리가 실제로 보지 않으면 안 된다는 사실이다. 나에게 이것은 휴식이다." 푸코는 계속해서 말을 잇는다. "이 에세이는 누군가와 언쟁하지 않고 즐겁게 쓴 몇 안 되는 저작 가운데 하나다. 나는 내가 전술적으로나 전략적으로 그림과 아무런 관련이 없다고 믿는다."(QRP, 1574) 이 에세이의 내용으로 미루어 보아, 푸코가 자유의 공간에 대한 고고학을 수행한다고 말하는 것이 더 정확할 것이다. 『지식의 고고학』에서 푸코의 흥미를 끌었던 건 한 시기에서 다음 시기까지 회화의 실천에 대한 규칙성과 변형이었다. 이

---

23 Michel Foucault, "Des supplices aux cellules", DE1, p. 1588. 저자가 직접 번역했다.
24 예를 들어, 19세기 형벌 네트워크의 배치 이후에 이어진 개혁 담론은 장치에 의해 직접 새겨졌기 때문에 즉시 재흡수되었다. 마찬가지로 『성의 역사』 제1권에서는 성적 억압에 대한 정치적 비판이 '성의 장치'(Le dispositif de sexualité) 외부에서 그리고 그것에 대립해서 전개되는 것이 아니라, 그 내부에서 전개된다는 사실이 드러난다.

에세이에서 지향하는 바도 마찬가지다. 푸코는 이미지 제작 법칙에 의문이 제기된 시기를 분석하고 그 묘사를 이용해 우리의 현재를 이해한다.

1860년과 1900년 사이의 시기에서 푸코를 매혹시킨 것은 이미지의 용이한 이동성, 힘과 관계되는 요소들의 상대적인 부재, 그리고 전문적인 예술가와 아마추어 예술가가 이미지를 공유하기 위해 새로운 수단을 전개할 수 있는 형식의 간소화다. 물론 이론이 분분한 살롱의 논평들, 정치적 입씨름, 사진이 전통적인 예술 형태와 같은 예술적·정치적 지위를 누릴 자격이 있는지를 놓고 벌이는 법정 사건들을 푸코가 의식하지 않은 건 아니다. 푸코의 에세이는 사진은 예술임을 강력하게 부인하는 신고전주의 화가, 장 오귀스트 도미니크 앵그르Jean-August-Dominique Ingrès의 말을 인용하면서 시작한다. 1862년, 유명한 메이어와 피에르송 사건에서 탄원서가 제출되었고, 저명한 예술가들의 항의에도 불구하고 사진은 회화와 마찬가지로 저작권 보호를 받을 가치가 있다고 선고되었다.[25] 푸코는 프로망제의 작품이 정치와 관련이 없다고 주장하지 않는다. 프로망제의 작품은 정치적 관점을 지니고 있는 것으로 널리 알려져 있으며, 푸코는 그의 실천이 본질적으로 정치적 교훈, 다시 말해 우리에게 쏟아지는 이미지들을 적극적으로 재전유하는 방법을 가르친다고 주장한다. 그러나 푸코의 주된 논의는, 동일성의 속박에서 자유로운 현역 예술가들이 권력 투쟁을 거의 무시했던, 지나간 자유의 공간을 재개하는 것으로 프로망제의 회

---

25 이 소송건은 Aaron Scharf, *Art and Photography*(London: Allen Lane The Penguin Press, 1968), pp. 113~117에서 언급된다. 이하 'AP'로 인용함. 탄원서의 전체 내용은 다음과 같으며, 이 가운데 푸코는 단 한 구절만 인용한다. "사진이 일부 관련된 조작 기술이 요구되는 철저히 수동적인 작동으로 이루어지는 것은 분명하지만, 결코 예술에 대한 정보와 학습이라는 결실을 맺지는 않는다. 이런 이유로 서명한 모든 화가들은 사진과 회화의 어떠한 비교에 대해서도 이의를 제기하는 바다." AP, p. 116에서 인용함.

화를 이해해야 한다는 것이다. 앞에서 묘사된 자유는 1839년 사진술의 공개 실연 이후에 시작되어 20세기 초까지 계속되었다. 푸코에 따르면 이 놀이에서는 가짜 신분증이 밀매되고, 다른 사람의 작업이 고의로 도용되며, 위조품이 유포된다. 이러한 실제 행위들이 영감을 준 이미지에 대한 사랑에 비교하면 모두 경범죄에 해당한다.

푸코는 전문 예술가의 기법과 아마추어 사진술에 대한 입문서에 의지해, 이 자유를 진부하게 만든 실행들에 대해 기술한다. 또한 1860년에서 1900년의 기간 동안 마음껏 누릴 수 있었던 위대한 자유의 증거로, 익명의 현역 예술가들에 의해 개발된 이미지를 변형시키는 많은 수단들에 대해 언급한다. 푸코가 이 시기를 정한 이유는, 1850년대 말에 예술가들이 캔버스 자체에 카메라의 이미지를 비추고 고정시키는 것이 가능했기 때문이다. 이런 실행은 모델에게 들이는 시간과 돈을 아끼길 간절히 바란 초상화 화가들에게 처음 수용되었지만, 마침내 단체 초상화, 장르화, 풍경화에까지 이용되었다. 1860년대 중반에는 화가들이 확대한 사진을 캔버스 위에 비추어 대략의 윤곽을 그린 후 작품을 완성하는 것이 일반적이었다.[26] 사진사들 역시 물감으로 손질해 이미지를 강화시켰으며, 인물 사진에 의해 일자리를 잃은 많은 세밀화 화가들은 색을 다루는 직종에서 직업을 찾았다(AP, 21~22).

두 매체 사이의 경계는 기술의 목적이 모호해짐에 따라 더욱 희미해졌다. 정성껏 그린 장면은 사진이 인화되었을 때 마치 야외에서 찍은 것처럼 보이기 위한 실내 촬영의 배경이 되었다. 그런가 하면 그림을 사진으로 찍어 실제 그림과 닮은 사진을 만듦으로써 사진 역사의 한 장면을

---

26 이 기술의 발견에 대한 간략한 역사는 AP, pp. 32~34 참조.

이루기도 했다. 푸코는 오스카 구스타브 레일랜더Oscar Gustave Rejlander와 줄리아 마거릿 캐머런Julia Margaret Cameron을 거론하는데, 레일랜더는 라파엘로를, 캐머런은 페루지노를 참작하는 등, 두 사람 모두 르네상스 회화를 참조해 사진 작품을 남겼다. 이런 움직임은 주로 역사적 궤도에서 예술에 대한 요구에 근거한 초창기 매체의 시도로 해석된다. 그러나 푸코에게 이런 실천들은 지위를 확보하려는 전략이라기보다, 사진으로 회화를 그리고 회화로 사진을 왜곡하는 식의 재미를 확인시키는 과정이다. 푸코는 사진이라는 매체 안에서 새로운 구도를 만들기 위해 이미지들이 재결합되는 경험에 대해 설명한다. 고무인화 방식이 발견된 후로 원판 작업을 통해 세부 묘사를 더하거나 뺄 수 있었고, 많은 경우 회화의 특징들을 추가하기 위해 이 과정을 이용했다. 끝으로, 아마추어 현역 예술가들은 많은 다양한 표면 위로 — 계란껍질, 전등갓, 자기, 유리 등 — 이미지를 이동시키고 고정시켰으며, 이런 과정을 통해 전문가들의 장악으로부터 이미지를 해방시키고자 하는 열망을 드러냈다.

혹자는 이런 의문을 제기할지 모른다. 그래봤자 이런 실천들이 '고작 시시한 작품에 불과하고, 아마추어의 몰취미가 드러나며, 집안 식구끼리 재미 삼아 해보는 놀이 정도에' 불과하지 않았을까? 푸코는 그렇기도 하고 아니기도 하다고 대답한다. 한편으로 생각하면 이런 기술들은 아마추어들에 의해 개발되었으며, 그들의 작품은 가볍게 보고 즐길 거리 정도로 간주되었을 수 있다. 하지만 그들은 전문가들의 예술품 제작을 위해 고용되기도 했다. 중요한 것은 이 둘을 구분하는 것이 아니라, "우리가 큰 재미를 느낄 수 있었던 건 '예술'을 조롱하는 이 모든 시시한 기술들 덕분"이라는 사실을 파악하고, 프로망제의 전시회 제목처럼 "이미지를 향한 열망이 도처에 있음 […]"(PP, 88. 번역 일부 수정)을 확인하는 것이다. 우리는 푸코가 이 활발한 문화를 반-플라톤주의적 관점에서, 다시 말해 이러한 실행들이 동일성에 이의를 제기하면서 자유의 공간을 어떻게 심오하게 만드는지 강조하는 측면에서, 어떤 식으로 기술하는지 주목할 필요가 있다. 그 결과 이미지들은 그 '은밀한 차이'로 즐거움을 제공했다. 그러니까 요점은 속임수의 놀이를 통해 이미지를 만들어, 이미지들이 '서로를 혼동하게' 하거나 서로의 이미지를 도용하고 전달하도록 조작한다는 것이다. 물론 이 사실을 간과해서는 안 된다. 문화적 분위기에 따라 다르겠지만, 이렇게 하다가는 '지적 재산권' 절도 혐의를 받을 수 있을 테니까. 푸코는 이 문제에 대한 언급을 피하지 않는다. 이런 관행은 '절도'이고 '부도덕한' 행동이며, 제아무리 최고의 현역 예술가라 할지라도 '밀수범'contrebandiers 으로 분류된다. 그러나 푸코에게 이러한 위반 행위는 그로 인해 드러나는 자유와 그로 인해 만들어진 커뮤니티에 비하면 아무것도 아니다. 푸코는 심지어 이렇게 질문한다. "어떻게 하면 이 광기folie를, 사진의 탄생이 동반한 이 무례한 자유를 되찾을 수 있을까?"(PP, 84. 번역 일부 수정)

6. 복장 도착자 이미지의 반-플라톤주의

이러한 실행들이 자행되는 이유는 푸코가 워홀에 대한 여담에서 개략적으로 말한 바 있는 은밀함에 대한 반-플라톤주의적 애정 때문이다. 이데아에 대해서도 그와 똑같은 생각으로 인해, 이 현역 예술가들은 환영과 시뮬라크룸, 다양성, 윤회의 놀이를 이미지 안에 내포된 관념의 조롱으로 대체했다. "그들에게는 하나의 그림, 하나의 사진, 하나의 판화, 한 저자의 말에 여전히 사로잡혀 자기 동일성identiques à soi을 유지하는 것만큼 혐오스러운 것도 없었다."(PP, 84~85. 번역 일부 수정. 강조는 푸코의 것) 이것을 시작으로 사진은 이데아에 대한 물질성의 승리로 매도되었다. 사진은 이상적인 예술 형태를 저열한 기록으로 대체할 뿐 아니라 기만할 가능성을 숨겨 주기까지 한다. 이런 놀이에 대한 푸코의 분석에서 우리는 자유에 없어서는 안 되는 작은 차이들을 생산하는 기술이 얼마나 중요한지 다시 한 번 확인한다. 레베롤의 작품이 힘이 통과할 수 있는 자유를 창조했던 것처럼, 이미지를 전달하기 위한 새로운 기술은 그 확산과 균열의 가능성을 일으킨다. 푸코에 따르면 근대의 이미지는 형상의 동일성 측면에서 생각되어서는 안 된다. 다시 말해 어떤 이미지를 보면서 아마도 어떤 대상을 재현했을 거라고 간주해서는 안 된다. 오히려 이미지-사건의 보다 폭넓은 태피스트리 안에서 이미지의 존재, 운동, 교환에 주목해야 한다. 푸코에게 가장 흥미를 불러일으키는 이미지는 관람자를 무아지경에 빠뜨리는 이미지다. 이것이 바로 푸코가 주의를 환기시킨 이중성, 혼동, 비약의 능력이며, "아름다운 자웅동체"beautiful hermaphrodite(s)이자, 이미지의 "복장 도착"transvestism이라고 일컬은 것이다(PP, 83~84).

오스카 구스타브 레일랜더의 〈인생의 갈림길〉The Two Ways of Life, 1857은 이러한 기만과 동일성의 논쟁을 일으키는 놀이와 직접적으로 관련된다. 이러한 합성 사진은 1850년대 영국에서 흔히 볼 수 있었지만, 이처럼 야심찬 구도는 전례 없는 것이었다. 사진이 완성될 당시, 레일랜더의 사진은 세계에서 가장 큰 작품이었다. 사진은 6주에 걸쳐 제작되었으며 30가지 이상의 다양한 음화 필름이 이용되었다(AP, 81). 이 복합적인 이미지의 주제는 라파엘로의 〈아테네 학당〉School of Athens, 1510~1511과 토마 쿠튀르Thomas Couture의 〈쇠퇴기의 로마인들〉Romans of Decadence, 1847을 연상시키는 동시에, 당시로서는 용납할 수 없었던 방종한 모습과 지성을 짝짓는 레일랜더식의 모호한 결합이다. 푸코에 따르면 이런 이미지가 지닌 합성의 성격은 회화에 의한 사진의 타락이 만들어 낸 예술적 해방과, 푸코가 나중에 언급하듯이 "우리가 무엇인지 거부"함으로써 펼쳐지는 가능성을 보여 준다.[27]

이 해방의 장소가 푸코가 아주 잠깐 언급한 힘 ── 사진의 전문화, 점차 증가하는 회화의 추상화, 그리고 20세기 미학에서 이 두 가지의 분할 ── 에 의해 재빨리 폐쇄되는 한편, 그럼에도 불구하고 이런 놀이에 내재된 즐거움은 프로망제의 작품에서 재발견된다. 푸코에 따르면 이런 작품들을 보는 단순한 즐거움이 강조되어야 한다. 푸코는 한 인터뷰에서 극사실주의와 팝아트를 향한 자신의 애정을 이야기한다.

> 이것은 두말할 나위 없이 이미지의 권리를 되찾기 위해 도박을 하는 것과 다름없었다. 그리고 오랫동안 권리가 박탈된 후에야 비로소 권리를 되찾았다. 예를 들어, 우리가 늘 열렬히 지지하는 파리에서 클로비스 트루이유 같은 몇몇 아마추어 화가들의 작품이 공개되었을 때, 나는 내가 누리는 보는 즐거움과 사람들이 누렸던 즐거움에 감명받았다. 이 얼마나 즐거운가! 신체적이고 성적인 경향이 인정받게 되자, 회화가 수십 년간 우리에게 강요해 온 그 대단한 얀세니즘이 드디어 만천하에 공개된^{sautait aux} yeux 것이다.[28]

---

27 여기에서는 푸코의 강의록 「주체와 권력」(The Subject and Power)을 참조한다. 이 강의록에서 푸코는 새로운 형태의 주체성이 조성됨으로써 전체주의화되는 동시에 개인화된 생명권력의 "딜레마"에 대한 저항이 계속될 수 있다고 주장한다. "어쩌면 오늘날 목적은 우리가 무엇인지 발견하는 것이 아니라, 우리가 무엇인지 거부하는 것인지도 모른다." Michel Foucault, "The Subject and Power", *Power: Essential Works of Foucault, 1954-1984, Vol. 3*, ed. James D. Faubion(New York: The New Press, 2000), p. 336.
28 QRP, pp. 1574~1575. 클로비스 트루이유(Clovis Trouille)는 아마추어 화가의 별칭인 '일요화가'(Sunday painter)로 일컬어지는 화가였다. 극사실주의 운동에서 주변적인 인물로, 파리

234 푸코의 예술철학

푸코가 이미지의 즐거움과 회화의 '얀세니즘'을 대조하는 것을 그가 추상화를 개탄했다는 암시로 받아들여서는 안 된다. 우리는 푸코가 마네의 비재현적 요소에 호감을 갖고, 폴 레베롤의 비구상적 구도에 민감한 반응을 보였음을 알고 있다. 그러나 프로망제와 극사실주의자들이 이루어 낸 것은 실행과 미학적 담론 모두에서 '이미지의 파괴'에 수반되는 우선 사항의 해제이다. 푸코는 이런 문화의 특징을 다음과 같이 설명한다.

> 우울한 담론들은 우리에게 원형을 이루며 추는 유사들의 춤보다는 기호의 사선을, 시뮬라크룸의 경주보다는 통합체^{syntagm}의 질서를, 가상의 험난한 비행보다는 상징의 잿빛 체계를 더 선호해야 한다고 가르쳐 왔다. 이 담론들은 이미지, 광경, 유사, 그리고 거짓 상사들은 모두 이론적으로나 미학적으로 잘못된 것이며, 이런 사소한 것들을 하찮게 여기지 않는다면 우리의 품위를 떨어뜨리는 일이 될 것이라고 설득한다. (PP, 88~89. 번역 일부 수정)

여기에서 우리는 푸코가 20세기 후반, 추상화를 향한 세간의 호의에 도전하는 데 관심을 보였을 뿐 아니라, 시뮬라크룸에 의해 만들어진 작품들이 유쾌하고도 치명적인 감정을 불러일으킨다고 평가했음을 알 수 있

의 마네킹 제조업체(Pierre Imans)에서 일하면서 생계를 꾸리는 한편 아마추어 작가들과 정기적으로 전시회를 열었다. 1963년 갤러리 레몽 코르디에(Galerie Raymond Cordier)에서 첫 개인전을 개최했는데, 스캔들이 일어날 것을 염려해 초대받은 사람에 한해 입장할 수 있게 했다. 트루이유의 작품은 성적 표현과 종교적 표현이 혼합되어 있을 뿐 아니라 교권반대주의(anticlericalism)에 대한 주제도 포함되어 있다. 몇몇 작품은 인쇄용 형광 잉크인 데이글로 컬러(day-glo color)를 사용해 마르키스 드 사드에게 경의를 표하기도 했다. 작품 선집은 Clovis Trouille, *Clovis Trouille*(Paris: Editions Filipacchi, 1972) 참조.

다. 이러한 이미지의 퇴출에 부작용이 없지 않으니, 그로 인해 모홀리-나기가 경종을 울렸던 문맹이 야기되기 때문이다. 이러한 방치로 인해 우리는 "이미지를 생산할 기술적 능력을 **빼앗기고** 이미지 없는 예술의 미학에 종속되어 […] 손발이 꽁꽁 묶인 채 우리가 아무런 힘을 행사할 수 없는 언어, 정치적·상업적 이미지의 권력에 몸을 내맡길 처지로 우리를 끌고 갈 언어에 의해서만 이미지를 해독하게 된다"(PP, 89). 대신 푸코는 급격히 확산된 형상화에 의해 제기되는 온갖 도전들에 알맞은 사유와, 우리를 형성하는 기호들을 재배치할 수 있게 해줄 이미지의 제작 수단$^{savoir-faire}$을 구상한다. 이것은 우리를 과거의 관습에 다시 몰두하게 만드는 예술을 통해 우리가 경험으로 깨달은 교훈들이다. 프로망제는 이 모든 아마추어 기술에 대한 신뢰성을 회복하고, 그 자유의 공간을 재개하며, 이 같은 우울한 담론들을 떨쳐냄으로써 우리가 이런 놀이에 내재한 즐거움을 볼 수 있게 한다. 푸코는 다음과 같이 말한다. "팝아트와 극사실주의는 우리에게 이미지에 대한 사랑을 다시 알려 주었다. 형상으로 복귀함으로써가 아니라, 대상과 그 실제 농도를 재발견해서가 아니라, 우리를 막연한 이미지의 순환에 연결시킴으로써."(PP, 90. 번역 일부 수정) 이런 '연결'은 관람자들이 이미지에 관심을 기울일 뿐 아니라 스스로 이미지를 창조하도록 장려한다. 가령 이런 움직임은 "글쓰기$^{l'Écriture}$의 지루함을 벗어던지도록, 기표의 특권을 중단하도록, 비-이미지의 형식주의를 일축시키도록, 내용을 완화시키도록, 이미지의 힘 안에서, 그 힘과 더불어, 그 힘에 맞서 과학적 원리에 따라 즐겁게 놀 수 있도록" 우리를 촉구한다(PP, 89. 번역 일부 수정). 이 놀이에 참여하는 참가자들은 예외 없이 누구나 자기도 모르게 과거에 빠져들게 된다.

7. 이미지의 사건 해방시키기

프로망제는 다름 아닌 회화의 과정을 통해 자유라는 이런 과거의 공간을 재개한다. 차이에 대한 사유와 상당히 흡사한 그의 작업은 소비 사회의 광경을 — 우두커니, 그리고 어리석게 — 다룬다. 그의 회화의 기층을 형성하는 이미지들은 미학적 숙고를 크게 거치지 않은 채 선택되었다. 1960년대 후반과 1970년대 초반에 프로망제는 사진으로서의 특징을 거의 고려하지 않고 잡지와 신문의 이미지를 활용했다. 1971년 파리 시립 근대미술관에서 개인전 '이탈리아 대로'를 개최하기 위해, 프로망제와 사진기자 엘리 카간Elie Kagan은 파리에서 두 번째로 큰 구#로 서둘러 떠났다. 그들은 평범한 2월의 어느 날 이 지역을 사진으로 남겼다.[29] 캔버스 위에 투영된 이 이미지들은 강렬한 색채로 이루어진 프로망제의 작품 25점의 기점을 이루었다. 이 방식은 파리의 거리 풍경과 프랑스 툴 지역에서 일어난 교도소 반란에 대한 대중 매체 속 이미지, 그리고 프로망제가 중국 여행 때 찍은 스냅 사진 등을 한데 모은 전시 '욕망은 어디에나 있다'에 전시한 작품에도 이용되었다. 푸코의 주장대로 이 작품들은 자연스럽게 회화에 도움이 되는 사진들이 아니라, 특정한 형태 없이 무한정 밀려드는 형상들 속에서 무작위로 뽑아낸 사진들이다. 바로 이러한 기준에서 푸코는 프로망제의 예술과 미국의 포토-리얼리즘Photo-Realism에 대해 미묘하지만 중요한 구분을 짓는다. 리처드 에스테스Richard Estes와 로버트 코팅엄Robert Cottingham이 회화와 같은 형태를 기대하며 사진을 선택한다면, 프

---

29 Alain Jouffroy, "Boulevard des Italiens", *Fromanger: Boulevard des Italiens*(Paris: Editions Georges Fall, 1971), pp. 32~57.

로망제는 "미래의 회화와 조금도 결탁하지 않고 아주 결백"하다(PP, 92). 프로망제의 기법이 바로 이처럼 일상적인 장면들 속에 돌고 도는 사건 événement을 풀어놓는 것인 만큼 이 점은 매우 중요하다. 푸코는 프로망제의 방식 —어두운 방 안에 앉기, 투영된 이미지를 응시하기— , 다시 말해 위홀을 염두에 둔 그의 논평에서 알 수 있듯이, 프로망제의 어리석음과의 대립을 대단히 중요하게 여긴다. 프로망제의 방식은 이미지의 외부로 확장하는 탈주선을 발견하기 위해 이미지에 몰두하는 사유다. "그가 보고 있는 것은 무엇인가? 그가 보는 것은 사진이 찍히는 순간에 일어났을지 모를 일이 아니라, 이미지 안에서 일어나고 있으며 영원히 지속적으로 일어날 사건이다."(PP, 92) 카메라 오브스쿠라camera obscura가 발명된 이후 많은 화가들이 스케치를 위해 이런 사진들을 이용했지만 프로망제는 전혀 그렇지 않았다는 사실은 매우 중요하다. 프로망제는 기술을 통해 이미지를 짜 넣는 것이 아니라, 이미지를 해방시키기 위해 회화의 기법을 이용한다. 그의 회화는 이미지 포장이 아니라 이미지 전달에 관여한다. 프로망제는 스케치 단계를 건너뛰어 관람자들이 이미지가 벌이고 있는 일에 몰두하는 과정을 가속화시킨다. 푸코의 설명대로 이 방식은 사진–사건l'événement-photo을 기초로 그림–사건un événement-tableau을 만들어 낸다. 프로망제의 과정은 관람자를 이미지의 다채로운 가능성에 연결시킨다. 다시 말해, 이 과정은 먼저 이러한 이미지들을 보여 주어 관람자들이 이미지를 사건으로 인식하게 하는 것이다.

2장에서 보았듯이 푸코는 툴 교도소에 관여하면서 감금의 관행에 대해 직접적인 지식을 얻게 되었다. 1971년 12월 폭동 이미지들은 뉴스를 통해 전파되어 잠시 프랑스 국가의 이목을 사로잡았다. 이 이미지들에 대해 푸코는 다음과 같이 질문한다. "지붕 위에서 저항하는 죄수들의 이미

그림 5. 제라르 프로망제, 〈저항, 툴 교도소 I〉(왼쪽), 〈저항, 툴 교도소 II〉(오른쪽), 1974

지. 이 보도 사진은 어디에서나 복제되고 있지만, 무슨 일이 일어나고 있는지 실제로 본 사람이 있는가?"(PP, 94) 그러나 프로망제의 망 속으로 결합되자, 그림-사건과 사진-사건 둘 다 세상 밖으로 풀려나온다. 〈저항, 툴 교도소 I〉Rebellion, Toul prison I과 〈저항, 툴 교도소 II〉Rebellion, Toul prison II(그림 5)는 보도 사진으로는 감지할 수 없었던 사건을 자유롭게 풀어놓는다. 푸코는 다시 질문한다. "이 작품을 통해 유포되는 독특하고도 다양한 사건을 과연 어떤 기록이 제대로 똑똑히 전달할 수 있겠는가?"(PP, 94) 프로망제는 단조로운 배경에 약간의 밝은 색을 더해——그 자체로 신문 용지 특유의 색조를 모사한 것이 된다——표면상 매체 이미지의 활기 없는 특성을 극복한다. 그는 이 사건을 전면에 내세웠고 "이 사진을 통해 엄청난 축하를" 받았다(PP, 94). 프로망제의 기술을 통해 이 이미지들은 형상화의 흐름 안에서 제자리를 찾고 다양한 가능성들이 앞에 펼쳐진다.

포토-리얼리즘과 프로망제의 방식의 차이 역시 유익하다. 전자가 사진의 광학을 연구한다면, 프로망제의 실천은 "일련의 모든 사건을 해방시키는 것"이다(PP, 98~99). 에스테스와 코팅엄이 사진의 관점을 회화에 접목시켰다면, 프로망제는 사진을 보는 방식 자체에 대한 시각을 열어 준다. 따라서 프로망제의 캔버스는 우리에게 이미지 안에 유포되는 사건들 —사진을 찍을 때 일어났을 일들뿐 아니라 그것이 이미지라는 사실에 의해 지속적으로 흐르는 힘들까지 — 을 볼 수 있게 한다. 극사실주의자와 팝아티스트들은 이미지에 내재한 다양성을 확대하거나 "해방시킨다". 푸코가 되풀이해 말하듯이, 이것은 형상화의 깊이를 고집한다거나 일종의 기록 형태에 의지하는 것이 아니라, 이미지를 미래의 회랑으로, "수천의 현재와 미래의 외부들이 모여 있는 회화"(PP, 98~99)로 움직이는 것이다. 간단히 말해, 워홀과 마찬가지로 프로망제 역시 세계에 대한 사진의 변화에 창조적으로 맞서는 새로운 보기/사유하기 방식을 가르친다.

프로망제에게 포스트-재현 예술은 "끝없이 가지를 뻗고"buissonnement indéfini 있다. 이것은 담아내는 자리로서 회화의 정체성을 거부함으로써 이루어진다. 그리고 그 실천은 형상화라는 놀이에서 릴레이 선수 역할을 한다. 푸코는 회화에서 보다 정확하게 사실성을 담아내기 위해 사진을 이용한 외젠 들라크루아Eugène Delacroix, 에드가르 드가Edgar Degas, 엠므 모로Aimé Morot의 작업과 프로망제의 이미지들을 대조하면서 "이것이 바로 이미지의 슬링샷sling-shot[자동차 경주에서 추월할 때 급속히 가속하는 주행기술]으로 기능하는 회화다"라고 외친다(PP, 90~95). 예를 들어, 드가의 캔버스는 사진술에 의한 시각을 통해서만 감지할 수 있는 위치와 동작들, 특히 발레 무용수의 그것들을 담아내기 위해 스냅 사진 촬영의 즉각적인 지각력을 활용한다. 드가의 작품은 고속 사진술이 도래하기 이전에는 인간의 관찰력으로 도무지 포착할 수 없으리라 여겨졌던 장면을 묘사한다 (AP, 139~143). 반면에 극사실주의자들은 사진을 이용해 사실성을 담아 내는 것이 아니라 그런 이미지를 활용한다. "그들은 회화 기법을 통해 이 미지를 결합하는 것이 아니라, 어마어마한 이미지의 바다 속으로 기법을 확장시킨다. 그들의 회화는 이처럼 끝없는 흐름 속에서 릴레이 선수 역할 을 하고 있다."(PP, 91. 번역 일부 수정) 극사실주의자들은 사실성을 붙들고 있기보다는 사실성과 새로운 관계를 시작할 가능성에 더 관심을 갖는다. 이들은 이미지를 따라 달려가 이미지의 놀이 안에서 과거와 현재라는 다른 모든 약탈자들 옆에 자리를 잡는 것에 만족한다. 이들의 작품은 회화 라기보다 과거와 미래의 관계의 연쇄 안에서 펼쳐지는 회화-사건이다.

폴 레베롤에 대한 푸코의 논의에서 보았듯이, 푸코는 화가로부터 캔 버스로 이동해 이미지 속에 통합된 힘의 추이를 추적함으로써, 회화가 재 현에서 벗어나기 위해 필요한 움직임을 예를 들어 설명한다. 분석의 의 도 역시 마찬가지다. 즉, 작품은 외부에서 시작되어 작품을 거쳐 외부 어 딘가에서 미래의 결과물을 얻는 힘의 결과로 간주된다. 푸코는 서로를 한 데 연결하는 운동의 측면에서 이 사건들을 이해하려 하기 때문에, 예술가 의 모습은 그에게 거의 관심 밖이다. 작품은 이런 힘들이 안착하는 순간 나타나는 형태이며, 프로망제의 경우 그것이 극대화되는 장소이다. 푸코 의 경향에 대해 들뢰즈가 제시한 것처럼, 우리가 푸코의 분석 내용을 해 체하지 않는다면, "푸코의 모든 저작에는 정치학에 대한 개념, 그리고 인 식론과 미학에 대한 개념에 바탕이 되는 […] 형태와 힘의 특정한 관계가 있다"는 들뢰즈의 평가는 옳다.[30] 그러나 조금만 통찰력을 가지고 보면,

---

30 Gilles Deleuze, "Breaking Things Open", *Negotiations: 1972-1990*, trans. Martin

푸코의 접근 방식은 그의 작품을 뒷받침하는 힘의 놀이와는 별도로, 시각적 배열을 보려는 경향이 있는 다양한 형태 분석과 쉽게 구별할 수 있다. 포스트-재현 방식으로 예술을 생각한다는 것은 우리가 그 역동성, 역사적 자료, 그리고 예술이 그 외부의 것으로 새로운 시대를 여는 놀이에 참여한다는 걸 의미한다. 푸코는 프로망제가 여행 후에 완성한 거리 풍경들을 보고 다음과 같이 말한다. "그림은 더 이상 거리를 재현할 필요가 없다. 이 그림들이 곧 중국이나 아프리카 한복판에 있는 거리이고 도로이며 육지를 가로지르는 길이다."(PP, 98, 강조는 인용자의 것) 앞으로 보게 될 듀안 마이클의 작품에 대한 설명에서도 푸코는 사진 역시 이러한 이동의 힘을 지닌다고 말한다. 사진은 사물·감정·생각·꿈을 유포시킨다.

8. 사유와 감정 사이: 동일성의 창조와 이의 제기

듀안 마이클이 신중을 기해 기교를 부린 작품들에서 푸코의 관심을 끈 것은 모호한 사유와 감정의 뒤섞임이다. 푸코는 비록 이런 이미지들의 기원은 여전히 신비에 싸여 있지만, 관람자들에게 사유—감정 pensées-émotions 을 일으킨다고 주장한다. 이 이미지들은 경험을 강렬하게 하며 기대감을 전복시킴으로써 힘을 지나가게 하는 공간이 된다. 뿐만 아니라 이런 힘의 운동들을 윤리적으로 볼 수도 있는데, 이 운동들이 동일성의 생성과 논쟁에 관여하기 때문이다. 따라서 푸코 스스로 입증하듯 그의 작품들은 이 운동을 서사 안에 고정시키길 바라도록 관람자를 부추기는 무분별에의 초대이다. 그 결과, 마이클의 이미지는 푸코의 주장대로 외양을 담아내지

Joughin (New York: Columbia University Press, 1995), p. 89.

는 않는다 할지라도 외양의 탈출을 용이하게 만든다. 앞으로 보게 되겠지만 이러한 비약은 사진 매체가 스스로를 거부하게 만드는 마이클 특유의 작업 방식에 기인한다. 그의 작품은 사진이 실제 상황을 포착하기에 가장 적합한 매체라는 기대감을 이용한다. 푸코는 사진과 회화 사이의 관계 측면에서 동시대의 작품에 대해 다시 한 번 숙고한다. 사진은 수동적으로 현실을 반영하는 반면 회화만이 '정신적인' 문제에 접근한다는 가정은 흔히들 저지르는 오류다. 마이클의 경우 관람자들의 경향을 이용해 작업에 착수하기 때문에, 이 같은 시각적 편견이 그의 작품에서 대단히 중요한 이점으로 작용한다. 따라서 푸코는 마이클의 작품에서 다른 방식으로는 접근하기 어려운 감정과 사유를 끌어내기 위해 사진이라는 매체가 어떤 식으로 조작되는지 보여 준다. 마이클은 푸코가 "시각에 의한 기능"이라고 일컬은 내용을 전면 부인하면서, 눈에 보이지 않는 내용들 ——꿈, 감정, 마음의 움직임, 환영 —— 을 표현해 내어 "응시에 대한 이처럼 무거운 윤리"라는 특유의 윤리에 의문을 제기한다.[31] 이 과정에서 마이클은 이미지 포착이 근거를 두었던 오래된 편견을 뒤집고 영혼l'âme의 모호한 사건들을 사고할 수 있는 힘을 되찾게 해준다.

푸코는 1982년, 파리 시립 근대 미술관에서 열린 듀안 마이클의 회고전을 위해 「사유, 감정」이라는 제목의 에세이를 발표했다. 이 에세이는 『말과 사물』 이후 시각 예술에 관한 푸코의 저작들을 채운 주제들 가운

---

31 Michel Foucault, "La pensée, l'émotion", DE2, p. 1065. 이하 'PE'로 인용함. 푸코의 에세이는 원래 "La Pensée, L'Émotion", *Duane Michals: Photographies de 1958 à 1982*(Paris: Paris Audiovisuel/Direction des Affaires Culturelles de la Ville de Paris, 1982)에 처음 발표되었다. 이 카탈로그는 파리 시립 근대 미술관(1982년 11월 9일~1983년 1월 9일)에서 열린 제1회 국제 듀안 마이클 회고전에 딸린 자료이다. 이 책에서는 DE2에 수록된 판본을 인용하며, 이 본문의 모든 내용은 저자가 직접 번역했다.

데 놀라운 역작이라고 할 수 있다. 이 에세이에서 푸코는 회화와 사진의 관계에 대한 논의를 확장시킬 뿐 아니라 마그리트의 이미지 근절에 사용된 기법에 대해 다시 한 번 돌이켜 본다. 푸코는 소설가이자 사진 평론가인 에르베 기베르Hervé Guibert로부터 이 에세이를 쓸 것을 권유받았다. 마이클의 작품은 전통적으로 사진 서사라는 장르에 귀속되는데, 푸코는 이 장르를 썩 내켜 하지 않았음에도 그의 부탁을 수락했으며, 마이클에 대한 이러한 장르적 해석으로부터 마이클을 빼내는 데 에세이의 상당 부분을 할애했다(PE, 1063). 푸코는 마이클의 작품이 한편으로는 서사를 요청하고 그와 동시에 이런 노력들을 방해할 목적으로 일련의 함정을 파 놓는 방식을 설명한다. 그 과정에서 관람자는 감각과 지성 사이에 갇히게 되는데, 따라서 마이클의 예술은 모호한 경험을 만들어 내는 실험으로 관람되고 이해되어야 한다.[32] 이렇게 푸코는 정도 이상으로 실험을 확장시키기 위해 확고한 작품oeuvre으로의 성격을 거부함으로써 작품을 통해 경험을 전달하는 예술가들의 대열에 마이클을 합류시킨다. "나는 마그리트, 밥 윌슨Bob Wilson, 『화산 아래에서』Under the Volcano, 1947, 〈마리아 말리브란의 죽음〉The Death of Maria Malibran, 1971, 그리고 당연히 H.G. 등 일종의 작품처럼 앞으로 나아가지는 않지만, 그 자체로 실험des expériences이 되기 때문에 공개하는 이런 식의 작업 형태를 좋아한다."(PE, 1063)

---

32 푸코는 'expérience'라는 단어의 이중의 의미를 이용한다. 'expérience'에는 '경험'과 '실험'이라는 두 가지 의미가 담겨 있다. 이는 이 에세이를 일종의 방법론적 진술로 해석하는 샤피로의 견해에 근거를 제공한다. "무엇보다 푸코는 그의 작업 방식에 대해 언급한다. 그는 실험가로 보이길 원한다."(AV, 376) AV, pp. 375~390 참조. 나는 자기(self) 실천에 대한 푸코의 후기 연구, 다시 말해 자기가 형성되고 변화되는 절차에 대한 푸코의 분석과 관련해 이 글을 읽으면서 이 해석으로부터 출발한다. 내 논의에서 나는 시각적 기대가 좌절되는 예술적-기술적 방식에 대한 푸코의 관심을 종합하고자 한다. 아무쪼록 이런 접근을 통해 푸코가 이 이미지들 속에 있으리라 여겼던 윤리적 중요성을 포착하게 되길 바란다.

이 글에서 H.G.는 당연히 에르베 기베르를 가리킨다. 에르베 기베르는 훗날 철학가의 삶을 다룬 소설 『한 인간의 비밀』*Les Secrets d'un homme*, 1988과 『내 삶을 구하지 못한 친구에게』*À l'Ami qui ne m'a pas sauvé la vie*, 1990를 통해 명성을 떨쳤다.[33] 푸코는 베르나르 앙리 레비Bernard Henri Lévy 와의 인터뷰에서 그의 작품 『죽음의 선전 활동』*La Mort propagande*, 1977을 언급하면서 성애화를 거부하는 문학적 경향의 한 예라고 칭찬했다. 『죽음의 선전 활동』은 표면상 성애를 다룬 작품이지만, 푸코는 이 작품이 성을 언어로 표현하라는 명령을 앞지른 것으로 해석한다. 이렇게 기베르의 소설은 '성적 화법'sexography이라는 모더니티의 독재에 도전한다.

> 내 생각에 이것은 지금까지 포르노 문학의 법칙이었으며 때때로 대단히 훌륭한 문학 작품의 법칙이기도 한 성적 표현을 이용한 글쓰기와 반대되는 것으로, 마치 성sex이라는 가장 이름 짓기 어려운 것에 점차 이름을 지으려 하는 것 같다. 에르베 기베르는 최악의 극단적인 방식으로 — '우리가 성에 대해 이야기하길 바란다고요, 좋습니다, 한번 해보지요, 성에 대해 질리도록 들려 드릴게요.' — 그리고 신체, 신기루, 성, 융합, 유연함, 경쟁, 도취 등, 그가 구성한 말로 표현하기 힘든 물질성으로 이 놀이를 시작해 성에 대한 전체적으로 묵직한 속성들을 소멸시킨다.[34]

푸코는 마찬가지로 『화산 아래서』의 저자, 맬컴 라우리Malcolm Lowry 에 대해서도 다른 두 가지 맥락에서 마찬가지로 칭찬을 아끼지 않는다.

---

33 기베르의 출판에 얽힌 스캔들은 LMF, pp. 478~480 참조.
34 Michel Foucault, "Non au sexe roi", DE2, pp. 261~262. 저자가 직접 번역했다.

1966년 인터뷰에서 푸코는 소설은 언어에 의해 저자가 사라지는 장소라고 표방한 말라르메로부터 시작된 문학적 전통에 라우리를 포함시킨다 (HEM, 572). 라우리는 풍부한 감정을 생산하는 작가로, 1982년에 다시 찬사를 받는다.[35] 저자의 사라짐에 대한 생각이 푸코의 중심 사유이자 말할 것도 없이 마이클의 이미지에 대한 논의와 관련이 있지만, 마이클에 대한 에세이에서 감정을 강조한 점을 고려하면 푸코는 아마도 이 작품을 비교 대상으로 삼은 것 같다. 이런 측면에서 미국의 시각 예술가이자 무대 감독이며, 작곡가 필립 글래스Philip Glass와의 협업으로도 유명한 로버트 윌슨Robert Wilson도 언급된다. 윌슨의 무대 설치는 대본과 서사보다 이미지와 움직임을 강조한다. 12시간 이상 계속되며 많은 수의 배우들이 등장하는 그의 무대는 일종의 독자적인 세계라고 말할 수 있다. 윌슨의 시각적 환경은 이미지의 연결이 모호하고 이미지의 존재가 순식간에 지나간다는 점에서 마이클의 작품과 밀접한 관련이 있다. 마찬가지로 우리는 3장에서 마그리트가 비확언의 화가임을 보았다. 푸코의 설명대로 마그리트의 상사는 회화로 하여금 회화가 의지하고 있는 외부 대상으로부터 달아나게 할 수 있었다. 따라서 마그리트의 이미지들은 보기와 사유 사이 어디쯤에 자리하면서 자기만의 영역에 속했다. 마이클과 마그리트의 관계는 다음에 보다 자세하게 살펴볼 텐데, 주로 마그리트가 어떻게 마이클에게 중요한 영감의 원천이 되었으며, 마이클의 작품들 가운데 일부가 어떻게 '마그리트적'이라고 언급되는 과정에 의해 전개되는지 설명할 것이다.

푸코가 마이클의 영향권 안에 둔 이런 작품들 가운데 가장 중요한 작

---

35 즐거움을 얻기 위해 무엇을 읽느냐는 질문에 푸코는 이렇게 답했다. "나에게 풍요로운 감정을 불러일으키는 책과 작가의 글을 읽습니다. 포크너, 토마스 만, 그리고 멜컴 라우리의 소설 『화산 아래서』를 읽지요." Michel Foucault, "Vérité, pouvoir et soi", DE2, p. 1599.

품은 독일 감독 베르너 슈뢰터Werner Schroeter의 영화 〈마리아 말리브란의 죽음〉이다.[36] 푸코는 슈뢰터의 작품, 특히 〈마리아 말리브란의 죽음〉에 대해 깊이 탄복했으며, 데이비드 메이시에 따르면 『나, 피에르 리비에르』 *Moi, Pierre Rivière*의 영화 각색에 참여하지 못한 것을 무척 후회했다.[37] 푸코는 1975년, 영화 잡지 『시네마토그래프』와의 인터뷰에서 처음 슈뢰터를 언급했다. 이 인터뷰에서 푸코는 사디즘 측면에서 유럽 영화를 해석해 달라는 인터뷰 진행자의 요청을 거듭 거절했다. 사실상 이 인터뷰에서 푸코의 진술은 사드를 영감의 원천이라고 주장하는 미학 형식들을 혐오한다는 내용이 주를 이룬다. 푸코는 섬세하고 정돈되며 통제되고 계층적인 장면들은 훈육 사회의 판타지이며 따라서 지루하다고 말한다.[38] 이처럼 지나치게 계획된 성애학/미학 속에서 신체와 신체의 쾌락은 차이와 일탈, 그리고 자유로운 작용을 억압하는 해부학적 시각에 의해 정체된다. 사드의 성애학은 "활짝 펼쳐진 판타지fantasme가 아니라 신중하게 계획된 통제다"(SSS, 1686). 이러한 경향은 "이미지가 비집고 들어갈 자리를 남겨두지 않은 채"(SSS, 1686) 영화의 파산을 예고한다.

대신 푸코는 주된 예가 되는 〈마리아 말리브란의 죽음〉과 더불어 현대 영화에서 신체를 다루는 새로운 방법들에 초점을 맞춘다. 사디즘의 미학이 신체를 분리된 기관들로 세분하면서 신체의 범위를 한정하는 반면 슈뢰터의 영화는 정돈에 대한 저항을 기린다.

---

36 마리아 말리브란은 영화 줄거리의 대략적인 기반인 메조소프라노 가수로, 19세기 초 가장 유명한 오페라 가수 가운데 한 명이었다.

37 LMF, p. 341, 메이시는 다니엘 드페르와의 인터뷰를 근거로 인용한다.

38 Michel Foucault, "Sade, sergent du sexe", DE1, p. 1690, 이하 'SSS'로 인용함.

슈뢰터가 얼굴, 광대뼈, 입술, 눈빛으로 만드는 장면은 사디즘과 아무런 관련이 없다. 그것은 신체의 증식과 갑작스러운 출현에 대한 문제이며, 어떤 독립적인 측면에서는 세분화한 신체 가운데 덜 중요한 부분들, 사용 기회가 더 적은 부분들에 대한 찬양의 문제이다. 계급, 지역, 직책, 괜찮다 면 고유성이 와해되고 있는 신체의 무정부주의가 있다.(SSS, 1686~1687)

푸코에게 신체와 관련된 이 새로운 방식들은 영화의 기술에서 비롯된다. "슈뢰터의 작품에서 카메라의 역할은 욕망을 위해 신체를 묘사하는 것이 아니라, '페이스트리 반죽'처럼 신체를 부풀려 쾌락의 이미지이며 쾌락을 위한 이미지를 만드는 것이다."(SSS, 1688) 반면 푸코의 인터뷰어는 〈뜨거운 것이 좋아〉Some Like it Hot, 1959에서 마릴린 먼로를 다루는 방식을 인용하면서, 카메라와 사람의 모습 사이에 근본적으로 가학적인 관계가 드러난다고 주장한다. 이 점에서 우리는 한때 발터 벤야민이 언급한 영사기와 외과 수술 사이의 유사점을 상기시켜야 하겠다. 카메라는 현실을 관통함으로써 구성되고 편집되는 대상으로서 현실과의 관계를 가릴 뿐 아니라 그 작동이 전혀 친절하지 않다. 화가는 손을 얹어 병을 치료하는 마법사에 비유되는 반면 영화의 이미지는 침입을 통해 제작된다. 벤야민은 다음과 같이 말한다.

마법사가 외과의사라면 화가는 영화 촬영기사라고 할 수 있다. 화가가 자신의 작품에서 현실과 자연스러운 관계를 유지한다면, 영화 촬영기사는 현실의 조직 속을 깊이 관통한다. 각각에 의해 입수된 이미지는 차이가 엄청나게 크다. 화가의 이미지가 통합적인 이미지라면, 영화 촬영기사의

이미지는 단편적이어서 여러 부분이 새로운 법칙에 따라 조립된다.[39]

한편 푸코는 벤야민의 정의 가운데 유해한 측면은 피하고, 대신 영화의 새로운 지각 법칙에 내재된 비약의 가능성에 초점을 맞춘다. 앞에서 보았듯이 이것은 예술에 대한 푸코의 저작들이 재차 반복하는 주제들 가운데 하나다. 즉, 최상의 이미지란 동일성의 한계를 거부하면서 힘, 쾌락, 감정 등의 온갖 요소를 통과시키는 이미지다. 따라서 푸코에게 슈뢰터의 이미지는 다른 사람들의 신체와 더불어 우리 자신의 신체와 관련된 새로운 방식을 가르치는 윤리적인 것이다.

푸코는 1981년 슈뢰터와의 대화에서 이 영화들을 다양한 등장인물을 하나로 연결시키는 열정의 측면에서 해석함으로써 이러한 쾌락의 움직임을 다시 한 번 정의한다. 푸코가 슈뢰터에게서 발견하는 열정은 사유와 주체성을 일으키는 감각의 이동성으로 이해되는 한편, 마이클에 의해 촉구되는 감각의 운동과 유사하다. 푸코는 열정을 다음과 같이 정의한다.

열정은 하나의 상태이며, 위에서부터 우리를 덮치고 붙들고 어깨를 움켜쥐는 무엇이다. 열정은 쉬지 않으며, 어떠한 기원도 갖지 않는다. 사실 우리는 열정이 어디에서부터 비롯되는지 알지 못한다. […] 열정은 언제든 자유롭게 이동할 수 있는 상태이지만 정해진 지점을 향해서는 움직이지

---

39 Walter Benjamin, "The Work of Art in the Age of Its Technological Reproducibility", *Selected Writings, Vol. 3, 1935-1938*, trans. Edumund Jephcott, Howard Eiland, et al., eds. Howard Eiland & Michael W. Jennings(Cambridge, Massachusetts: The Belknap Press of Harvard University Press, 2002), pp. 115~116.

·않는다.[40]

슈뢰터의 영화에서는 서사가 아닌 이 힘이 등장인물의 상호작용을 결정하고, 그들의 '이야기'를 들려준다. 똑같이 모호하고 예지적인 무언가——사유-감정——가 마이클의 사진 속을 돌아다닌다.

> 이것은 뒤죽박죽 공유되는 엇갈리는 사유들로, 듀안 마이클은 자신의 사진을 보는 사람들에게 독자이며 관중이라는 모호한 역할을 요구하고 사유-감정을 제안하면서(감정은 이처럼 영혼을 휘젓고 자연스럽게 영혼에서 영혼으로 전파하는 운동이므로), 바로 이 불분명한 순환을 제공한다. (PE, 1067~1068)

슈뢰터와 마이클 모두에게 이러한 힘들은 작품에만 깃들어 있는 것이 아니라 관람자에게 전달된다. 이러한 운동들은 감상 주체의 정체성에 대한 결과인 측면도 없지 않으며, 변형에 대한 유혹으로 기능한다. 이 운동들은 사유와의 동일성을 방해하는 생소한 요소들을 도입하면서 자기self가 스스로와 맺는 관계를 중재한다.

푸코의 설명대로 감정의 움직임을 마음껏 따르게 하는 슈뢰터의 영화와 마이클의 사진은 둘 다 심리적 깊이를 배제한다. 두 작품은 정신의 내면에 대한 해설이 아니라, 호기심과 즐거움, 불안, 상실 등 공통된 경험이 남긴 흔적들이다. 푸코는 창조력에 대한 이 같은 접근을 본질을 추구

---

40 Michel Foucault, "Conversation avec Werner Schroeter", DE2, p. 1070. 본문에 인용되는 모든 내용은 저자가 직접 번역했다.

하는 플라톤주의에 대한 거부라고 설명한다.

우리는 어떤 것의 정체성의 본질에 대해 알고 싶어 하는 바로 그 순간 우리의 삶에, 우리가 쓰는 글에, 우리가 만드는 영화에 몰두한다. 그러나 우리는 분류 작업에 들어가기 때문에 이것은 번번이 '실패한다.' 문제는 바로 여러 가지 생각들 사이에서 일어나는 무언가를 창조하는 것이며, 그것은 명명이 불가능할 것이다. 따라서 결코 본질을 말하지 않는 그 무언가에 시시각각 색채와 형태, 강도를 부여하려 한다. 이것이 바로 삶의 예술이다.[41]

이러한 진술들은 창조력에 대한 푸코의 개념을 통찰하게 해줄 뿐 아니라, 근대 예술의 반-플라톤주의에 대한 그의 생각을 미학적 창조물로서의 윤리에 대한 이해와 연결시킨다. 여기에서 새로운 경험과 삶의 방식을 창조하는 것이 우리의 관건이라면, 정체성의 보장을 약화시키는 익명의 것들을 드러나게 하기 위해 머릿속 생각을 거부해야 한다. 생각은 우리를 본질로부터 끌어내므로, 우리는 생각과 대응되는 오랫동안 폄하된 요소들—감정, 열정, 감각—을 재고해야 한다. 이것이 바로 예술과의 이러한 관계들이 푸코의 사유 안에서 이루어 낸 내용이며, 푸코가 마이클의 작품에서 대단한 강렬함을 발견했던 이유 가운데 하나다.

2장에서 우리는 푸코가 고고학적 분석에서 작품oeuvre의 사용에 반대한다는 내용을 살펴보았다. 여기에서 겉으로 보기에 아무런 해가 되지 않을 것 같은 이 개념이 기존에 확립된 내용에 고유의 성격을 종속시킴으로

---

41 Foucault, "Conversation avec Werner Schroeter", p. 1075.

써, 어떻게 개개의 작품 안에 있는 갖가지 다양한 사건들을 볼 수 없도록 위협하는지 설명했다. 마이클을 비롯해, 푸코가 마이클과 같은 부류로 묶은 예술가들의 경우, 문제를 다른 방식으로 접근한다. 다시 말해 이들은 작품oeuvre의 거부가 창조를 위해 없어서는 안 될 부분이라고 여긴다. 푸코는 이들이 작품을 작품으로 창조하길 거부하고 분류를 회피한다는 측면에서 이들 현역 예술가들을 호평한다. 이 예술가들은 자신들이 다루는 매체의 한계를 실험하기 위해 각각의 매체에 대해 일반적으로 인정받는 정체성을 거부한다. 여기에서 우리는 이 작품들이 마치 자신의 정체가 무엇인지 혹은 자신의 정체로부터 벗어나는 최선의 방법이 무엇인지 잘 모른다는 듯, 이 모든 매체들 안에서 어딘가 머뭇거리는 부분, 확신이 없는 부분에 주목해야 한다. 이 작품들은 나름의 독자성을 창조적으로 활용하는 만큼, 각 매체의 한계를 뛰어넘어 전개된 실천이다. 개리 샤피로는 이 예술가들이 푸코의 관심을 끌게 된 이유를 이해하기 위한 과정에서, 푸코 자신의 방법과 실험적인 철학적 개념에 밀접한 관련이 있다는 사실에 주목했다(AV, 375~376). 그러나 내가 보기에 이 관계는 정체성 자체를 거부함으로써 생성되는 창조적 운동과 보다 직접적으로 관련이 있는 것 같다. 그러므로 이런 맥락에서 우리는 푸코가 니체의 경험주의의 한 형태에 그의 접근 방식을 연결시키는 구절들뿐 아니라, 대상의 동일시로부터 벗어나야 한다고 주장하는 구절들도 함께 언급해야 할 것이다.

> "설마, 내가 과감히 시도할 수 있는 미궁을, 지하 통로를 통해 스스로에게서 멀리 벗어나 여정을 축소하고 변형시킬 돌출부를 발견해 가며 내 담론을 전개할 수 있는 미궁을, 길을 잃을 수 있고 마침내 결코 다시는 마주쳐서는 안 되는 시선에 드러나는 미궁을 ─제법 떨리는 손으로─ 준비하

지 않았더라면, 과연 내가 글쓰기에 그토록 많은 애를 쓰고 그토록 큰 즐거움을 누릴 수 있을 거라고 상상하시는가, 내 일을 끈질기게 고수할 거라 생각하시는가. 물론 얼굴을 드러내지 않기 위해 글을 쓰는 사람이 나뿐만은 아니다. 내가 누구인지 묻지 말고 늘 같은 모습으로 지내도록 요구하지 말라. 그런 일이라면 우리의 관료들과 경찰에게 맡기고 그들이 우리의 서류 작업을 제대로 진행하는지 알아보라. 최소한 우리가 글을 쓸 때만큼은 우리에게 그들의 도덕성을 요구하지 말라."[42]

푸코가 자신의 미궁을 실행하려 시도했던 그 진지함을 놓치지 않기 위해, 1980년 푸코가 일명 '이름 없는 해'year without a name라고 부르던 놀이를 기억해야 할 것이다. 이 놀이에서 책은 진정한 소통이 이루어지기 위한 바람에서 저자를 밝히지 않고 출판된다.[43] 더구나 정체성의 한계를 거부하는 이 같은 전략은 예술적·문학적 생산성에 적합할 뿐 아니라, 바로 살아서 숨쉬는 철학의 본질에 영향을 미친다. "사고 체계의 배치와 변형, 기존 가치관의 변화와 다른 방식으로 사고하고, 뭔가 다른 것을 실행하며, 기존의 모습이 아닌 다른 모습이 되기 위한 전 과정 ── 그것이 […] 바로 철학이다."(EST, 327 참조)

푸코는 마이클의 연속 작품에 내재된 서사의 유혹에 대해 처음에는 다소 의구심을 가졌으나, 결국 그를 매혹시킨 것은 자기에 대한 새로운 경험을 탐색하려는 이러한 참여다. 그러므로 푸코는 마이클의 표현 방식에서 이처럼 사진이 달아나는 방식 ── 서사·가시성·재현·동일시 ──

42 AK, p. 17. 이 단락은 푸코가 자기 자신과 인터뷰하는 내용 가운데 일부로, 인용 부호는 푸코가 직접 삽입한 것이다.
43 Michel Foucault, "The Masked Philosopher", EST, p. 321.

에 중점을 둔다. 푸코는 이러한 조작들에 의해 매체가 실험적으로 왜곡되고, 그로 인해 재현의 가시성 외부에 존재하는 사유와 감정의 힘을 관람자에게 암시할 수 있다고 설명한다. 푸코의 철학적 경험에 이보다 더 근접한 것은 없을 것이다. 앞에서 보았듯이 이러한 도피는 아르시브에 의지함으로써 가능해질 수 있다. 바로 이런 이유에서 마이클은 대안적인 전략을 발견하기 위해 그 역사 속으로 손을 뻗음으로써 사진의 관습을 전복시킨 사진작가로 이해된다.

9. 이미지의 전략 : 사유 – 감정의 창조

프로망제와 마찬가지로 마이클의 이미지들 역시 회화와 사진 사이의 상호 작용에 의해 활기를 띤다. 회화는 짧은 순간 지나가는 인간의 존재 양상에 접근하고 사진은 실재에 자유롭게 접근한다는 일반적인 기대와 달리, 마이클은 이런 관계를 뒤집는다. 마이클의 사진은 사진의 시각적인 윤리를 무시하는 사건인 동시에 이런 기대들을 조롱한다. 푸코와 마이클이 동시에 지적하듯, 시각의 은유는 사진이 시작된 이래로 사진의 실천을 지배해 왔다. 마이클의 작품은 그의 이미지를 사유로서 전달하기 위해 현실을 고정시키는 의무로부터 사진을 해방시키면서 이러한 경향을 전복시킨다. 마이클은 "사진작가는 대개 그들의 눈을 통해 자신의 세계를 정의하지만, 우리의 실재는 마음에 의해 정의된다"고 말한다.[44] 이것은 마이클이 순전히 지적인 무언가로 사진의 시각적 윤리를 대체한다는 의미가

---

44 Duane Michals, *Inside the Studio: Two Decades of Talks with Artists in New York*, ed. Judith Olch Richards(New York: Independent Curators International, 2004), pp. 66~69.

아니다. 마이클의 사진은 이미지의 영역에 대한 플라톤식 재식민지화가 아니다. 마이클의 사진은 마이클과 관람자 혹은 관람자와 자기 자신 사이의 모호한 소통을 위한 가시적인 기회다. 푸코가 하이픈으로 표시한 사유–감정pensées-émotions을 이용하는 것은 그가 들뢰즈에 대한 자신의 에세이에서 분명하게 밝혔듯이 사유에 대한 가시적이고 이동이 가능한 유형의 기준을 강조하는 것이다. 마이클은 사진을 사진으로 동일시하지 않도록 해방시키고, 따라서 사진은 신체와 정신 사이를 공명할 것이다. 기록되는 환경은 더 이상 고정되지 않으며, 이런 경험들은 관람자를 압도하지 않는다. 뿐만 아니라 이 경험들이 이런 이미지의 결과를 제한하지 못한다는 사실을 언급하면서 푸코가 입증하듯, 이런 경험들은 예술가와 관람자 사이의 경계를 허문다.

> 나는 이 이미지들을 경험으로서 다가간다. 이 경험들은 오직 그의 손으로 만들어진 것이지만, 나는 ——그리고 아마도 이미지를 바라보는 이라면 누구나 ——이유도 모른 채 기쁨, 불안, 해석 방식, 이미 경험했거나 혹은 언젠가 경험하게 되리라éprouver 예측하는 감각들을 불러일으키면서 그 속으로 조용히 끌려 들어간다. 따라서 나는 이런 경험들이 듀안 마이클의 작품 때문이라는 걸 충분히 알면서도 이것이 그의 경험인지 나의 경험인지 늘 의아해하게 된다. (PE, 1063)

이런 소견은 사진 이미지의 힘을 설명하려는 예술의 이론적 작업에서 상당히 흔히 볼 수 있다. 가령, 왜 어떤 이미지들은 '포착되고', '움직이고', '강제되는' 반면 다른 이미지들은 그렇지 않은가, 라는 의문이 제기된다.[45] 푸코의 에세이에서 윤리적 연구에 대한 언급과 더불어 이 에세이의 요지를 고려해 볼 때, 우리는 이 분석이 이미지의 속성을 다루는 방식뿐 아니라, 주제를 구성하는 이미지의 능력을 푸코가 어떻게 기록하는지도 주목해야 한다. 마이클의 이미지들은 작품의 사유-경험을 관람자의 정체 성과 뒤섞으며 관람자를 자신의 한계 너머로 안내한다. 마이클의 실험에 의해 우리는 더 이상 침착하지 않은 방식으로 내 것이 아닌 경험을 공유 한다. 슈뢰터의 〈마리아 말리브란의 죽음〉에서 드러난 경험과 마찬가지 로, 지나간 경험은 관람자의 습관적인 경향을 방해하고 자기 동일성의 새 로운 가능성을 연다. 이런 현상은 신중하게 구성된 이미지들이 복잡하고 모호한 사유를 일으키도록 감정을 자극할 때 일어난다. 이번에도 푸코는 이러한 것들이 심리적 연구가 아니냐는 의견을 부인하고, 대신 정체성·사유·주체성이 그 자체로 환영의 움직임을 기반으로 형성되는 방식임을 시사한다. 따라서 마이클에 대한 푸코의 의견은 구성적인 가능성인 차이 와 단절하지 않는 사유 형태를 전개하기 위한 노력의 일환이라고 보아야 한다. 마이클의 작품이 재현을 방해하는 혼종성, 내적 차이, 복잡성을 특 징으로 한다는 점을 고려하면, 그의 작품은 이 기획에 매우 적합하다.

마이클은 사유와 감각의 질서를 이미지 속에 한데 뒤섞기 위해 일련 의 기술과 함정, 그리고 전환을 통해 사진이라는 매체의 속성을 개조한 다. 그의 사진은 구상주의적 사진술을 뛰어넘는 환영을 표현하기 위해 사 진 고유의 독자성을 폐지한다. 푸코는 마이클의 말을 인용해 이같이 말한 다. "세상 모든 것을, 무엇보다 불안, 어린 시절의 슬픔, 열망, 악몽 등 인생

---

45 예를 들어, 롤랑 바르트의 *Camera Lucida: Reflections on Photography*, trans. Richard Howard(New York: Hill and Wang, 1982)에서 스투디움(studium)과 푼크툼(punctum)의 차이 참조[『카메라 루시다』, 조광희 옮김, 열화당, 1998].

의 어려운 모든 내용들을 사진으로 담을 수 있다."(PE, 1063) 푸코의 설명 대로 이것은 사진이 장면을 포착하는 권리를 포기하고, 대신 사유-감정을 향한 통로로서의 역할을 하는 조건하에서만 이루어질 수 있다. 푸코는 계속해서 마이클의 말을 인용한다. "우리가 보지 못하는 것들이 가장 의미 있다. 우리는 그것을 사진으로 담아낼 수 없으며 다만 제시할 뿐이다." (PE, 1063) 마이클의 사진은 일련의 중재를 통해 통로, 이행, 소멸의 증거를 기록하면서 현실을 탈피하게 한다. 푸코는 이러한 과정을 다음과 같은 네 가지 뚜렷한 범주, 즉 사진을 완성하기 위해 회화를 추가하기, 소멸을 포착하기 위해 사진을 이용하기, 이미지에 언어를 추가하기, 그리고 일련의 역설을 전개하기 ── 기록해야 하는 장면의 회피, 정상적인 순차적 배치의 방해, 관계없는 대상에 집중, 핵심적인 행동을 피하는 역설적인 타이밍 ── 로 나눈다.

첫 번째 놀이는 사진과 회화의 경계에서 일어난다. 푸코는 마이클이 덧칠한 흔적들에 대해 이렇게 설명한다. "나는 이 덧칠해진 사진들을 극사실주의에 제안했던 일종의 재미로, 회화의 강렬함을 지닌 사진의 시선 앞에 현실을 끌어내리려는 모든 시도들에 대한 역설적인 언급으로 보지 않을 수가 없다."(PE, 1064) 극사실주의자들이 회화를 구성할 때 사진을 이용한다면, 다시 말해 극사실주의자의 붓 '아래에' 사진이 숨어 있다면, 마이클은 실제 사진 위로 그림을 그리면서 두 매체의 상호 의존적 성격을 시각적으로 표현한다. 극사실주의자들이 회화의 개입으로 사건이 해방되길 기대하며 사진 속을 침범하는 한편, 푸코와 마이클은 즐겁게 미소를 지으며 이러한 가정에 대처한다. "마치 이것이 실재를 탈출하도록 허용한 사진이 아닌 것처럼."(PE, 1065) 마이클에게 사진은 초기 도피의 근원으로, 우리가 사진에서 보는 것은 실재 그대로라는 가정에 의해 조장된다.

마이클의 행위는 회화만이 환영에 다가갈 수 있다는 주장을 조롱한다. 그리고 그의 작업은 일시적인 장면을 슬쩍 암시만 할 뿐이거나 푸코의 말대로 이런 이미지들을 '괴롭히면서', 실재와의 관계를 불안하게 만든다.

〈천국으로 간 남자〉Man Going to Heaven, 1967 연작에서 순차적으로 배열된 다섯 장의 사진은 계단을 오르고 있는 남자를 담고 있다. 첫 번째 이미지는 장면 가득 배어든 어두움 때문에 남자의 모습을 거의 구분할 수가 없다. 사진 상단의 빛의 흔적으로 계단의 형태를 알아볼 수 있긴 하지만, 이 이미지에서 계단이 어느 정도 보이는지, 다른 대상들과의 관계에서 얼마나 많은 자리를 차지하는지는 여전히 알기 어렵다. 다음 프레임에서는 계단 맨 위 출입문에서부터 환한 빛이 뿜어져 나와 장면 전체를 가득 메운다. 남자의 모습이 드러나고, 남자가 계단을 오르기 시작할 때 관점이 약간 바뀐다. 세 번째 이미지는 이 여세를 계속 몰고 간다. 남자는 이미지의 중앙을 지나가고, 남자가 장면을 가로지를 때 계단은 더 길어 보인다. 네 번째 이미지에서 남자는 거의 정상에 다다른다. 남자의 흰 살결이 빛에 감싸인 채 아직은 맨다리만 보일 뿐이다. 마지막 이미지에서 보이는 것이라곤 남자의 발바닥뿐인데, 이는 개인의 영원불멸성의 소재지에 대한 시각적인 재담이다. 우리는 이것이 분리된 이미지라는 걸 알지만, 이미지들을 통해 연속적인 운동 감각을 뚜렷이 느낄 수 있다. 장면들이 정지되어 있음에도 움직임을 감지할 수 있으며 사라짐은 실재다. 푸코에 따르면 이것은 사진의 윤리학에 대한 전도에 해당되며, 그에 따라 소멸 자체가 이 연속물의 주제가 된다. 사라짐은 시각적인 포착을 거부하지만, 그럼에도 불구하고 이 연속물을 이끄는 전제로서 역할을 담당한다. 마이클의 모순적인 프로젝트는 죽음의 예감, 초월의 희망이 동반되는 사유-감정을 만들어 내기 위해 "사라짐의 서사를 창조한다"(PE, 1065).

이미지는 '마그리트적'인 일련의 과정을 통해서도 사유의 영역 속으로 이동된다. 마이클은 1965년 8월에 마그리트에게 사진 몇 장을 찍을 수 있도록 자세를 잡아달라고 설득하면서, 다소 은둔적인 이 화가에게 특이한 방식으로 접근했다.[46] 마그리트의 회화는 마이클에게 시각 예술은 재현 이상이어야 한다는 확신을 심어 주어, 사진에 대한 마이클의 신념에 매우 중요한 역할을 했다. 마이클은 이 만남의 결과를 이렇게 설명한다. "나는 그냥 보기만 하는 것으로부터 해방되었다."[47] 푸코가 마그리트적이라고 분류한 이미지들은 마그리트의 초상화가 아니라 마이클이 언어를 이용해 회화와 사진을 가로지른 초상화다. 마이클은 마그리트를 만나기 직전인 1960년대 초반에 이 기법을 이용해 실험을 시작했다. 마이클에게 언어를 포함시키는 것은 '숨 막힐 듯 답답한'étouffant 모든 것을 제거하기 위해, 푸코가 주장하듯 본질적으로 정적인 사진의 성격과 단절하려는 시도였다. 마이클은 다음과 같이 말한다. "나는 사진이 더 똑똑하다고 생각해서가 아니라 사진만으로는 무척 불만스러웠기 때문에, 내 사진을 위해 글을 쓰기 시작했다. [···] 당신들이 사진에서 볼 수 없는 것들을 말해 보려고 쓰기 시작했다."[48] 3장에서 설명했듯이 우리는 특정한 관습에 의해서만, 이미지를 둘러싼 말들이 이미지의 의미를 분명하게 전달할 거라고 예상한다. 마그리트의 작품은 이 같은 기대를 이용해, 시각적·언어적 질서를 붕괴시키는 데 내재된 어리석음을 입증하기 위해 언어를 배치했다. 이러한 행위들은 이미지를 안정시키기는커녕 오히려 정반대의 결

---

46 Duane Michals, *A Visit With Magritte*(Providence, Rhode Island: Matrix Publications Inc., 1981).

47 Michals, *A Visit With Magritte*.

48 Michals, *Inside the Studio*, p. 67.

과를 낳았으며, 마이클의 짧은 글 역시 예상대로 대답이 되기보다 오히려 더 많은 의문을 자아냈다. 그의 글들은 함축적일 뿐 아니라, 푸코가 우리에게 상기시키는 것처럼 상당히 난해한 사유들로 이루어졌다. 이 글은 사진 속 사람들을 대상으로 하는 말일까? 아니면 관람자에게 하는 말일까? 그도 아니면 듀안 마이클 자신에게 하는 말일까? 만일 자신에게 하는 말이라면, 이 글은 그가 사진을 작업할 때 떠오른 생각들일까 아니면 이후에 이따금씩 떠오른 생각들일까? 푸코는 어차피 우리는 이 글이 어디에서 비롯되는지, 이 글이 어떤 의미를 지니는지 알 수 없다는 걸 인정하라고 강요하면서 이 질문들을 더 늘려간다.

이 과정 역시 마그리트적이라고 할 수 있는데, 언어적인 불확정성이 높은 수준의 시각적 분명함을 훼손하기 때문이다. 푸코가 역점을 두는 이미지는 이중 노출처럼 이미지를 흐릿하게 만드는 기법을 피하는 선명한 표현이다. 이런 표현들은 마이클의 레퍼토리 가운데 '베이컨식' 이미지들, 다시 말해 프랜시스 베이컨Francis Bacon으로부터 영감을 받은 형상의 소실 및 왜곡과는 반대된다. 이처럼 표면상 실재에 대해 가장 큰 권리를 주장하는 듯 보이는 마그리트식 사진들은 이미지의 소실을 통해서가 아니라, 언어에 의해 도입된 맥락 속에서 끊임없는 이동을 통해 "실재의 모습이 완전히 고갈된다"vider de toute réalité. 이런 텍스트들은 어떤 종류의 최종 형태에서도 이미지를 고정시키지 않으며, 오히려 "눈에 보이지 않는 숨결에 이미지를 노출시키며" 이미지를 불안하게 만든다(PE, 1066). 〈이것은 파이프가 아니다〉와 같은 움직임으로, 한때 익숙하던 대상은 언어를 접하게 되면서 낯선 대상이 된다. 그러므로 사진들을 둘러싼 텍스트는 이미지에 새로운 생명을 불어넣어 주고 사진의 정체성이라는 한계를 벗어나게 한다. 이렇게 마이클의 이미지는 감각과 사유 사이 — 보기와 말하기 사이의 공간 —— 를 순환한다.

푸코는 사진 매체의 재현적인 경향성을 좌절시키기 위해 마이클이 전개한 일련의 아이러니들에 대해서도 설명한다. 마이클의 작품은 궁극적으로 포착을 회피하는 조치를 취하면서 재현의 공간에 결여될 수밖에 없는 경험을 환기시킨다. 순차적인 배열을 통해 서사를 들려주거나 시간에 따른 행동을 드러내는 사진의 전통과 달리, 마이클의 연속 작품은 푸코의 말에 따르면 "완전히 다른 경제"에 속한다(PE, 1068). 푸코는 다음과 같이 설명한다. "마이클은 사건^{événement}이나 장면, 점진적인 몸짓을 담기 위해 그것에 접근하는 대신, 마치 서투르거나 무능해서 그렇다는 듯 그것들을 달아나게 내버려 둔다."(PE, 1068) '역설적인 타이밍'을 활용한 그의 작품에서 중심적인 행동은 제목과 언어, 이미지의 상호작용을 통해 간신히 암시될 뿐이다. 재현을 넘어서는 것은 정확히 말해 사유라고 느끼는 것이다. 〈비극이 찾아오기 전의 순간들〉The Moments Before The Tragedy(그림 6)에서 남자와 여자가 지하철 밖을 나오고, 인상이 다소 험악한 남자가 —— 대머리에 가죽 옷을 입은 —— 그들을 지켜본다. 두 남녀는 거리로 나온 후 각자 헤어지고, 점잖은 차림새의 남자는 마지막 다섯 번째 장면에서 완전히 사라진다. 이 시리즈는 여자가 카메라에서 멀어지고 위협적으로 보이는 남자가 여자의 뒤를 쫓는 듯한 장면으로 끝을 맺는다. 우리는 사실상 비극 **이전**의 상황을 보고 있기 때문에 어떤 재앙이 닥치게 될지 결코 알지 못한다. 하지만 잠시 생각해 보면 마이클의 속임수에 당했다는 걸 알 수 있다. 마이클은 우리가 이 장면을 보고 가죽 재킷을 입은 남자가 여자에게 다가가 말을 걸 거라고 착각하게 만든다. 물론 사진상의 증거만으로 이런 결론을 내리는 건 합리적이지 않으며, 이런 식의 결론은 지나친 억측에 기대는 것이다. 그렇다면 대체 어디에 비극이 있다는 걸까? 어쩌면 점잖게 생긴 남자가 장면을 빠져 나간 후에 비극이 시작되는지도 모른다. 남자가 달리는 트럭과 맞닥뜨린 걸까? 혹시 가해자일 거라고 믿었던 험상궂은 남자가 비극을 맞이하게 되는 걸까? 위쪽에 보이던 건설 현장 인부가 철제 대들보를 단단히 고정시키지 않았던 걸까? 이 같은 타이밍의 역설을 통해 비극의 본질적인 부분이 표현된다. 즉 전혀 예상하지 못한 순간에 사건이 들이닥치기 때문에, 그리고 보이지 않는 구역에서 사건이 일어나기 때문에 사건은 비극이 되는 것이다.

그밖에 아이러니들은 연속적인 형태에 필연적으로 귀속되는 서사적 관례들을 이용한다. 푸코가 "관계의 아이러니"라고 일컬은 바에 따라, 마이클은 판에 박히지 않은 방식으로 이미지를 연결시킨다. 마이클의 시리즈는 선형적인 서사 구조를 따르기보다 자유 연상, 감정, 욕구, 감각 등의 논리에 따라 움직인다. 마찬가지로 전통적인 질서는 "지엽적인 문제의 아이러니"ironie de l'à-côté를 통해 이의 제기를 받는다. 카메라는 서사의 중심 인물과 행동에 초점을 맞추는 대신 장면을 둘러싼 세부 묘사에 의해 정신을 산란하게 만든다. 주변적인 요소들은 시리즈의 중심을 끊임없이 이동시키는 과도한 시각적 환유의 놀이에서 지속적으로 서로를 대체한다. 대상에 애착을 갖게 하는 막연한 열망으로부터 논리적인 결론이 만들어진다. 다시 말해 이 연속적인 작품을 따라가다 보면 반드시 서사의 관행에서 벗어나게 되고, 그럼으로써 사유는 마이클이 만든 실험적인 관계에 따라 전개되지 않을 수 없게 된다.

그러므로 마이클이 연속 작업을 이용한 것은 움직임이나 시간, 이야기의 진행 방식을 표현하기 위한 시도가 아니다. 순차적으로 배열된 그의 작품은 고의적으로 왜곡되어, 재현으로는 결코 표현할 수 없는 시간을 초월한 사유-감정을 일으킨다. 이 연속 작품은 사진의 독자성이 균열되고

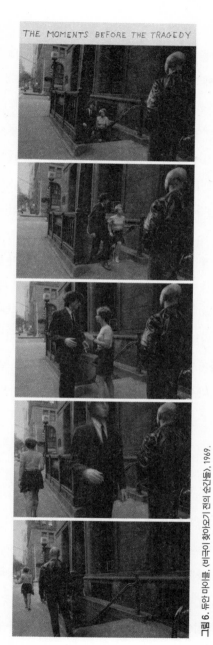

THE MOMENTS BEFORE THE TRAGEDY

그림 6. 듀안 마이클, 〈비극이 찾아오기 전의 순간들〉, 1969.
© Duane Michals. Courtesy Pace/MacGill Gallery, New York.

갈라질 수 있는 공간이다. 푸코는 보기와 말하기는 다른 영역에 속해 있다는 마이클의 견해를 따르면서, 경험과 시간은 비록 한데 뒤섞여 있다 할지라도 결코 서로에게 환원될 수 없다고 설명한다.

> 듀안 마이클이 종종 작품의 연속적인 배열이라는 수단에 의지하고 있다면, 그것은 그가 이야기를 표현하기 위해 사진의 즉시성과 시간의 연속성을 조화시킬 수 있는 형태로 이 연속 배열을 바라보기 때문이 아니다. 오히려 시간과 경험이 영원히 조화롭게 어울린다 할지라도 이 둘은 같은 세계에 속하지 않는다는 걸 사진을 통해 보여 주려 하는 것이다. (PE, 1069)

마이클의 연속 작품에서 시간과 경험이 조화를 이룬다 해도, 두 가지 모두 포착을 회피함으로써 결코 완전히 화해하지 못한다. 이러한 시간적 경험의 분리가 관람자를 유인하고, 마이클의 말을 인용하면 관람자에게 '선물'이 된다. 이 공간은 사유-감정이 순환하고 활기를 띠는 통로다. 이 힘들이 관람자들 사이를 지나가게 하는 동안, 이미지들은 보고 생각하고 느낄 자유를 되찾는다. 그리고 마이클의 이미지들은 다른 요소들도 복원 가능하게 만든다.

결론

푸코를 매혹시킨 이상의 모든 과정과 기법, 그리고 놀이들은 모두 동일한 효과를 낳기 위한, 다시 말해 인간의 삶을 형성하는 보이지 않는 사건들을 넌지시 비추기 위해 사진 윤리를 변형시키려는 시도들이다. 사랑, 욕망, 두려움, 죽음은 모두 마이클의 사진에 주로 등장하는 주제지만, 사진으로서 사진의 정체성에 기꺼이 이의를 제기하는 한에서만 그렇다. 2장에서 보았듯이 마네의 모더니즘 양상 가운데 하나는, 그가 회화라는 매체를 왜곡함으로써 보이지 않는 것을 표현하려 했다는 사실이다. 푸코에 따르면 마이클은 바로 이 궤도 안에 속해 있다. 마이클의 사진들은 일련의 개입을 통해 사진이 재현하기로 되어 있는 현실을 탈피시킨다. 그리고 그렇게 함으로써 이행, 사라짐, 표현하기 힘든 정서의 흔적들이 사진에 찍히게 되는 것이다. 가시성을 향한 전통적인 지향을 거부하는 것은 사건, 다시 말해 이미지로부터 관람자에게로 힘을 통과시켜 관람자에게 사유-감정을 제공하는 수단을 창조하는 데 필수적인 단계이다. 그러나 마이클과 마네 사이에는 결정적인 차이가 있는데, 마이클은 보이지 않는 무언가, 재현의 외부에서 일어나고 있는 무언가가 있다는 사실을 가리키는 데 그치는 것이 아니라, 사유에 환영을 복원함으로써 관람자를 감정적으로 그리고 지적으로 감동시킨다.

제라르 프로망제의 극사실주의 작품에 대한 푸코의 논의에서 우리는 푸코가 타인과 우리 자신에 관해 새로운 가능성을 드러내는 이미지의 힘을 기린다는 걸 확인했다. 프로망제의 회화는 작품을 즐기는 법을 가르쳤다는 아주 단순한 이유로 푸코에게 옹호를 받았다. 근대 이미지에 내재된 윤리적 관계에 대한 이러한 분석은 지금까지 우리가 보아 왔듯이 사유의 관념적 제약에 대한 도전에 근거한다. 표면, 효과, 이미지-사건의 결합을 기록하려면, 차이를 억제하는 것으로서 사유를 실천하기보다 차이와 맞닥뜨려 만들어진 무엇으로 사유를 이해해야 한다. 푸코는 구상 미술을 논의할 때조차 고고학이 공표한 분야로 이동하며 재현의 범주들을 거부한다. 이로 인해 푸코는 이미지가 지속적으로 사건을 떠올리게 하는 방식과 더불어 이미지가 움직여 시기별로 달라지는 방식을 설명한다. 들뢰즈에 대한 푸코의 에세이에서 공표된 근대 예술의 반-플라톤주의적 특징은 콜레주드프랑스에서 열린 그의 마지막 강의에서도 계속된다. 여기에서는 근대 미술의 반-플라톤주의 성격을 보다 완벽하게 설명하고, 예술 작품이 전통적으로 진리를 주장하게 된 근거를 고찰하며, 진실에 대한 예술 작품의 전통적인 주장의 근거를 고찰하며, 예술을 출현시킨 삶의 관습 안에 예술을 다시 삽입시키는 것이 주된 관심사가 될 것이다. 물론 푸코의 설명은 상당히 냉소적[견유주의적]이다.

5장 · 견유주의의 유산

서문

근대 미술에 대한 푸코의 계보학의 최종 양상은 특정한 역설을 기반으로 이해되어야 한다. 즉, 예술 작품이 모더니티 안에서 보존하는 진실의 형태는 전혀 근대적이지 않고, 진실의 고전적인 형태를 모더니티 안에서 부활시킨 것이라는 역설 말이다. 앞으로 보겠지만, 근대 미술에서 작용하는 진실의 양상은 진실의 고전적인 형태, 즉 파레시아parrhēsia(용감하게 진실을 말하기)의 재배치인 데 반해, 특정한 철학적 모더니티 안에서 모더니티는 진실과 아스케시스askēsis[그리스어로 훈련, 금욕이라는 의미]의 분리를 특징으로 하므로 이 말은 역설적이다. 우리가 습관처럼 믿는 바대로 근대 예술 작품이 진실을 말하는 비판적인 장치의 역할을 수행한다면, 어떤 기준에 의해 그 역할을 수행하는 것일까? 예술 작품의 진실성에 대한 확신은 어디에서 기인하는가? 푸코는 근대 예술 작품을 지탱하는 것이 실존의 양식화(아스케시스)와 매우 특이한 진실의 형태(파레시아) 사이의 관계라고 주장한다. 파레시아는 아래에서 논의하게 될 몇 가지 본질적인 특징을 기반으로 진실과 신념 사이의 인식론적 연관성을 유지하는 고대의 발화 양상이다. 푸코에 따르면 근대 예술 작품은 예술가의 비판적인 자기-양식화와의 밀접한 관련성 때문에, 우리가 3장과 4장에서 살펴본 위장에 대한 반-플라톤주의적 경향에도 불구하고 진실을 고스란히 드러내 보인다. 따라서 그러한 담론의 주제에 의해 수행될 상응하는 활동(아스케시스)이나 윤리적 수고가 없고, 그래서 예술가에게 진실을 수행할 자격을 부여할 수 없다면, 예술 작품은 진실과의 연관성을 유지할 수가 없다. 여기에서 푸코는 이미 진실이 폭로된 삶을 기반으로 헬레니즘 시대 견유주의 Cynicism의 유산과 파레시아를 확보하려는 견유주의의 전략을 확인한다. 견유주의자들의 파레시아가 윤리적 수고에 의해 획득되는 것처럼 근대 예술도 마찬가지여서, 비판적이고 대담하며 진실하게 '말하기'는 비판적이고 대담하며 진실하게 만들어진 삶의 결과물이다.

이러한 내용은 1984년 겨울, 콜레주드프랑스의 마지막 강의들에서 줄곧 제시된 것들이다. 따라서 이런 내용들은 주체성과 진실의 관계의 역사에 대한 푸코의 최종 연구와 밀접한 관련이 있다. 좀 더 구체적으로 말하면, 이 강의들은 인간이 자기 자신과의 관계에서 스스로를 진실의 주체로 여기는 다양한 방식들에 대한 역사적 분석의 일환이다. 이 문제는 『성의 역사』 1권에서 언급된, 궤도를 벗어난 변화를 통해 드러난다. 그러므로 이 기획의 윤곽을 간략하게 짚고 넘어갈 필요가 있겠다.

1. 『성의 역사』에 대한 수정

앞에서 봤듯이 동일성, 주체성에 대한 관심은 1970년대와 1980년대 초 예술에 대한 푸코 저작의 주제를 이룬다. 예를 들어 우리는 듀안 마이클의 이종적 이미지에 대한 푸코의 분석에서, 사유는 미학적-인식론적 접촉을 통해 스스로를 탈피함으로써 지금까지 경험하지 못한 감정을 경험한다는 것을 확인했다. 이 관점은 권력/지식의 배치 안에서 그리고 이러한 배치를 통해 주체가 생산되는 방식에 대한 푸코의 이해와 부합된다. 다시 말해 이 분석들에서 주체는 특정한 역사적 기간 동안 힘의 움직임에 의해 생산되는 위치로 간주된다. 그러나 그리스도교의 고해성사에 대한 연구를 통해, 푸코는 개인이 자신과의 관계를 지속함으로써 자기 자신에 대한 진실 혹은 자신을 둘러싼 세계에 대한 진실을 드러낼 수 있는 주체가 되기 위한 방법들을 그의 분석에 포함시켜야 할 필요를 느꼈다. 이것은 1970년대 후반부터 1984년 6월 사망할 때까지 푸코의 관심을 끈 주제로, 남성과 여성이 진실의 주체 혹은 대상이 되기 위해 자기 존재를 변형시켜 온 다양한 역사적 방식들이다. 자신과의 관계를 지속하는 것은 푸코가 윤리학이라고 일컬은 영역이다. "나는 우리가 어떤 행동은 허용되고 어떤 행동은 금지되는지 결정하는 규범과 […] 자기 자신과 맺어야 할 관계rapport à soi 즉 내가 윤리학이라고 일컫는 것을 구분해야 한다고 생각한다."[1] 푸코는 서양의 도덕률 ── 금지되는 것과 허용되는 것을 지배하는 규범들 ── 은 비교적 일관된 데 반해, 개인이 도덕의 규범화된 진실에 대한 주체로서 스스로를 구성하는 방식은 쉽게 변한다고 설명한다. 또한 이러한 진실을 표현하기 위해 요구되는 자기 변화 내지 실천들과 더불어 고해성사에 내재된 진실에 대한 의무들을 따라가며, 인간이 진실을 말하는 위치에 스스로를 상정하기 위해 자신과의 관계를 지속하는 방식에 대한 역사를 쓰기 시작했다.

---

1 Michel Foucault, "On the Genealogy of Ethics", EST, p. 263. 이하 'OGE'로 인용함.

1983년, 버클리 캘리포니아대학 강의에서 푸코는 칸트에게서 발견한 비판적인 두 입장 사이의 차이를 되풀이하면서, 철학적 전통 안에서 진실의 문제에 대한 두 가지 각기 다른 방향성을 다시금 강조했다. 첫 번째 방향은 진실한 표현과 올바른 추론 법칙의 기준을 공식화하는 것에 관심을 가짐으로써 진실에 대한 문제를 제기한다. 역시나 그리스 철학으로부터 시작된 두 번째 방향은 진실의 전달자인 그 혹은 그녀를 연구함으로써 진실에 대해 문제를 제기한다. 다시 말해 누군가를 진실의 전달자로 간주하기 전에 그가 충족시켜야 할 윤리적·정치적·정신적 상태에 대해 숙고하면서 진실을 전달하는 활동을 문제화하는 것이다. 요컨대, 두 번째 분석 형태는 진실에 다다르기 전에 먼저 어떤 대가를 치러야 하는가, 하는 문제를 제기해야 함을 강조한다.[2]

『성의 역사』 1권의 그리스도교 고해성사에 대한 분석과 1974~1975년 강의 '비정상인들'Abnormal에서 언급된 바 있는 이 두 번째 견해는 푸코의 연구에서 주된 관심사가 되었으며, 따라서 『성의 역사』의 기획 방향을 바꾸어 놓았다.[3] 그러므로 1976년 『성의 역사』 1권이 완성된 후 시작한 저작을 '후기 푸코'Final Foucault라고 부른다. 1권이 완성된 후 몇 년이 지나 푸코가 처음에 기획한 방향에서 벗어나 자기의 테크놀로지에 대한 역사를 보충하긴 했지만, 이 과정에 대해 푸코가 초기에 기획한 내용을 부정

---

2 Michel Foucault, *Fearless Speech*, ed. Joseph Pearson(Los Angeles: Semiotext(e), 2001), p. 169. 이하 'FS'로 인용함[『담론과 진실』, 오르트망 옮김, 동녘, 2017].
3 이 텍스트 및 실천에 대한 푸코의 논의에는 고해성사가 요구하는 다양한 자기 변화가 제시되어 있지만, 그 점을 제외하면 푸코가 1980년대에 줄곧 언급한 용어와 동일한 용어로 문제를 제기했다고 말하고 싶지는 않다. Michel Foucault, *Abnormal: Lectures at the Collège de France, 1974-1975*, ed. Valerio Marchetti & Antonella Salomoni, trans. Graham Burchell(New York: Picador, 2003), pp. 167~194의 1975년 2월 19일 강의 참조[『비정상인들』, 박정자 옮김, 동문선, 2001].

한다고 믿어서는 안 된다. 우리는 1권에 발표된, 담론으로서 성의 구축에 대한 연구가 윤리학의 계보로 대체되었으며, "반드시 그래야 하는 것으로 여겨지는, 도덕적 주체화의 형태와 자기의 실천에 대한 역사로 이해되어야 한다"고 말할 수 있다.[4] 이 시기에 푸코는 자신을 변화시키고자 하는 인간을 위해 고대 철학 학파들이 발전시킨 기술technique에 의지했다. 사실상 이것은 1980년대 초반 내내 푸코가 그들의 원문 표현을 통해 주체성의 역사에서 핵심이 되는 순간들을 추적했음을 의미한다. 푸코는 근대적 의미에서의 자아selfhood에 주목하며, '자기와의 관계'rapport à soi가 그리스 로마 철학, 그리스도교 신앙, 인간과학을 거치며 경험한 실천적인 변화를 구분하려 했다.

2. 자기에 대한 근대적 의식

안타깝게도 이 기획은 미완으로 끝났지만, 우리는 ──『성의 역사』의 개략적인 내용과 푸코의 강의와 인터뷰에서 드러난 여러 암시를 통해 ── 자기에 대한 근대적 의식이 어떻게 형성되고 이 주체성이 어떻게 자기 인식이라는 구체적인 형태와 연결되는지 결정하는 데 푸코가 크게 관심을 가졌으리라 짐작할 수 있다. 다시 말해 푸코는 우리의 정체성이 개개인 본성의 진실을 발견하고 드러내려는 과제에 몰두하게 한 역사적 사건들을 밝히려 애썼다. 어째서 우리는 우리의 가장 내밀한 진실이 성욕에 의해 야기된다고 생각하는 것일까? 어째서 성욕이 정체성의 진실로 받아들

---

4 Michel Foucault, *The Use of Pleasure: Volume 2 of The History of Sexuality*, trans. Robert Hurley(New York: Vintage Books, 1990[1984]), p. 29. 이하 'UP'로 인용함[『성의 역사 2: 쾌락의 활용』, 신은영·문경자 옮김, 나남출판, 2018].

여지는 것일까? 산재해 있는 많은 자료들 가운데 자기-발견의 실천들, 즉 이러한 욕망의 해석학이 순종적인 주체를 구축하고 인간과학을 발견하는 유효한 수단이 될지도 모른다. 푸코는 다음과 같이 말한다.

함께 연계해 규범을 확립한 기법, 테크놀로지, 실천 등의 관점으로부터 주체와 진실이 맺는 관계의 역사를 파악하지 못한다면, 우리는 인간과학과 […] 특히 정신분석학에 관한 내용을 거의 이해하지 못할 것이다.[5]

한편으로는 이처럼 예속적 주체성의 역사적 토양을 발굴하기 위해, 다른 한편으로는 무분별한 주체화 과정을 분절하기 위해, 푸코는 초기 그리스도교, 로마, 그리스의 자기의 테크놀로지에 의지하여 "과연 자신의 역사를 생각하기 위한 노력을 통해 사유가 어느 정도까지 소리 없이 생각하던 것으로부터 벗어날 수 있는지, 그리하여 얼마나 달리 사유하게 할 수 있을지"고찰했다(UP, 9).

이러한 관점에 의해 푸코는 주체성 자체가 시기별로 달라지는 방식에 주의를 환기시킬 수 있었다. 개략적으로 우리는 그리스도교에서 자기와 자기가 맺는 관계는 해독解讀 · 발견 · 포기 가운데 하나라고 말할 수 있다. 그리스 윤리에서는 자기 자신을 지배하는 자기를 구축하는 것을 목적으로 삼았으며, 자기를 창조하거나 변형하는 것이 과제였다. 헬레니즘과 로마의 윤리에서 이러한 경향은, 부단한 노력의 목표가 되는 자기 완성과

---

5 Michel Foucault, *The Hermeneutics of the Subject, Lectures at the Collège de France, 1981-1982*, ed. Frédéric Gros, trans. Graham Burchell(New York: Palgrave Macmillan, 2005[2001]), p. 188. 이하 'HER'로 인용함[『주체의 해석학: 1981-1982, 콜레주 드 프랑스에서의 강의』, 심세광 옮김, 동문선, 2007].

더불어 극단으로 치닫는다. 자기에 대한 그리스도교적 실천은 신과의 직접적 관계를 방해하는 모든 욕망을 제거함으로써 순결한 상태를 이루고자 하는 노력이다. 이교도적 실천은, 실천자가 시민 생활 속에서 능동적 역할을 수행할 수 있도록 자기 변형을 수행함으로써 주체를 변형시키려고 노력하는 것이다. 가령 그리스인은 남을 통치하기 전에 자신을 통치하는 법을 배워야 하는 데 반해, 그리스도교인의 과제는 진정한 자기가 다른 곳에 존재함을 인식하는 것이다.

이처럼 자기에 대한 다양한 실천들의 중심에는 아스케시스askēsis라는 개념이 있다. 이 그리스 용어에서 푸코는 그리스도교의 금욕적인 실천과 비그리스도교의 자기-양식화 실천의 공통된 뿌리를 발견한다. 푸코에 따르면 아스케시스라는 용어는 자기를 훈련하고 변형시키는 것을 목적으로 하는 광범위한 활동(명상, 기억, 금욕, 양심 성찰, 타인과의 관계, 수첩 휴대)을 아우른다. 이러한 시각 덕분에 푸코는 특정한 자기 실천이 어떻게 한 시대에서 다음 시대로 이어져 오는지 설명할 수 있다. 푸코는 후기의 여러 강의에서 초기 수도자 공동체에서 나타난 그리스 로마 시대 실천의 전유를 추적하고, 신학적 구조 안에서 이루어진 다양한 변화를 강조한다. 푸코는 요한 카시아누스John Cassian의 글에서 그리스도교의 영혼과 양심 점검의 의무에 대한 신학적으로 세련되고 분명한 표현을 발견한다. 카시아누스에 따르면 고해성사는 단순히 악행을 나열하는 데 그치지 않고, 끝 모를 욕망을 말로 표현함으로써 욕망을 의식 바깥으로 내모는 지속적인 언어 활동이다. 푸코가 지적하듯, 카시아누스는 환전상의 이미지를 이용해 순결한 양심과 불순한 양심을 구분하는 임무를 설명한다. "사람들은 한 지역에서 통용되는 동전을 다른 지역에서 통용되는 동전으로 교환하기 위해 환전상을 찾지만 […] 환전상은 아무 동전이나 받지 않는다. 그는 각각을 확인하고 점검하며 받아도 좋은지 살펴본 후에 괜찮다 싶은 동전만 받는다."(HER, 299. 번역 일부 수정) 이처럼 의식을 살피는 일도 지성적으로 순결한 상태를 불러일으키기 위한 아스케시스다. 그러나 생각의 환전상은 그리스도교 수도원에서 만들어 낸 것이 아니다. 카시아누스에 따르면 환전상의 임무가 생각이라는 순결한 동전과 불순한 동전을 구분하는 것이라면, 스토아주의적 환전상은 하루의 일들을 돌이켜 보고 자신의 철학적 수칙과 비교 평가해 보아야 한다. 에픽테토스^{Epictetus}는 숨겨진 욕망을 근절시키기 위해서가 아니라 "행동 원칙을 상기시키기" 위한 목적으로 "우리는 자신의 행위에 대한 환전상이 되어야 한다. […] 자신이 드러낸 모습을, 즉 자신의 금속 상태, 무게, 동전에 새겨진 초상의 상태 등을 면밀히 점검하고 확인해야 한다"고 말한다.[6] 그러므로 스토아주의 윤리의 목적은 순결이 아니라, 철학자로 하여금 스토아주의의 이론적 교의를 실천할 수 있도록 하는 자기의 현존^{presence of self}이다. 아스케시스는 이론적 가르침들이 주체 안에서 활발하게 실천되고, 그리하여 행동의 기준을 이루도록 보장한다.

아스케시스와 진실의 관계를 강조함으로써 근대 시기와 고전 시기의 차이를 밝힐 수 있다. 고대 그리스 철학은 주체가 진리를 깨닫기 전에 어떤 식으로 변화되어야 하는가, 하는 문제에 몰두하는 작업을 결코 중단하지 않는 반면, 근대 철학은 이러한 문제를 피하는 데 전념한다. 푸코는 다음과 같이 말한다.

나는 진실의 역사에서 근대가 시작되는 때는 오로지 지식 자체만이 진실

---

6 Michel Foucault, "Technologies of the Self", EST, p. 240.

에 접근할 수 있을 때라고 생각한다. 다시 말해, 철학자(혹은 과학자이거나 단순히 진실을 추구하는 누군가)가 어떠한 요구도 받지 않고 주체로서 자신의 존재를 변화하거나 변경해야 하는 일 없이, 오로지 인식 행위를 통해 진실에 접근할 수 있을 때를 말한다. (HER, 17)

'데카르트적 순간'이란 푸코가 영성spirituality이라고 이해하는 것과 진실이 맺는 관계의 단절을 말한다. 이때 영성이란 우리가 스스로 진실에 어울리는 존재가 되기 위해 자기에게 행해야 하는 임무이다. 철학적 용어에서 데카르트적 순간은 'gnōthi seauton'(너 자신을 알라)와 'epimeleia heautou'(그대의 영혼을 돌보라[혹은 자기 배려])라는 두 원칙의 재평가라고 할 수 있다. 전자는 오늘날 우리에게 아주 잘 알려져 있는 반면, 후자는 푸코에 따르면 고대 철학을 이해하는 데 반드시 필요한 원칙이다. 고대 세계를 통틀어 자기 배려는 "주체를 진실에 접근할 수 있게 하는 것이 […] 무엇인가를 질문하는 사유의 형태"로 간주되는 철학으로부터 "주체가 진실에 접근하기 위해 자신에게 필요한 변화를 수행하기 위한 탐구·실천·경험"인 영성으로 이동하는 일종의 윤리적 가교로서의 역할을 담당한다(HER, 15). 이렇게 자기 배려는 "진실에 접근할 수 있도록 하는 자기 변화의 총체"를 의미한다(HER, 17. 번역 일부 수정). 자기 인식은 이러한 자기 배려의 한 형태로 막연하게 이해되었다. 예를 들어 자기를 효율적으로 배려하기 위해서는 자기 ──자신의 한계·능력·관계 ──를 인식하는 것이 필요했다. 그러나 근대 시기에 와서 자기 인식이 주체성의 지배적인 방식이 되면서 다른 형태의 배려를 무색하게 만들어 버렸고, 따라서 인식과 아스케시스 사이의 관계는 소홀히 여겨지게 된다. 또한 철학은 모더니티에 진입하면서 진실을 깨닫기 위해 더 이상 자기를 변화시킬 필요가 없어졌다. "데카르트 이전에 우리는 불순하고 비도덕적이며 진실을 알 수 없었다. 그러나 데카르트와 더불어 직접적 명증성만으로 충분해진다. 그리고 데카르트 이후에 우리는 인식의 비금욕적 주체를 다루게 된다."[7] 이처럼 주체성의 근대적 경험은 다름 아닌 진실에 대한 영적 추구의 이러한 망각이다.

1982년 강의 '주체의 해석학'The Hermeneutics of the Subject을 통해, 푸코는 우리의 근대적 경험이 부인하는 보다 광범위한 실천의 장에 대해 주장한다. 오로지 아스케시스에 의해서만 진실이 이루어지는 전통 안에서, 영성은 주체와 진실의 관계를 강화하기 위해 필요한 훈련을 착수하는 한편 철학은 주체와 진실 사이에 가능한 관계들을 결정한다. 푸코는 철학적 정신의 세 가지 특징을 다음과 같이 언급한다. 첫째, 진실은 결코 주체에게 직접적으로 주어지지 않는다. "(영성)은 주체가 진실에 접근할 권리를 갖기 위해서는 자신이 변화되고 변형되며 이동되고 자신 외의 다른 무엇이 […] 되어야 한다는 것을 상정한다."(HER, 15) 둘째, 이 변형을 일으키는 운동은 에로스erōs와 아스케시스의 역할이다. 주체는 스스로를 변형시켜야 하고, 따라서 진실을 향한 사랑을 기반으로 자기에 대한 자기의 임무에 참여한다. 셋째, 영성은 진실이 주체를 계몽한다고 간주한다. 진실은 단순히 착수된 노력에 대한 보상이 아니라, 영혼에 평온함을 가져오는 주체의 완성이다. 푸코는 "진실이 주체를 계몽한다. 진실은 주체에 지복을 준다"(HER, 16)고 주장한다.

우리의 목적에 가장 중요한 것은 진실에 다가가기 위해서는 영적인

---

7 OGE, p. 279. 푸코에 따르면, 자명성(self-evidence)에 대한 데카르트적 패러다임은 르네상스 과학의 정점이 아니라 스콜라철학의 신학 체계의 정점으로, 변형의 과정을 먼저 거치지 않고도 신을 알 수 있는 보편적인 주체를 암묵적으로 상정한다. HER, pp. 25~28을 참조하라.

대가를 치러야 한다는 전통적으로 내려오는 인식이다. 다시 말해 진실을 구체적으로 표현할 수 있길 기대했던 주체의 입장에서 진실은 특정한 행동을 요구하는 무엇이었다. 푸코는 다음과 같이 설명한다.

> 유럽 문화에서 16세기까지 남아 있던 문제는, 내가 진실에 응할 수 있고 그럴 만한 자격을 갖추기 위해 스스로에게 영향을 미쳐야 할 과제는 무엇인가, 하는 것이다. 달리 말해, 진실은 언제나 대가를 치러야 하므로 고행 없이는 진실에 다가갈 수 없다. 16세기까지 서양 문화에서 금욕주의와 진실은 언제나 다소 모호하게 연결되어 있다. (OGE, 279)

자명성self-evidence으로서의 진실에 대한 근대적 패러다임과 대조를 이루는 것은 바로 자기의 실천과 진실의 이 같은 교차 지점이다. 근대 철학에서는 더 이상 보상을 약속하는 무언가를 위해 작업을 할 필요가 없다. 대신 주체는 주체임으로써 진실에 도달할 수 있다. 자명성의 기준은 인식론을 보장하는 것으로 충분하며, 따라서 주체는 더 이상 진실을 자신의 비오스bios, 즉 자신의 삶에 통합시키는 기나긴 과정을 겪지 않아도 된다. 푸코는 "진실에 접근할 수 있는 것이 […] 인식connaissance, 오로지 인식뿐이라고 상정될 때 비로소 우리는 근대 시대에 진입한다(그러니까 진실의 역사가 근대 시대에 진입한다)"고 설명한다(HER, 17). 그 결과, 진실은 더 이상 바람직하고, 소중하며, 주체를 아름답게 만들 수 있는 무언가로 여겨지지 않는다. 근대 시대에 진실은 인식이 되고, 과거에 이루었던 성취는 사실과 숫자의 불분명한 누적으로 변형된다.

3. 주체성과 미

이처럼 사심 없이 인식을 추구하려는 세력과 싸우기 위해, 푸코는 고대 시대로부터 한 가지 대안적인 방향을, 즉 주체성과 진실과 미 사이의 관계를 다시 생각하게 하는 방향을 모색한다. 푸코는 1984년 그의 강의, '자기통치와 타자통치: 진실의 용기'Le gouvernement de soi et des autres: le courage de la verite에서 서양의 사유에서 도외시된 전통 가운데 일부인 실존의 미학에 대해 제시한다. 주체성에 대한 이러한 실천들은 "인간이 […] 스스로를 변형시키고, 단일한 존재 안에서 스스로를 변화시키며, 자신의 삶을 특정한 미학적 가치를 지닌 작품oeuvre으로 만들며, 특정한 양식적 기준에 부합하려는 행동들"(UP, 10~11)이다. 철학의 역사에 대한 푸코의 해석에 따르면 이러한 자기의 실천들은 다음 두 가지 요소에 의해 모호해진다. 첫째는 프시케psuché[혼魂]라는 용어로 명시된, 몸과 구별되는 존재론적 통합체로 자아를 해석하는 형이상학의 역사이고, 둘째는 대상의 영역에 대한 미학적 숙고의 격하이다.[8] 두 가지 요소 모두 ── 자기self를 살아 있는 생명과 다른 무언가로 여기는 첫 번째 요소와 무생물의 세계에 미학적 가치를 적용하지 못하도록 제한하는 두 번째 요소 ── 윤리학을 결핍의 상태에 남겨 둔다. 푸코는 후기 인터뷰에서 이러한 소멸의 결과에 대해 다

---

8 Michel Foucault, 콜레주드프랑스 1984년 2월 29일, pp. 11~12. 이하 'GSA2: 2월 29일'로 인용함. 여기에서는 푸코의 마지막 강의 '자기통치와 타자통치: 진실의 용기' 가운데 미출간 원고를 인용한다. 각각의 강의는 개별적으로 페이지가 매겨져 있으며, 인용문들은 각 강의에 번호가 매겨진 페이지와 관련된다. 마이클 베렌트(Michael Behrent)가 이 원고를 준비했으며 본문의 모든 내용은 저자가 직접 번역했다. 자료를 이용할 수 있게 배려해 준 제임스 베르나우어에게 이 자리를 빌려 감사의 인사를 전한다. 참조용 복사본은 보스턴대학 오닐 도서관에서 구할 수 있다.

음과 같이 설명한다. "우리 사회에는 우리가 돌봐야 할 중요한 예술 작품이자 미학적 가치를 적용해야 할 주된 영역이 바로 자기 자신, 자신의 생명, 자신의 실존이라는 생각이 거의 남아 있지 않다."(OGE, 271) 이러한 견해에서 볼 수 있듯이 푸코의 연구는 역사가의 사심 없는 추구가 아니라, 현재를 살아가기 위한 새로운 자원을 제공하려는 사상가의 추구였다. 푸코는 우리의 미학적 구분을 진단하고 여기에 이의를 제기한다.

> 나에게 충격을 준 것은 우리 사회에서 예술이 대상에만 관련되어 있고 개인이나 삶과는 아무런 관련없는 것이 되고 있다는 사실이다. 이런 예술은 예술가인 전문가들이 다루거나 행하는 것이다. 그러나 모든 사람의 삶이 예술 작품이 될 수는 없을까? 왜 램프나 건물 같은 우리의 삶을 제외한 것들이 미술품이 되어야 하는가? (OGE, 261)

푸코의 계보학이 우리가 특정한 경험의 장과 관련 맺는 방식을 효과적으로 변화시키기 위한 것임을 고려하면, 이 말은 계보학이 일종의 중재와 같다는 사실을 시사한다. 또한 푸코는 자신의 역사적 연구들에 대해서, 우리의 현재가 단순히 부활하는 것을 허용하지 않는 한편, 우리의 현재를 분석하고 비평하고 변형시키기 위한 출발점이 될 수 있는 문화적 혁신의 보고寶庫 ── 절차·의견·실천·기술 ── 를 드러내려는 시도로 자주 이야기했다(OGE, 261). 이는 삶에 대한 숙고를 포함시키기 위한 미학적 개념의 확장과, 앞으로 보게 될 모더니티의 전 과정을 통해 예술과 삶이 연계되는 방식에 대한 숙고로 이루어진다.

4. 미와 진실: 소크라테스의 사례

아름답게 빛나는 존재의 창조를 향한 집착은 상당히 오래된 일이며, 철학만의 독점적인 분야는 결코 아니다. 푸코는 호메로스와 핀다로스의 작품에서 비교적 잘 발달된 형태로 이 주제를 발견할 수 있다고 설명한다. 그러나 소크라테스적 순간은 미적 존재를 구성하는 기획을 진실 말하기와 연결시키므로 필수적인 전환점이 된다. 이것은 주체성의 역사에서 핵심을 이루고, 자기 변형이라는 미학적 기획이 진실과 허위의 놀이에 삽입되는 자리를 나타낸다. 푸코는 소크라테스적 중재에 대한 자신의 관심을 다음과 같이 설명한다.

> 내가 되찾고 싶은 것은 서양 철학 초기에 소크라테스와 함께 나타난 이러한 윤리적 양상에서 진실을 말하는dire vrai 방식이며, 이러한 진실 말하기dire vrai가 최대한 완벽한 모습으로 빚어져야 하는 작품으로서 존재 원칙을 방해하는 방식이다. 오래 전 찬란한éclatant 그리고 기억할 만한 존재 원칙으로서 소크라테스를 지배하던 자기 배려가 […] 대체되는 것이 아니라, 진실 말하기dire vrai라는 원칙에 의해 재개되고, 변형되며, 수정되고, 정교하게 다듬어지며, 그럼으로써 우리가 자기 자신과 용감하게 직면해야 하는 방식이다. 아름다운 존재의 목적과 자신을 설명하는 임무가 이러한 진실의 놀이에서 직접 결합하는 방식이다. 존재라는 예술과 진실한 담론, 즉 아름다운 존재와 진실한 삶, 진실 안에서의 삶, 진실을 위한 삶과의 관계다 — 이것이 내가 되찾기 위해 노력하고 싶은 것 중 작은 일부이다. (GSA2: 2월 29일, 13~14)

푸코에 따르면 미학적 전통과 진실 말하기에 대한 소크라테스적 요구 사이의 이러한 충돌에서 비롯한 진정한 삶vraie vie은 네 가지 뚜렷한 양상을 지니며, 모두가 그리스어 알레테이아aletheia(진리)에서 유래된다. 이 네 가지 양상은 감추지 않음non-dissimulé, 혼합하지 않음non-mélangé, 옳음 혹은 곧음droit, 그리고 불변함과 청렴함immuable et incorruptible이다.[9] 진정한 삶의 첫 번째 양상은 아무 것도 숨기지 않고 다른 사람 앞에 스스로를 드러내길 두려워하지 않는 삶이다. 이러한 삶은 부끄러울 게 전혀 없기 때문에 그림자 뒤로 물러나지 않는다(GSA2: 3월 7일, 51~54). 두 번째 양상은 불필요하거나 마음을 어지럽히는 요소들 없이 하나로 통합되는 삶이다. 이런 삶의 형태와 정반대의 삶은 말할 것도 없이 자신의 욕망에 사로잡혀 동시에 여러 갈래로 마음을 흩뜨리는 삶이다(GSA2: 3월 7일, 54~56). 세 번째로, 진정한 삶은 정해진 법칙과 관습을 따르기 때문에 옳다. 그러므로 질서와 노모스nomos를 존중하는 사람의 삶은 명백히 바르고 곧다 (GSA2: 3월 7일, 56~58). 마지막으로, 진정한 삶은 일관되고, 빠른 변화나 타락이나 작은 동요를 차단한다. 그렇게 함으로써 이러한 일관성 안에서 그리고 그로 인한 주권 안에서 철학자는 스스로 기쁨을 누리는 방법을 배운다(GSA2: 3월 7일, 58~60).

윤리적·정치적 문제와 관련된 진실 말하기의 소크라테스적 기획은 진실로 양식화된 그의 삶 속에서 가능 조건을 발견한다. 그런 경우 화자의 진실함을 보증하는 역할을 하는 것은 바로 화자의 비오스bios와 로고스logos 간의 조화다. 푸코는 "내 생각에 파레시아의 기준은 말하는 주체, 진실을 전달하는 주체, 그리고 이러한 진실이 요구할 때 직접 행동으로 옮

---

9 Foucault, 콜레주드프랑스 1984년 3월 7일 강의, pp. 46~48. 이하 'GSA2: 3월 7일'로 인용함.

기는 주체 사이의 이 같은 합치^{adaequatio}인 것 같다"고 말한다(HER, 406).
이런 측면에서 플라톤의 대화편 『라케스』^{Laches}는 소크라테스가 윤리적/
교육적 문제에 대해 언급할 때 그가 보여 준 용기가 말에 힘을 실은 방식
에 특별히 관심을 보인다. 소크라테스의 대화와 행동 사이의 분명한 조화
에 의해, 그와 함께 대화한 니키아스와 라케스의 눈에는 그가 윤리적인
문제에 대해 이야기하는 것이 당연하게 여겨진다.[10] 진실한 삶에 대한 소
크라테스의 신념 안에서 비오스와 로고스의 이러한 조화는 발화의 진실
함을 보증한다.

5. 견유주의적 전복

이처럼 진실과 주체성 사이의 관계를 탐구하는 데 있어, 견유주의는 진실
한 삶과 반대되는 상황^{retournement}을 진실을 말하기 위한 필요조건으로
만들어 진실한 삶이라는 주제를 극한까지 끌고 감으로써 특권적인 위치
를 차지한다. 견유주의적인 삶은 다른 철학 학파의 무능함뿐 아니라 진실
에 대한 난공불락의 영향력을 뚜렷하게 암시하는 역할을 하기 위해 설계
되므로, 우리는 여기에서 진실한 삶의 불미스러운 귀환을 발견하게 된다.
또한 이러한 주제들은 플라톤식 전통에서 분명하게 드러나는 만큼, 견유
주의는 이 주제들을 극한까지 끌고 가 철학에 저항적인 도전장을 ―이
주제들을 드러내든지 차단하든지 ―내민다. 푸코에 따르면 견유주의는
생활 방식을 통해 가장 직접적으로 사상을 실천하고 그러한 기반 위에서

---

10 이 대화는 최소한 두 가지 부분에서 분석된다. FS, pp. 91~104와 콜레주드프랑스 1984년 2월
22일 강의, pp. 9~69 참조.

철학에 도전할 용기를 지닌다는 이유로, 고대 철학 내에서 물의를 일으킨 것으로 보인다.

견유주의는 고대 철학에서 어느 정도 깨진 거울의 역할을 해왔다. 깨진 거울은 모든 철학자들이 스스로를 인식할 수 있고 또 인식해야 하는 장소이며, 우리 모두가 철학에 대한 동일한 이미지, 다시 말해 철학이 무엇이고 무엇을 해야 하는가에 대한 숙고를 인식할 수 있고 인식해야 하는 장소, 인간이 자신의 정체와 자신이 원하는 바를 숙고할 수 있고 숙고해야 하는 장소이다. 동시에 자기 자신이나 철학은 결코 인식하지 못할 이 거울 안에서 인간은 찡그린 표정, 난폭하고 추하고laide 흉하게 disgracieuse 일그러진 표정을 인지한다.[11]

그러므로 견유주의가 지지하는 삶의 형태는, 진정한 철학적 삶이란 한계치에서 생활하는 삶이라고 주장하며 진정한 삶을 뛰어넘고 반전시키는 것이다. 견유주의는 진정한 삶에 대해 의문을 제기하면서, 진정한 삶은 푸코가 주장하듯 사실상 다른 삶vie autre이라고 주장하며 철학을 통해 우리를 더욱 풍요롭게 만든다. 견유주의가 말하는 다른 삶이란 전통적인 실존 형태와 단절하며 사는 삶이다. 이 삶에서 벗어나는 것은 다섯 번째 원칙, 즉 진실한 삶의 전통적인 개념을 무효로 만드는 견유주의가 만든 개념, '화폐 가치의 변조'를 추가함으로써 이루어진다.

견유주의의 전통에 대한 이러한 토대는 시노페의 디오게네스 Diogenes of Sinope의 삶에서 일어난 일련의 사건을 기반으로 한다. 디오게네스의 부

---

11 Foucault, 콜레주드프랑스 1984년 3월 14일 강의, p. 3. 이하 'GSA2: 3월 14일'로 인용함.

친은 환전상이었다. 부친이 주화를 위조해 고발당한 후 아버지와 아들은 살던 지역에서 추방되었다. 델포이의 신전에 도착한 어린 디오게네스는 그곳에서 '화폐 가치를 변화시키라'는 신탁을 받았다. 푸코는 돈noumisma 과 법nomos이 그리스어로 유사하다는 점을 강조하면서 다음과 같이 설명한다. "'화폐 가치를 변화시키라'는 것은 '관습·규칙·법에 대해 확실한 태도를 취하라'는 의미이기도 하다."(GSA2: 3월 7일, 62) 이렇게 우리는 스토아학파와 그리스도교 윤리학에 공통되는, 환전상의 이미지에 대한 견유주의적 변형을 알 수 있다. 그러나 견유주의자들에게 이 기획은 단순히 사유의 움직임을 검증하고 평가하기 위해서뿐 아니라 관습과 습관, 전반적인 사회 법칙을 평가하고 변화시키기 위한 것이다. 푸코에게 이것은 '규칙을 깨뜨리고' 관습을 단절시킬 삶을 구축하라고 견유주의자들에게 명하는 원칙이다. 견유주의가 열심히 착수한 윤리적 기획은 단순히 통화를 평가절하하거나 파괴하려는 것이 아니다. 그보다는 푸코가 해석한 것처럼, 견유주의는 통화 위에 필요 이상으로 과도하게 새겨진 모든 가짜 형상들을 지우는 과제를 안고 있다. 견유주의의 작업은 환원주의적으로, 진정한 가치를 회복한 후에야 비로소 동전을 유통시키려 한다(GSA2: 3월 7일, 63~64).

이렇게 추가된 원칙은 플라톤주의의 진실한 삶이 보여 주는 네 가지 양상을 사실상 불안정하게 만든다. 이 원칙은 네 가지 양상을 내부에서 끄집어내 극한까지 끌고 가서 '카니발적'인 방식으로 재해석한다. 여기에서 우리는 작품이나 예술가가 의문을 제기하는 구성에 대한 예술적 규칙들과 같은 움직임을 다룬다. 주어진 요소의 추가나 삭제는 예술적 실천의 규칙성을 해체하는 작업에 영향을 미치고, 동시에 새로운 형성 과정에 대한 규칙을 포함시킨다. 따라서 푸코는 견유주의의 경제 원칙의 추가를 마네의 작품에서와 같은 방식으로 이해한다. 바로 이 활발한 추론이 실천의 규칙적인 패턴을 극한까지 끌고가서 그 한계를 드러낸다.

진실한 삶에 대한 견유주의의 재해석은 견유주의자들이 자신의 존재를 양식화했던 아스케시스를 통해 가장 쉽게 파악할 수 있다. 개의 생활 bios kunikos은 소크라테스에게 영향을 받은 진실한 삶을 극화한 것으로, 그 안에 모든 경향들이 드러나 진실한 삶을 외면하고 마침내 그 한계들이 드러난다. 푸코는 단어가 뜻하는 모든 의미에서 이것은 견유주의자들이 '자신의 삶을 드러내겠다'는 의지와 관련된다고 설명한다(GSA2: 3월 14일, 7). 견유주의자의 삶은 드러나는 동시에 위험에 처한다. 이러한 노출과 위험은 견유주의자들이 나누는 대화에서뿐 아니라 그들의 생활 속에서 일어나는 활동에서도 드러난다. 개의 생활은 무엇보다 부끄러움도 겸손함도 없는 생활이다. 소크라테스적인 삶과 마찬가지로 이런 삶은 아무것도 숨길 것이 없으며, 사실상 견유주의적 삶은 대중의 이목 속에서 살아진다. "이것은 그 물질적이고 일상적인 현실에서 삶의 양식화mise en forme요 삶의 연출mise en scène이다. [⋯] 견유주의자의 생활은 실질적 · 물질적 · 물리적으로 대중적이라는 측면에서 감추는 바가 없다."(GSA2: 3월 14일, 39) 그러므로 견유주의자는 거리에서 생활하면서 비은닉의 원칙을 '극화해' 그 '재평가'를 가능하게 한다(GSA2: 3월 14일, 39). 견유주의자는 자신의 생활에 이 원칙을 확고부동하게 적용함으로써, 아무것도 숨길 필요가 없다면 그 어떤 있는 그대로의 모습도 잘못되지 않았기 때문이라고 '주장한다'.

두 번째, 개의 생활은 인간을 사로잡는 거짓 욕구에 관심이 없다. 견유주의자들은 스스로에게서 만족을 찾기 때문에 구태여 외부에서 애착의 대상을 구할 필요를 느끼지 않으며 자유를 누리려고 힘들게 애쓰지 않아도 얼마든지 자유롭다. 따라서 견유주의자의 무관심은 불순물 없는 삶의 물리적인 극화다. 구체적으로 말해 견유주의자의 삶은 철학적 삶에 본질적인 부분으로 여겨지는 수동적인 가난보다 더 극단적인 형태인, 적극적이고 자발적인 가난의 형태를 취한다. 적극적인 가난은 일종의 아스케시스, 즉 새로운 형태의 금욕을 추구하는 자기에 대한 자기의 훈련이다. 이것은 스토아주의자들의 명상에서 볼 수 있는 가상의 빈곤이 아니라, 강인함을 기르기 위한 물리적인 훈련이다. "견유주의자의 가난은 용기, 저항, 인내라는 긍정적인 결과를 획득하기 위해 인간이 스스로를 대상으로 수행하는 활동임에 틀림없다. [⋯] 이 가난은 가시적인 가난의 형태로 스스로를 공들여 만드는 것이다."(GSA2: 3월 14일, 49~50) 그러나 견유주의자의 가난은 끊임없이 새로운 금욕 수단을 찾아야 하는 기한 없는 노고이기도 하다. 따라서 이 원칙을 충실히 지키면 불순물 없는 순수한 삶이 전도되는 현상을 보게 된다. 이런 아스케시스 하에서 견유주의자의 생활은 굴욕이나 의존 혹은 추함이 된다. 푸코는 순수성과 자율성을 극한까지 따름으로써, 견유주의는 결국 불결함, 추함, 의존성, 굴욕——그리스의 물리적인 아름다움에 대한 옹호와 완전히 대립되는 가치——을 장려한다고 지적한다.[12] 여기에서 우리는 철학적 삶에 문제를 제기해야 한다는 견유주의의 주장에 푸코가 충분히 공감하긴 하지만, 그럼에도 불구하고 이러한 유산, 다시 말해 철학적 윤리학에서 미를 등한시하는 것에 대해 염려하고 있음을 주목해야 한다. 푸코는 견유주의가 가난과 추함, 노예 상태를 택하는 데 대해 다음과 같이 설명한다. "그리고 나는 이러한 견유주의의 채택이 중요하다고 여기며, 이것은 그들이 아직 포기하지 못한 추함

---

12 GSA2: 3월 14일, pp. 51~53. 푸코는 또한 견유주의의 굴욕에 대한 실천이 그리스도교 수도 공동체 안에서 겸손의 실천으로 드러난다고 언급한다. GSA2: 3월 14일, pp. 53~58 참조.

의 가치관을 윤리학과 행동의 기술, 그리고 유감스럽게도 철학에 동시에 도입하는 것이라고 생각한다."(GSA2: 3월 14일, 52) 우리가 앞에서 보았듯 이 마네가 공격적으로 추함을 전개해 미학적 관습을 파괴한 데 대해서는 푸코가 찬사를 보냈음에도 불구하고, 이런 식의 가치 매김은 그가 장려한 미학적 윤리와 외견상 대립되는 것으로 보인다.

개의 삶을 살고자 하는 견유주의자들의 결심은 바르고 곧은 삶에 대한 개념을 전복시키기도 한다. 철학적 전통 안에서 곧은 삶이란 개개인의 로고스와 비오스 사이에 일관성이 존재하는 삶이었다. 따라서 모름지기 철학자가 진실한 삶을 살기 위해 해야 할 임무는 자신의 존재를 관습과 법뿐 아니라 본성에 맡기는 것이었다. 진실한 삶이란 한편으로 본성을 좇아 살기 위해 전념하고 자연스러운 가치관을 옹호하는 것이다. 다른 한편으로 철학은 자연의 세계와 빈번하게 대립하는 인간의 관습과 사회적 법칙에 대한 존중을 드러낸다. 견유주의는 동물성을 열렬히 지지하는 가운데 바로 이 후자의 경향을 끊임없이 부인한다. 따라서 푸코는 개의 삶을 '짖기'와 '구별하기'로, 간단히 말해 선과 악, 악덕과 미덕, 그리고 무엇보다 중요한 것으로 자연스러움과 부자연스러움을 구별할 줄 아는 것으로 묘사한다(GSA2: 3월 14일, 26). 견유주의자가 불필요한 부가물에서 벗어나 살기로 한다면, 분별력을 갖추어야 한다. 견유주의자들의 가난이 그랬던 것처럼, 이러한 삶은 단순히 동물성이라는 실상에 대한 중립적인 확언일 뿐 아니라 받아들여야 할 도전이요 생활화해야 할 의무다. 견유주의의 아스케시스에서 순응의 법칙은 오로지 자연과 일치하는 삶을 향하는 경향이 있다. 관습이나 인간이 지켜야 할 규칙 따위를 준수하지 않으며, 따라서 견유주의가 근친상간이라든지 인육을 먹는 풍습을 지지하는 것도 여기에서 비롯된다.[13] 아리스토텔레스의 사유에서 볼 수 있듯이, 동물이 굴절점point of refraction을 제공해 인간이 동물과 구별되고 인간으로 정의될 수 있다는 철학적 맥락에서, 동물성에 대한 견유주의의 긍정적인 평가는 일반적으로 인정되는 관습을 전복시킬 뿐 아니라 사유의 방향도 바꾸어 놓는다. 따라서 동물성은 자기에 대한 훈련인 동시에, 철학적 사유로서는 일종의 스캔들이다.

마지막으로 개의 삶은 다른 사람을 보호하기 위한 삶이다. 푸코에게 견유주의적 삶은 온 인생을 봉사로 바치는 경비견의 삶과도 같다. 에픽테토스는 '정찰병'kataskopos이라는 군사 용어로 견유주의를 묘사하면서, 견유주의자는 인류에게 유리한 것과 해가 되는 것을 판단하기 위해 앞장서는 감시자라고 설명한 바 있다(GSA2: 2월 29일, 23). 푸코에 따르면 이러한 기능은 진정한 삶의 전환으로 이해되어야 하며, 불변하는 삶, 자주적인 삶으로 간주되어야 한다. 전통적으로 자주권은 극기와의 관계로 해석되며, 철학자는 이 극기에 의해 자기 자신을 배려하는 동시에 결과적으로 다른 사람에게 이로움을 준다. 견유주의는 이런 수많은 주권자들을 바삐 돌아다니게 만드는 어리석은 행동을 지적한다. 견유주의의 틀 안에서 왕은 오직 하나뿐이며, 이 왕은 당연히 견유주의자다. 디오 크리소스토모스 Dio Chrysostom의 주장에 따르면, 디오게네스와 마케도니아의 알렉산드로스 대왕과의 유명한 만남에서 알렉산드로스 대왕은 진정한 왕 디오게네스 앞에서 자신이 열등한 존재임을 깨달았다고 한다. 푸코는 알렉산드로스 대왕이 "진정한 왕이 되는 유일한 길은 견유주의 철학자와 같은 종류

---

13 이러한 주제에 대해서는, Farrand Sayre, *Diogenes of Sinope: A Study of Greek Cynicism* (Baltimore: J. H. Furst Company, 1938), pp. 44~46 참조.

의 에토스ethos를 채택하는 것이다"(FS, 132)라는 깨달음을 얻은 것으로 해석한다. 이처럼 호전적인 성격의 대화를 통해 견유주의는 어떤 식의 나약함을 통해서가 아니라, 푸코의 말대로 "대단히 적극적인 후원자"로서 공격적인 주권자임이 드러난다.[14] 견유주의가 물어뜯는다는 것은 사실이지만, 실제로 그에게 당하는 피해자는 악덕이다. 그러므로 푸코는 견유주의의 전투는 다분히 '정신적'이라고 주장할 수 있는 것이다. 견유주의자의 행동과 말은 "특정한 인류의 상태를 겨냥하는" 날카로운 비판들이다(GSA2: 3월 21일, 24). 따라서 그들은 인류에게 삶의 태도를 바꾸도록 촉구할 뿐 의도는 상냥하다. 이렇게 견유주의자는 "왕에 대항하는 왕"le roi anti-roi이며 "자기 자신은 물론 다른 사람을 위해 싸우는 왕"(GSA2: 3월 21일, 25)이다. 견유주의자는 주권적인 삶을 극화함으로써 이 삶을 전복시켜 근대의 전투적인 삶과 같은 무언가로 변형시킨다.[15] 따라서 견유주의자의 아스케시스는 투쟁 없이는 주권을 얻을 수 없음을 인식하고, 다른 사람에게 전투에 참여하도록 독려하기 전에 스스로 전투에 앞장선다. 악덕에 대한 투쟁에서 이들은 사실상 왕이지만, 인류의 상태를 고려해 볼 때 자신

---

14 Foucault, 콜레주드프랑스 1984년 3월 21일 강의, p. 22. 이하 'GSA2: 3월 21일'로 인용함.
15 GSA2: 3월 21일, pp. 31~33. 특정한 존재 형태를 지닌 후에야 비로소 정치적으로 진실을 말할 수 있다는 식의 견해는 견유주의가 서양 문화 전반에 전파될 수 있었던 여러 방식 가운데 하나인 만큼, 푸코는 이처럼 다소 시대착오적인 비교를 하는 것이 당연하다고 주장한다. 이것은 명백히 푸코가 관심을 가진 주제로, 1982년 강의에서 푸코는 다음과 같이 언급했다. "언젠가 혁명적 주체성이라고 부를 수 있는 역사가 기록될 것이다."(HER, 208) 같은 강의에서 푸코는 고대 철학과 그리스도교의 실천에서 개종이라는 개념의 발전 과정을 추적한다. 푸코는 이것이 19세기의 혁명적인 경험을 이해하는 기초라고 주장한다. 1984년 강의에서 푸코는 일부 견유주의적 실천과 가르침이 19세기 급진주의자들의 윤리적 처신을 선취한다는 이유에서 이러한 요소들을 강조한다. 물론 견유주의만이 일종의 철학적 호전성을 옹호하는 유일한 학파였던 것은 아니다. 그러나 푸코에 따르면 견유주의는 그들이 이용하는 수단이 주로 "폭력적이고 과격하다"는 점에서 뚜렷이 구별된다. 이들의 설교는 단순히 사람들을 교화시키는 것뿐 아니라 그들을 놀라게 해 생활방식을 바꾸게 하는 것을 목표로 한다. GSA2: 3월 21일, p. 33 참조.

의 행동을 제대로 이해받지 못한 채 아무런 인정을 받지 못하고 세상을 떠돌 운명이다.

견유주의의 이러한 실천들은 푸코에 따르면 대단히 친숙한 동시에 ─ 거의 전부가 전통적인 철학적 주제로부터 비롯되므로 ─ 철학적 삶에 물의를 일으키는 이행이라는 점에서 다소 역설적이다. 푸코가 이해한 대로 견유주의는 진실한 삶의 수행적 전환이다. 진실한 삶$^{vraie\ vie}$은 무대 위에 상연됨으로써 다른 삶$^{vie\ autre}$, 즉 일상의 존재와는 완전히 이질적인 삶으로 전환된다. 이러한 삶의 달라짐은 그것을 주시하는 사람들에게 실존의 수준에서 행해져야 하는 선택이 있음을 제시하는 데 그치지 않는다. 견유주의의 근본적으로 다른 주체성은 그 실존 안에서 다른 세계$^{monde\ autre}$의 가능성을 증명한다. 그러므로 견유주의자의 삶은 그 아스케시스의 인도 아래에서 진실을 드러내는 수단이 된다.

> 다른 세계를 위한 또 다른 삶이 있다. 우리는 […] 고대의 진실한 삶에 대한 […] 주제들 가운데 많은 주제들과 상당히 거리가 멀다고 말해야겠지만, 나는 여기에서 우리가 그리스도교 세계와 근대적 세계를 완벽하게 특징짓는 윤리적 형태의 핵심을 보유하고 있다고 생각한다. 그만큼 진실한 삶이라는 주제는 운동으로서 견유주의에 의해 다른 삶의 원칙이자 다른 세계의 염원이 되었으며, 우리는 견유주의 안에 그 모체를, 즉 어떤 경우에서든 서양의 핵심을 이루는 윤리적 경험의 기원을 두고 있는 것 같다. (GSA 2: 3월 21일, 38~39)

견유주의자의 삶은 일반적인 존재와의 완벽한 단절이자 존재의 진실에 대한 분명한 표현이다. 푸코에 따르면 견유주의자들이 서양 문화 전반에 전파한 것은 바로 삶의 윤리적 형태가 진실을 드러내는 수단이 될 수 있다는 견해다. 그리스도교를 믿는 유럽에서 수도 공동체가 급성장하고, 신속하게 견유주의를 실천하게 된 것도 이런 이유에서다.[16] 견유주의자들 안에서 펼쳐진 진실에 대한 놀랍도록 시각적인 전시는, 이 윤리적 범주가 서양의 상상력에 대해 상당한 지배력을 유지해 온 이유이다. 푸코에 따르면 파레시아로서의 진실과 아스케시스 간의 이러한 연결이 근대 미술에서 재발견됨을 고려하면, 진실에 입각해 진실을 드러낼 가능성을 지닌 무언가로 스스로와 관계를 맺는 이런 방식 역시 근대적이라 할 수 있다.

6. 역사를 초월한 윤리적 범주로서의 견유주의

푸코에 따르면 근대 예술은 진실과 아스케시스 사이의 오래된 관계가 재배열되는 모더니티 안에 위치한다는 점에서 특별하다. 정신적인 전통은 철학 안에서 자격을 박탈당한 때와 거의 유사한 시기에, 예술적 실천의 근간으로서 재발견되고 있다. 근대 예술에서 작동하는 진실의 형태는, 진실을 알리는 주체가 먼저 일련의 변형을 겪어야 하는 윤리적 노력에 의해 획득된다. 예술적 실천은 푸코가 그 개념을 보다 일반적으로 묘사하기 위한 수단을 제공받을 정도로 아스케시스와 매우 밀접하게 연결된다. "이처럼 자신의 지식에 의한 자기의 변형은 미학적 경험에 상당히 근접한다. 화가가 자신이 그린 그림에 의해 아무런 변화를 경험하지 않는다면 대체 무엇 때문에 그림을 그리겠는가?"[17] 푸코에게 근대 예술은 제한된 이론적

---

16 Foucault, 콜레주드프랑스 1984년 3월 28일 강의, pp. 17~55.
17 Michel Foucault, "Michel Foucault: An Interview by Stephen Riggins", EST, p. 131.

틀 안에서 파레시아로 이해되는 진실과 매우 정확한 관계를 유지한다는 점에서 그리스 견유주의의 전략들과 유사하다. 견유주의적 파레시아의 대단히 수행적인 성격은 그것이 예술의 기능을 언어적 모형으로 축소시키려는 또 하나의 노력으로 그치는 것이 아님을 보증한다. 오히려 이것은 예술 작품과 진실, 윤리, 삶의 지속적인 관계를 강조하기 위한 시도다. 푸코에 따르면 현대 생활에서 가장 기본적인 요소를 연구하려는 예술의 경향과 더불어 예술이 수행하는 비판적 기능은, 고대 세계는 사라졌지만 견유주의는 아직 사라지지 않았음을 증명한다. 사실상 푸코는 전체 서양 문화에서 견유주의의 명맥을 끈질기게 유지할 수 있게 해준 매개체 가운데 하나가 근대 예술이라고 주장한다.

1984년 2월 29일 콜레주드프랑스 강의 후반부는 푸코가 스스로 인정한 바에 따라 다소 지적인 유랑을 즐긴다. 이 지적 산책을 통해 푸코는 고대 철학과 더불어 사라지지 않고 꾸준히 지속되어 온 견유주의가 어떻게 "서양 역사 전체를 가로지르는 — 다양한 형태와 다채로운 목적하에서 — 역사적 범주"로 이해될 수 있는지 탐구한다(GSA2: 2월 29일, 38). 서양 사상의 거대한 단절을 지적한 사상가가 이제는 "유럽의 문화 전체에 견유주의로 등장하는 어떤 것의 영구적인 실존"(GSA2: 2월 29일, 45)을 강조하려 시도한다는 점에서, 이 내용은 우리를 잠시 멈칫하게 만든다. 심지어 푸코는 고대 견유주의와 근대 견유주의 사이의 뚜렷한 단절에 주목하는 여러 연구를 거부하기까지 한다. 푸코의 '역사를 초월한 견유주의'는 우리가 특정한 종류의 교의적인 신념이나 다양한 시기에 나타나는 동일한 존재 방식을 찾지 않는다는 걸 상정한다. 이러한 견유주의의 전파를 분리하려면 견유주의를 윤리적 범주로, 자기와 관계를 맺는 방식으로, 다시 말해 일종의 태도로 해석해야 한다. 이런 삶의 태도는 삶과 진실을 매우 정확한 방식으로 연결시킨다. 무엇보다 견유주의는 "일정 형태의 실존과의 접촉이며 진실의 현현"(GSA2: 2월 29일, 45)이다. 따라서 푸코는 견유주의가 매우 독특한 철학이라는 일반적인 평가를 거부한다. 푸코에 따르면 견유주의의 핵심은 존재의 양식화를 진실의 필수적인 전제조건으로 만드는 윤리적 관계다. 따라서 푸코는 견유주의를 윤리적·미학적 범주로 이해하면서, 삶을 진실을 전달하는 수단으로 만드는, 혹은 "진실 현현 방식으로서의 삶"le bios comme aléthurgie(GSA2: 2월 29일, 46)으로 해석하는 세 가지 주된 움직임을 구분한다.

첫째, 그리스도교 문화는 견유주의가 유럽 전역에 전파된 방식 가운데 하나다. 푸코는 그리스 견유주의자들을 언급한 원문이 부족하다는 건 인정하지만, 특정 그리스도교 공동체의 행동 양상을 보면 얼마든지 비교가 가능하다고 주장한다. 예를 들어, 프란치스코회의 경우, 가난, 탁발, 방랑errance의 실천은 핵심 사항만 추려 내 수도 생활을 원활하게 하기 위해 만들어진 것이다. 나지안조스의 성 그레고리우스St. Gregory of Nazianzus에 따르면, 견유주의 철학자들이 온 인생을 바쳐 맹렬히 진실을 추구한다는 점을 고려할 때, 프란치스코회 수도자들은 이들의 삶을 모방하고 있다. 그레고리우스는 "당신이 무례해서가 아니라 당신의 파레시아 때문에 나는 당신을 개와 비교한다"고 하는 그리스도교의 금욕적 금언을 찬미한다. 그레고리우스는 계속해서 말한다. "당신은 철학자들 가운데 가장 위대하고 가장 완벽한, 진리의 순교자요 ─martyron thes aletheias ─목격자이다."(GSA2: 2월 29일, 35) 그레고리우스에게 견유주의의 파레시아는 단순히 언어 능력만을 예로 들지 않는다. 견유주의의 파레시아는 삶을 진실의 현시로 만드는 적극적인 목도다. 여기에는 진실과 삶이 불미스러운 징후 속에서 직접적으로 연결되어 있으므로, 이것은 푸코가 견유주의자들을 묘사한 것 가운데 필수적인 부분이다.

　　견유주의가 유럽 문명에 전파된 두 번째 방식은 혁명적인 정치 운동을 통해서다. 19세기 초 이래로 군사 조직들은 더 이상 단독으로 정치활동을 하지 않는다. 대신 이들은 구체적인 삶의 형태, 즉 혁명의 목표가 진실함을 증명하는 삶의 형태를 필요로 하고, 따라서 진실에 대한 목격으로 이루어진 견유주의적 삶의 이상을 재개한다. 푸코에 따르면 이러한 움직임들 안에는, 삶은 그 취하는 형태 안에서 혁명적 기획에 온전히 바쳐져야 하고 그럼으로써 혁명적 가치가 입증되어야 한다고 주장하는 윤리학이 내포되어 있다. 따라서 삶은 "또 다른 삶의 구체적인 가능성과 뚜렷한 가치를 드러내기 위해"(GSA2: 2월 29일, 54) 사회의 이상과의 단절로 살아진다. 푸코에게 유럽의 혁명 활동에서 핵심적인 부분인 극단적 좌익 사상에 대한 경향은 견유주의적 삶의 부활이며, 여기에서 '진실의 추문'으로 행해지는 삶은 비판의 근거로 기능한다(GSA2: 2월 29일, 56). 푸코는 1920년대 초 프랑스 공산당이 혁명적인 삶을 전통적인 가치를 따르는 양식화된 생활 양식으로 대체하기 시작했을 당시의 과정을 추적해 보면 무척 흥미롭다고 말한다.

　　푸코는 견유주의를 전파하는 마지막 매체가 근대 예술이라고 주장한다. 푸코에 따르면 18세기 말에 전개된 '예술적 삶'이라는 개념, 다시 말해 예술가의 삶이란 모름지기 진정한 예술을 증거하는 것으로 이루어져야 한다는 인식은 견유주의적 생활 양식이 모더니티 안에서 새로운 형태로 추구되는 방식 가운데 하나다. 푸코에 따르면 파레시아에 대한 견유주의의 주장이 아스케시스에 의해 견고해지는 것과 마찬가지로, 삶 자체가 진실에 대한 예술의 전통적인 주장에 기초로 작용한다. 예술 작품 안에서 작동하는 진실이 견유주의자의 삶처럼 실존에 반드시 필수적인 것을 향한 반-플라톤주의적 탐구로 설명될 수 있다면, 진실에 대한 이 같은 개념은 확실히 푸코의 목소리를 반영한다고 볼 수 있다.

7. 근대 예술의 견유주의적 진실

푸코가 염두에 두는 내용을 보다 정확하게 이해하기 위해, 그가 구분하는 견유주의의 전통이 예술 작품을 존재하게 하는 윤리적 범주에 속하며, 단순히 구체적인 작품 안에 내포된 견유주의적 주제에 그치는 것이 아님을 주목할 필요가 있다. 가령, 견유주의에 영감을 받은 관점이 드러나는 고대의 풍자와 희극을 이 두 번째 범주에 둘 수 있겠다. 푸코 역시 견유주의적 주제를 전개했던 중세 세계의 우화나 그밖의 문학적 표현들에서 드러나는 생활 양식에 대해 일축한다. 이러한 주제들은 그리스 철학과 공명하고 있음에도 불구하고, 이 윤리적 범주의 특징을 이루는 삶과 예술의 직접적인 관련성이 구축되어 있지 않다. 자기를 진실과 결부시키는 특정한 방식으로 이해되는 견유주의가 재개되어 문화의 곳곳에 전파되는 지점은 무엇보다 근대 예술 안에서다 ─ 푸코는 18세기 말에서 19세기 초로 근대 예술의 연대를 추정한다. 푸코의 설명대로 모더니티 예술의 특징은 예술이 "생활 양식과 진실 표명 사이의 관계rapport 안에 위치하고" 따라서 삶을 진실 표명의 필수 조건으로 만드는 것이다(GSA2: 2월 29일, 60).

푸코의 주장대로 예술적 삶이라는 인식은 르네상스 시대에 조르조 바사리Giorgio Vasari의 『예술가들의 생애』*Lives of the Artists*와 같은 전기 작품을 기점으로 시작된다. 이런 활동들에는 예술가의 삶이란 어떤 면에서든 탁월한 면이 있다거나, "다른 사람들의 삶과 완전히 똑같지는 않다"(GSA2: 2월 29일, 60)는 견해가 내포되어 있다. 그러나 이런 인식은 모더니티 안에서 급진적으로 변화되어, 예술가의 삶은 비범할 뿐 아니라 "바로 그 삶의 형태 안에서 과연 참된 예술이 무엇인지 확실한 증언자가 된다"(GSA2: 2월 29일, 60)고 여겨질 정도다. 견유주의의 비오스^{bios}가 파레시아의 기초를 확보하기 위해 전념했던 것과 마찬가지로, 예술가 역시 ─ 그가 진실의 전달자로 일컬어지는 한 ─ "예술 작품에 대한 인증"(GSA2: 2월 29일, 61) 역할을 할 수 있도록 삶을 영위해야 한다. 푸코는 모더니티의 요구와 르네상스 시대의 요구를 구분하면서 다음과 같이 설명한다. "예술가의 삶은 자신의 작품^{oeuvre}을 창조할 만큼 충분히 비범해야 할 뿐 아니라, 어떤 점에서는 삶 속에서 참된 예술을 드러내야 한다."(GSA2: 2월 29일, 60) 다시 말해 예술가의 삶은 그 자체로 예술 작품이 되어야 하고 진실의 창조와 전파를 증언해야 한다 ─ 견유주의자의 몸뚱어리와 두 겹으로 된 망토, 그리고 지팡이처럼. 따라서 근대 예술을 견유주의의 한 형태로 해석하려면, 혹독한 아스케시스하에서 작품에 진실에 대한 권리를 부여하는 삶의 방식이 반드시 필요하다. 이러한 관점에서, 예술 작품의 장점을 평가할 땐 그 뒤에 작용하는 실천도 함께 고려되어야 한다. 20세기 들어 예술가의 자서전이라든지, 작품이 제작되는 환경, 절차, 다시 말해 작품이 창조되는 실천적 방식들에 집착하는 것도 아마 이런 이유 때문이 아닐까 싶다. 푸코의 말이 옳다면, 이처럼 비판을 가하려는 모더니스트의 충동 뒤에는 예술품과 진실이 관계를 맺을 수 있는 조건을 발견하려는 의지가 자리 잡고 있을 것이다.

근대 예술은 그 진실에 대한 탐구가 존재의 근본적인 진실로의 환원이라는 반-플라톤주의 형태를 띠는 만큼, 역시나 견유주의의 한 유형이라고 할 수 있다. 4장에서 보았듯이 모더니티에 대한 반-플라톤주의적 작품들은 사물의 본질을 연구한다든지 자기 동일성 상태를 유지하길 거부하는 대신, 사유와 동일성을 복잡하게 만드는 환영적 작품들을 유포시킨다. 푸코 자신은 분명한 사유를 끌어내기 위해 만들어진 작품보다는, 모호한 경험으로 전개되는 작품을 선호한다고 주장하고 그 이유를 설명했다. 이 마지막 강의에서는 반-플라톤주의를 확대해 세 번째 거부, 즉 모방 혹은 장식에 대한 거부를 포함시킨다. 푸코는 모더니티 안에서 예술은 "더 이상 장식[…](과) 모방의 특성이 아닌 것과 진정한 관계를 확립해야" 한다고 주장한다(GSA2: 2월 29일, 61). 예술이 전개하는 비모방적 방향은 "벌거벗은 상태", "발굴", 그리고 "기본적인 존재로의 폭력적인 환원"(GSA2: 2월 29일, 62)으로 이해될 수 있다. 이러한 기본 요소의 발굴은 문학과 시각 예술의 모더니티의 특징을 이루고 있으며, 푸코가 주장하는 경향성이 19세기 이후부터 차츰 일반화되고 있다. 이런 맥락에서 푸코는 마네와 프랜시스 베이컨뿐 아니라 보들레르와 플로베르, 베케트를 언급한다. 이들은 작품을 통해 과거의 내용들 가운데 불필요한 것으로 간주되는 것에 이의를 제기하는 방식을 찾는 예술가들이다. 이들의 작품은 예술 작품을 지배하는 실천에 대해 심문하고 장식적인 요소를 없애려 노력한다. 더구나 이들의 작품은 프랑스어 관용구로 번역된 모더니티에 대한 그린버그의 논문보다 훨씬 중요한 의미를 지닌다. 우리는 곧 그린버그가 근대 예술을 "모방하기의 모방"으로 정의함으로써 궁극적으로 미메시스^{mimēsis}의 한 형태를 보존하는 한편, 각각의 예술 절차를 분리하고, 보다 광범위한 문화 영역으로부터 그것들을 제거하는 활동을 유지하려 한다는 내용을 살펴보게 될 것이다.[18] '반-플라톤주의'는 예술이 그 자체의

---

18 Clement Greenberg, "Avant-Garde and Kitsch", *Art and Culture*(Boston: Beacon Press, 1989), p. 7.

형식적 조건을 연구하는 환원주의적 기능 이상의 의미를 나타내는데, 푸코에게 이것은 예술이 사회 전체에 커다란 영향을 주기 위해 좁은 의미의 미학적 영역으로부터 이동하는 능력으로 요약할 수 있기 때문이다. 또한 "문화적 측면에서 옳지 않다는 점에서, 아니 적어도 표현 가능성을 지닐 수 없다는 점에서 […] 스스로 분출의 장소가 되는 것"이 예술이 추구하는 경향이다(GSA2: 2월 29일, 62). 그린버그에게 예술의 모더니티는 다소 배타적인 문제로서 예술은 주로 자기 자신, 즉 근대 예술하고만 대화를 하는 반면, 푸코에게 예술의 모더니티는 광범위한 문화에 영향을 미치면서 끊임없이 자신의 경계를 허물어뜨린다. 우리는 비판적 진실의 형태로 이해되는 예술 작품과 예술 작품을 지탱하는 주체성의 과정과의 관련성을 통해, 이러한 내용들이 푸코가 사유하려 했던 문맥 속에서 언급되고 있음을 상기해야 할 것이다. 푸코의 주장처럼, 예술 작품이 환원주의적이고 반-플라톤주의적이라고 주장하는 것은 작품의 물질적 요소에 특권을 부여하는 것이 아니라, 각각의 작품이 예술과 문화라는 두 세계 안에서 대체로 불안정하고 과거에 이룬 작업들을 전복시킬 가능성이 있음을 인정한다는 것이다.

2장에서 우리는 푸코가 마네의 예술에 대해 기존에 확립된 회화의 형식적 요소들의 배열을 단절시키는 과정으로 이해했음을 확인했다. 1984년 강의에서 핵심 단어는 분출이다. 기본적인 요소의 '분출'은 예술이 과거의 예술적 관습과 문화의 자기만족 속에서 논쟁적인 역할을 확고히 하는 수단이 된다. 여기에서 푸코는 미학적 도전이 보다 보편적인 문화 영역으로 이동하는 움직임에 주목하고 있다. 푸코에 따르면 이것은 마네의 작품으로 인한 스캔들을 이해하는 방식 가운데 하나로, 장면 위에 불쑥 나타나 기존의 관습을 전복시킨다. 푸코는 다음과 같이 설명한다.

마네 작품의 커다란 스캔들이었던 바, 근대 예술의 반-플라톤주의는 마네에서부터 원한다면 프랜시스 베이컨까지, 보들레르로부터 베케트 혹은 버로스Burroughs에 이르기까지 다시금 그 심오한 경향성이 드러난다고 할 수 있다. 기본적인 요소가 분출하는 장소이자, 실존의 알몸을 벗기는 mise à nu de l'existence 장소로서 반-플라톤주의. 그것에 의해 예술은 문명 안에서 자리를 잡고, 사회 규범, 가치관, 미학적 기준과 함께 축소·거부·공격이라는 논쟁적인 관계를 수립한다. 그리고 이것은 19세기 이후 근대 예술을 각각의 규칙이 내포된 끊임없는 운동으로, 개개의 앞선 행동에 의해 추론되거나 유도되거나 암시되는 각각의 규칙이 어느 사이에 다음 행동에 의해 거부되고 버려지는 끊임없이 지속되는 운동으로 만든다. 모든 새로운 형태의 예술 안에 기존의 예술이 깃들어 있다는 점에서, 일종의 영구적인 견유주의가 존재한다. (GSA2: 2월 29일, 62~63)

미학적 관습과 사회적 가치와 관련해 본질적으로 논쟁적일 수밖에 없는 예술의 역할에 대한 이러한 언급은, 마네의 작품에서 발견되는 공격성은 "모든 미학적 기준에 대한 고의적인 무관심"(QRP, 1574)이었다는, 1975년부터 계속되어 온 푸코의 주장을 되풀이한다. 더욱이 이것은 푸코가 견유주의의 아스케시스의 결과로 여기던 운동과 같은 유형으로, 견유주의적 삶의 실천은 실존에 대한 통상적인 철학적 개념에 이의를 제기하고 이 개념을 본질적 요소들로 축소시킴으로써 변화를 꾀한다. 이처럼 근대 예술에 대한 견유주의적 개념은 미학적 기준과 문화에 대한 전반적인 불신을 더욱 보편적으로 강조한다. 물론 푸코의 분석에는 역사와 문화, 윤리, 삶을 예술과 분리하는 모더니티에 관한 모든 이론들에 대한 거부가 내포되어 있다. 푸코에 따르면 견유주의자가 자신의 비판을 철학의 세계로 제한하지 않았던 것과 마찬가지로, 근대 예술은 보다 광범위한 문화로부터 고립된 자율적인 영역이 아니다. 앞에서 보았듯이 푸코가 인용한 작품들은 윤리적으로나 정치적으로 관련성이 있는 작품들이다. 이런 점에서 마네의 작품이 대표적이라고 할 수 있는데, 이 작품은 미학적 속성에 대한 견유주의가 사회 규범에 대한 비판으로 해석되는 실례가 되기 때문이다. 여기에서 우리는 푸코가 마네의 작품이 모더니스트의 작업을 위해 상당히 중요한 에너지를 제공한다고 여긴다는 사실에도 주목해야 한다. 그러므로 모더니티의 '부단한 운동'이 푸코가 마네의 작품에서 추려 낸 '심오한 단절'에서 비롯된 것으로 여기는 것이 타당할 것이다.

근대 예술이 환원주의적이고 반-플라톤주의적 특징을 지녔다는 푸코의 주장은 삶에서 직접 도출된 개념이다. 다시 말해 환원은 푸코가 견유주의의 아스케시스에 대한 분석에서 논의한 구체적인 기능 가운데 하나다. 견유주의자의 삶과 마찬가지로 근대 예술 안에서 작동하는 진실의 유형은 존재의 가장 본질적인 수준으로 축소되고 환원된다. 앞에서 보았듯이 근대 예술의 결정적인 경향 가운데 하나는 푸코가 이해한 것처럼 가장 낮은 것을 포용하는 것이다. 채색된 캔버스의 물질적 속성에 대한 마네의 완고한 고집이 됐든, 그림의 직접적인 영향력을 위해 재현의 형태를 회피하는 레베롤의 방식이 됐든, 근대 예술에는 기본적인 요소를 적나라하게 드러내는 활동에 의해 파악되고 제시되고 전파되는 몇 가지 진실이 있다. 견유주의의 진실과 마찬가지로 이런 형태의 진실은 가장 본질적인 것으로의 환원이다. 그리고 시들고 벌거벗은 존재에 대한 견유주의의 진실과 마찬가지로, 근대 예술은 끊임없이 진실에 대한 스캔들의 형태로 드러난다.

푸코는 근대 예술 내의 이러한 반-문화적 경향을 진실을 향한 용감한 표현으로 간주한다. 푸코에 따르면 견유주의자들이 진실을 낳아 보리라는 기대로 한계지점에서 생활했던 것과 마찬가지로, 근대 예술은 "그 야만적인 진실 안에 내재된 예술의 용기"다(GSA2: 2월 29일, 63). 따라서 푸코에 따르면, 근대 예술은 근대 예술이 일어난 조건에 대해 끊임없이 의문을 제기하는 위험을 수반한다는 점에서 파레시아적 말하기라고 할 수 있다.

> 근대 예술은 문화 속의 견유주의이자, 스스로에게 등을 돌린 문화의 견유주의다. 그리고 설사 예술 안에 견유주의가 없다 할지라도, 우리의 근대 세계에서 상처 입을 위험을 무릅쓸 용기가 있다고 말하는 가장 강렬한 진실의 형태가 집중되어 있는 곳은 무엇보다 예술 안에서라고 생각한다.[19]

근대 예술은 과거에 드러난 것에 대한 부단한 비난인 만큼 상처를 줄 위험을 무릅쓰게 되어 있다. 근대 예술은 대중의 인기를 얻지 못할 게 분명한, 그래서 위험을 자처할 진실을 선포한다. 견유주의자의 삶이 전통적인 철학적 삶의 결함을 시사하는 것과 같은 방식으로, 근대 예술은 문화 안에서 일반적으로 인정받는 것과 논쟁적으로 교류를 이루면서 형태를 갖추어 간다. 그러므로 근대 예술은 예술이 미치지 못하는 지점, 그리고 문화가 오류를 범하는 지점에 대해 파레시아적으로 행동한다.

---

19 GSA2: 2월 29일, p. 63. 원문은 다음과 같다. "L'art moderne c'est le cynisme dans la culture, c'est le cynisme de la culture retourné vers elle-même. Et je crois que si ce n' est pas simplement dans l'art, c'est dans l'art surtout que se concentre[nt] dans le monde moderne, dans notre monde à nous, les formes les plus intenses d'un dire vrai qui a le courage de prendre le risque de blesser."

8. 가시적 진실로서의 파레시아

푸코의 마지막 두 강의는 근대 예술 안에서 작용하는 진실의 형태에 대한 푸코의 이해를 위해 반드시 필요한, 말하기 방식의 다양한 변형들을 추적하는 데 할애된다. 대체로 파레시아는 아테네 민주주의의 부정적인 권리로부터 ── 모든 사람은 아무리 평판이 좋지 않은 입장에 있는 사람이라도 발언권이 주어져야 한다 ── 윤리적 변화와 숙련을 기반으로 할 때에만 가능한 담론 형태로 이동한다.[20] 앞으로 보겠지만, 특히나 견유주의

---

20 파레시아는 푸코가 통치, 지도, 고해성사와의 관계를 분석할 때 처음으로 제기된다. 1982년 강의에서 푸코는 파레시아가 철학적 스승의 바람직한 특성이 되는 방식, 즉 자신이 책임을 맡은 사람에게 솔직한 조언을 줄 수 있도록 화법과 용기를 겸비한 미덕이 되는 것으로부터 선언의 주체가 동시에 자기 담론의 지시 대상이 되는 의무적인 개방 상태로 이동하는 방식을 설명한다. 첫 번째 경우, 조언을 하는 안내자는 그의 보살핌을 받는 사람들에게 아첨이나 미사여구를 통해 영향을 미치려 해서는 안 된다. 그보다는 그들의 삶에 필요한 변화를 일으킬 수 있도록 한 마디 한 마디를 신중하게 재단해야 한다. 스승의 담론은 "사람들을 혹하게 만들려는 담론이 되어서는 안 된다. 스승의 담론은 제자의 주체성이 도용할 수 있고 […] 제자가 자신의 목적에, 즉 자기 자신에게 다다를 수 있게 하는 담론이어야 한다"(HER, 368). 우정과 서로의 잘못을 정정해 주는 행위가 철학적 실천의 본질이었던 에피쿠로스학파에서는 자유롭게 말할 의무(파레시아)가 학생들에게 전가되었다. 지도를 받는 측에서 솔직하게 말해야 하는 이런 의무는 고백이라는 서양의 메커니즘을 구축하는 중요한 요소다. 이처럼 지도하고 지도받는 관계 안에서 파레시아의 위치 변화에 대해 푸코는 다음과 같이 설명한다. "우리는 여기에서 처음으로 이 의무를 발견하리라 생각하며, 그리스도교 사상에서 다시 보게 될 것이다. 즉, 나는 나에게 진실을 가르치는 진실의 말들에 반응해야 하고 ── 용기를 내어 반응하고, 반응하도록 요청을 받으며, 부득이 반응하지 않을 수 없다 ── 그 결과 나 자신의 영혼의 진실은 타인과 타인들에게 드러내는 진실의 담론으로 나를 구원하도록 돕는다."(HER, 391) 그러나 역사적으로 파레시아는 정신적인 배경이 아닌 정치적인 배경에서 처음 등장했다. '두려움 없는 발언'(Fearless Speech)이라는 제목의 1983년 버클리 강의에서 푸코는 기원전 4세기 말과 5세기 초 그리스 사상과 관습에서 드러난 정치적 파레시아를 둘러싼 위기를 추적한다. 1983년 콜레주 드프랑스 강의 '자기통치와 타자통치'는 파레시아를 정치적 실천으로 간주하고, 1984년 강의 '자기통치와 타자통치: 진실의 용기'는 파레시아가 윤리적 실천으로 변화하는 과정을 추적한다. 1984년 2월 1일 강의에서 푸코는 이런 말하기 방식의 정치사에 무척 놀랐다고 말했으며, 이에 대한 분석을 통해 자신의 초창기 문제, 즉 자기에 대한 진실을 말하는 고대의 실천에 대한 역사로부터 어떻게 멀리 벗어나게 되었는지 설명한다(Foucault, 콜레주드프랑스 1984년 2월 1일 강의, p. 14 참조. 이하 'GSA2: 2월 1일'로 인용함). 따라서 푸코는 정치 영역을 문제화함으로써

가 드러나는 곳에서 이런 유형의 진실이 지닌 매우 가시적인 성격은 파레시아를 근대 예술의 담론에 매우 적합하게 만든다. 이제부터 우리는 근대예술에 대한 푸코의 언급을 자세하게 살펴보기 위해 마지막 강의 몇 편에서 제시된, 진실에 대한 푸코의 개념을 탐구하고자 한다. 먼저 파레시아에 대한 일반적인 설명을 전개한 다음, 그 시각적인 실천 요소를 집중적으로 살펴보겠다. 다음 항목에서는 근대 예술에 앞선 이러한 양상에 대한 견유주의의 전개를 보다 자세하게 살펴보겠다.

파레시아는 말하는 사람과 말의 내용 사이의 구체적인 관계를 의미한다. 파레시아 행위를 통해 파레시아를 실천하는 사람parrhesiast은 자신의 마음과 정신을 완벽하게 열고 자신의 의견을 피력한다(FS, 12). 푸코의 주장대로 파레시아를 실천하는 사람은 "자신이 실제로 믿는 바를 최대한 직접적으로 다른 사람들에게 **현시함으로써** 다른 사람들의 정신에 **영향을**

파레시아가 주체성이라는 윤리적 영역으로 이동하는 과정을 연구할 것을 계획한다(이 부분은 Foucault, 콜레주드프랑스 1984년 2월 8일 강의를 참조. 이하 'GSA2: 2월 8일'로 인용함). 푸코는 이러한 접근 방법에는 "소위 '자기와 타자의 통치'라고 하는 실천의 관점에서 주체와 진실의 문제를 제기"할 수 있는 이점이 있다고 설명한다(GSA2: 2월 8일, 15). 다시 말해 푸코는 파레시아를 통해 자기의 실천에 대한 역사를 1970년대 자신의 강의에서 제기되었던 통치체제라는 주제 및 진실에 대한 문제와 연결시키고자 한다. 따라서 푸코는 서로가 함께 무너지는 것이 아닌 서로가 서로의 일부가 되어 주는 "진실과 권력과 주체의 관계(les rapports)"를 숙고하길 꾀한다(GSA2: 2월 8일, 16). 파레시아의 윤리적 변화에 대한 역사는 복잡한 동시에 불완전하다. 푸코의 논지를 대략적으로 말하면, 파레시아는 그리스 민주정에서 위험한 실천으로 그 자격을 박탈당해, 윤리적 차별이라는 기술을 바탕으로 획득된다. 푸코는 다음과 같이 주장한다. "우리는 4세기 그리스 사상에서 민주주의적 파레시아에 대해 약간 자부심을 갖고 말하지만, 위기가 닥치자 […] 순식간에 에토스(êthos[윤리])의 문제, 그리고 윤리적 차별의 문제에 봉착하게 된다."(GSA2: 2월 8일, 40) 이것은 푸코가 1983년 강의에서 두 번째 위태로운 전통이라고 일컬은 내용의 발단이 된다. 합리적 추론의 원칙과 진실한 표현에 대한 기준에 영향을 미치는 철학 전통과 달리, 또 다른 비판적 전통은 흔히 말하는 진실 말하기의 활동에 중점을 두고 장차 진실을 말하려는 이들의 윤리적 특징에 관여한다. 따라서 그리스 철학은 "다음과 같은 의문을 제기했다. 누가 진실을 말할 수 있는가? 스스로 진실을 말하는 사람으로 자처할 수 있고 모두들 그렇게 여기기 위해 갖추어야 할 도덕적·윤리적·정신적 조건은 무엇인가?"(FS, 169)

미친다."(FS, 12. 강조는 인용자의 것) 이렇게 파레시아는 말하는 사람이 보여 주는 일정 정도의 **솔직함**을 특징으로 한다. 구조적으로 파레시아와 적대 관계에 있는 두 요소가 바로 아첨과 미사여구다. 아첨은 "우리를 무능하고 비논리적인"(HER, 376) 방향으로 유도해 계속 그 방향을 고수하게 함으로써 영향력을 행사하려 한다는 점에서 파레시아와 도덕적으로 대립된다. 반면에 파레시아를 실천하는 사람은 우리를 자유롭게 해 우리 스스로 말을 하게 하는 방식으로 진실을 말하려 시도한다. "파레시아의 목적은 누군가와 대화하는 그 얼마간의 순간에 더 이상 다른 사람의 담론을 필요로 하지 않는 상황에 있다는 걸 스스로 알아차리도록 행동하는 것이다."(HER, 379) 미사여구는 기술적인 이유에서 파레시아와 반대된다. 미사여구가 진실을 미화하는 반면, 파레시아의 행위는 진실 외에는 아무 것도 포함시키지 않는다. "파레시아는 진실 자체를 […] 있는 그대로 전파한다."(HER, 382) 앞에서 보았듯이 푸코는 견유주의의 아스케시스와 근대 예술의 관습 안에서 불필요한 모든 요소를 제거한 진실의 힘을 발견했다. 파레시아의 행위는 이러한 축소 및 환원에 의지한다. 파레시아는 "아무런 장식 없이 벌거벗은 힘들 속에서 진실한 담론의 진실을 작동하게 하는 것 외에 아무것도 하지 않는 […] 도구"이다(HER, 382). 파레시아를 실천하는 사람은 전달되는 모든 내용들 가운데 가장 직접적인 형태를 발견하려 하고, 그것을 받아들임으로써 "틀림없이 깊은 인상을 받은" 그는 주체성의 적극적인 원칙으로 그것을 활용하게 될 것이다. 따라서 아첨과 미사여구를 거부함으로써, 진실로 인정받고 진실을 듣는 사람의 삶 속에 흡수되는 최대의 효과를 파레시아에 부여할 수 있다.

1984년 강의에서 푸코는 파레시아를 실천하는 사람을 고대 세계에 공통적으로 등장하는 세 명의 진실을 말하는 사람, 즉 예언자, 기술자, 현자와 비교한다. 말하는 사람과 선언되는 진실 간의 매우 전문화된 관계로 인해 파레시아의 양상은 각각의 경우마다 뚜렷이 구별된다. 예언자는 자신의 이름으로 진실을 말하지 않으며, 대신 진실이 예언자를 통해서 전달된다. 예언자는 신과 세계 혹은 현재와 미래를 중재한다. 예언자는 단지 메신저일 뿐이며, 그렇기 때문에 자신의 주체성을 갖고 발설하는 진실에 대해서는 확신을 갖지 못한다. 기술자는 전통을 대신하여 말하고 테크네 techne, 技術로서 진실의 전달을 가능하게 한다. 예언자와 마찬가지로 진실과 자신과의 관계가 아닌 전통을 대표하는 중재자다. 지혜를 양상으로 하는 현자는 자신의 지혜를 말하며, 파레시아를 실천하는 사람과 마찬가지로 진실과 밀접하게 연결되어 있다. 그러나 현자는 가장 보편적인 문제만을 이야기하고, 위험이 내포되어 용기를 필요로 하는 특정한 문제에 대해서는 침묵한다(GSA2: 2월 1일, 27~46).

그에 반해 파레시아를 실천하는 사람은 개인과 집단의 생활과 관련된 동시대의 구체적인 문제에 대해 말한다. 더욱이 파레시아는 말하는 사람이 직접 행동 방침과 삶의 방식에 참여하는 식으로 진실을 알리는 행위를 함으로써 진실과 훨씬 직접적인 관련을 맺는다. 파레시아는 "참여와 결속과 상응하며 선언의 주체와 행위의 주체 사이에 특정한 계약을 수립하는 말하기이다"(HER, 406). 그러나 이 참여는 분명하게 표현하는 행위에 의해 맹세라든지 약속이 이루어지는 발화 행위와 같을 수 없다. 1984년 강의 내용을 빌리면, 이러한 참여는 파레시아를 실천하는 사람이 "스스로 선언한 진실에 어떻게든 스스로를 드러내는" 행위다(GSA2: 2월 1일, 20). 그러므로 진실에 대한 모든 포고가 파레시아적 행위라고 할 수는 없지만 어느 정도 대가가 치러진 포고에 한해서는 파레시아적 행위라고 말할 수 있다. 이 대가는 파레시아를 실천하는 사람의 신념과 소통되는 진실 사이의 인식론적 유사성을 보장한다. 이런 의문을 가질 수도 있을 것이다. 혹시 파레시아를 실천하는 사람은 자신의 **생각**을 진실이라고 말하는 건 아닐까, **과연** 진실이란 무엇인가? 푸코에 따르면 파레시아를 실천하는 사람은 자신이 진실이라고 생각하는 것을 말하는데, 그것이 진실이라고 실제로 믿기 때문이며, 그것이 실제로 진실이기에 그렇게 믿기 때문이다. 푸코는 다음과 같이 설명한다. "**도덕적인 특성**을 보유함으로써 이러한 진실의 소유가 보장되므로, 그리스의 파레시아에 대한 개념에서 [⋯] 진실의 획득에는 아무런 문제가 없는 것 같다."(FS, 15) 이러한 도덕적 특성들은 아스케시스, 즉 먼저 의견으로 나온 것이 바로 진실이라는 증거이자 필수적인 도덕적 특성을 보유하게 해주는 아스케시스의 이행을 통해 획득된다. 파레시아를 실천하는 사람은 특정한 방향이 곧 삶의 올바른 방향이라고 선언하면서, 자신이 진실이라고 주장하는 삶을 살고 있다는 증거를 제시하며 자신의 존재를 언급한다. 파레시아를 실천하는 사람은 자신의 행실을 통해 자신이 전하려는 진실이 자신의 삶을 지배하는 원칙을 기반으로 한다는 걸 증명한다. 예술가와 마찬가지로 그는 자신의 담론을 자신의 주체성을 통해 보증하는 것이다. 그러므로 파레시아에서는 발화자의 의견과 상황의 진실이 동일하며 이러한 등가성은 삶의 양식화에 의해 보장된다. 파레시아를 실천하는 사람은 독자적인 자신의 생각을 말하지만, 그 발언이 아스케시스에 기초하기 때문에 진실로 확인되고 인정될 수 있다.

그러므로 파레시아를 실천하는 사람의 비판적인 발언에는 자신의 의견을 분명하게 표현하길 희망하는 주체의 변화가 요구된다. 견유주의자들은 지식 자체를 위한 지식 확장을 꺼렸으며, 대신 주체성의 생성과 변형으로 철학적 노력의 방향을 돌렸다. 견유주의자에게 지식은 앎의 주체를 변형시킬 수 있을 때에만 유용하다.[21] 그러므로 철학적 지식은 이론상으로만 존재하던 진실들을 사유와 몸짓과 행동을 위한 규정 속에 한데 엮을 목적으로 도구화되고 정신적으로 승화된다. 간단히 말해 견유주의에서 아스케시스의 목적은 로고스logos와 비오스bios 간의 거리를 좁힘으로써 로고스를 삶의 영구적이고 능동적인 원칙으로 작동시키는 것이다. 견유주의자들에 따르면 "파레시아는 특정한 삶의 방식과 직접적으로 연결되고" 견유주의 철학자는 생활 양식을 "진실을 말하기 위한 필수조건"으로 만든다(GSA2: 2월 29일, 27). 그러므로 견유주의자는 일련의 엄격한 원칙들에 따라 양식화된 삶을 기반으로 하는 신뢰할 수 있는 주체가 된다. 푸코가 제시한 바에 따르면 견유주의적 삶은 파레시아의 사용을 위한 '기본 틀'과 '지지'와 '정당성'을 부여한다(GSA2: 2월 29일, 28). 견유주의는 인식론이나 복잡한 윤리학 체계에 의지해서가 아니라 생활 방식의 양식화를 통해 비판적인 사회적 기능을 획득하기 때문에, 견유주의적 삶은 철학적 견유주의와 비교적 소규모의 이론적 요소들을 공존하게 할 수 있다. 이때 이들의 신뢰성은 견유주의의 원칙을 실천하는 이들의 삶 속에서 윤리적인 노력에 의해 확보된다. 이러한 아스케시스는 인류가 어디에서부터 잘못되었으며, 인류의 우선사항, 습관, 관습을 어떻게 바로잡을 수 있는지 견유주의자가 행동으로 보여줄 수 있도록 작용한다.

삶과 담론 사이의 조화는 1980년대 내내 푸코의 강의를 이끄는 주제 가운데 하나로, 여기에서 파레시아적 담론의 진실은 말의 내용과 그것을 표현하는 개인 간의 조화를 통해 보장될 수 있었다. 『라케스』에 대한 푸코

---

21 HER, pp. 231~238. 푸코는 고대의 다양한 자료를 바탕으로 이러한 종류의 지식을 'ethopoetic'(행동 시학), 즉 개인의 존재 양상 속에서 변화를 일으킬 수 있는 능력이라고 설명한다.

의 해석에서 알 수 있듯이, 소크라테스는 용기를 드러내 보임으로써 윤리적 문제에 대해 파레시아적으로 말할 수 있었다. 그러나 견유주의자에게는 단순히 그가 행동하고 말하는 것 사이의 조화가 아닌 주체의 존재 자체가 파레시아의 활동을 보장한다. 견유주의자는 파레시아의 보편적인 기준을 충족시키는 한편, 그의 철저한 아스케시스는 진실과 탄탄한 관계를 구축하면서 일보 전진한다. 견유주의는 단순히 등가적인 관계에 만족하지 않으며, 견유주의적 삶 자체를 진실을 전파하는 수단으로 만들면서 진실과 훨씬 긴밀한 유대를 형성한다. 견유주의자의 존재 양상은 소크라테스의 경우처럼 자신이 선포한 담론과 부합할 뿐 아니라 삶에서 비본질적 요소들을 벗겨 내는 환원주의적 작용을 통해 실존 자체로 '진실의 폭로자'가 된다. 소크라테스에게 이것은 미덕을 표현하는 문제인 데 반해, 견유주의자에게 이것은 바로 삶의 진실을 드러내는 문제다. 앞에서 보았듯이 견유주의는 진실한 삶을 뒤집고, 그 자체로 진실의 표명인 삶을 구축했다. 견유주의를 여타의 철학 학파와 구분하고 파레시아적 양상의 활용을 정당화하는 것은, 바로 이러한 실존의 적나라한 진실의 핵심을 관통하려는 시도이다. 푸코에 따르면 견유주의는 진실한 삶인 동시에 삶의 진실인 삶을 이끌어 냈다. 견유주의에서 삶은 진실의 직접적이고 불미스러운 실재로 드러난다. 따라서 푸코는 "견유주의의 핵심인 […] 진실에 대한 추문을 삶 속에서 그리고 삶을 통해서 행사할 것"을 주장한다(GSA2: 2월 29일, 37). 푸코의 이 주장은 견유주의자가 일반적인 철학 원칙을 받아들여 삶 속에서 근본적으로 개혁하는 데 있어서, 자신의 아스케시스에 부단히 이의를 제기해 다른 철학자들의 삶보다 훨씬 직접적으로 진실한 삶을 구축하기 위해 도전한다는 걸 의미한다. 따라서 견유주의는 그 모든 나약함·잔인함·결핍 안에 있는 단순하고 기본적인 실존의 진실을 자신의 존재 안에서 드러내려 한다. 이미 진실에 의해 빚어진 바로 이런 삶이야말로 견유주의자가 진실한 발언을 할 가장 직접적인 권리를 지닌 이들이라는 사실을 고대인들에게 보장하게 해준다. 진실은 견유주의자가 비판적인 말들을 쏟아내기 전에 이미 그의 몸에 새겨지고, 그의 몸짓으로 감지할 수 있으며, 그의 차림새로 입증할 수 있는, 한마디로 말해 그의 삶에서 뚜렷하게 알아볼 수 있는 무엇이다.

푸코의 여러 설명들을 통해, 파레시아는 언제나 논리적으로 이루어지는 발언 내지 주어진 상황에 부합하는 발언 이상의 의미를 갖는다는 사실에 주목할 필요가 있다. 푸코가 말하는 파레시아는 아마도 합리적이고 시각적인 예를 통해 담론을 진실로 인식할 수 있게 하는, 담론적인 것과 가시적인 것 사이의 복잡한 뒤얽힘이라고 할 수 있을 것이다. 견유주의자들에게 발언 자체는 그들의 삶에서 처음으로 목격되는 진실에 부수된다. 이들은 말과 생활의 조화를 여타의 다른 학파들보다 훨씬 중요하게 여기고, 이 조화를 시각적인 관계로 전환한다. 사실상 견유주의자의 아스케시스에서 이러한 가시적인 차원은 — 악평이 자자한 행동, 공개적으로 사는 삶, 모든 물질적 안락의 기피 — 견유주의자가 이러한 실천을 통해 파레시아에 대한 권리를 주장하는 만큼, 푸코가 그리는 그림의 본질적인 부분을 이룬다고 할 수 있다. 견유주의자의 실천을 발언과 비판적 사회 기능을 지지하기 위한 수행으로 이해한다면, 견유주의적 아스케시스와 연관 지은 근대 예술에 대한 푸코의 설명이 타당하다는 것이 더욱 분명해질 것이다. 시각적 직접성은 다른 철학 학파들을 향한 파레시아의 목적이며 푸코가 설명하는 내용의 핵심이다. 견유주의는 이런 복잡한 문제들의 확대판으로, 다시 말해 파레시아에 대한 열망은 이런 문제들을 단순한 발화를 넘어서서 하나의 사건으로 바꾸는 실천 형태로 간주될 수 있다.

아첨과 미사여구는 진실을 직접적으로 전달하는 데 방해가 되는 만큼, 이 두 요소가 어떻게 파레시아의 장애물이 되는지 앞에서 살펴보았다. 두 장치 모두 진실과 아무런 관련이 없고 오히려 방해가 되는 요소들을 활용함으로써 진실의 전달을 가로막는다. 반면 파레시아는 집단에 대해서든 개인에 대해서든, 진실이 적극적으로 활약하기 위해 불필요한 요소를 모두 제거하기 때문에 대단히 효과적으로 진실을 전달할 수 있다. 파레시아적으로 말하려 할 때 우리는 필요한 진실에 최대한 가장 직접적인 방식으로 기대려 시도한다. 이때 언어적 한계는 파레시아를 가시적 실천의 영역 속으로 밀어 넣는다. 푸코는 세네카Seneca의 편지에서 파레시아의 핵심을 압축해 설명하는 것 같은 묘한 표현을 발견한다. 세네카는 파레시아를 표현하는 라틴어 리베르타스libertas를 설명하면서, 자신의 담론이 아무런 꾸밈없는 가시적 명료함을 특징으로 하길 바란다고 덧붙인다.

허세를 부리고 싶은 사람이 아니라면 자신의 문체에 기교를 부려야겠다고 생각할 사람이 누가 있겠는가? 우리가 단둘이 앉아 있거나 걷고 있다면, 나는 꾸밈없이 느긋하게inlaboratus et facilis 이야기를 진행하게 될 것이다. 내 편지가 그런 내용으로 이루어지길 바라며, 실제로 내 편지에는 철저하게 계획되거나 가식적으로 꾸민 내용이 전혀 없다. 가능하면 나는 내 생각을 언어로 옮기기보다 있는 그대로 보여 주고 싶은 마음이다.[22]

푸코는 이 마지막 줄에 주목하고 나중에 그의 강의에서 언급하면서 다음과 같이 질문한다. "'자신의 생각을 말하지 않고 그대로 보여 준다

---

22 Seneca, *Letters*, LXXV. HER, pp. 401~402에서 인용.

는 것'은 무슨 의미인가?"(HER, 404) 푸코는 먼저, 이것은 장식을 최소화한 생각을 "순수하고 단순하게 전달하는 것"이라고 답한다. 그러나 그보다 더욱 중요한 것은 이런 생각의 드러냄은 생각들이 그것을 전달하는 사람의 마음 속 깊은 곳에 자리잡고 있음을 보여 주는 것으로 이루어진다는 사실이다. 파레시아의 행위를 구축하려면, 그 행동을 선언하는 방식 안에서 선언되는 내용과의 개인적인 관계를 표시할 방법을 찾아야 한다. 파레시아에서 "드러나야 하는 것은 이것이 […] 진실이라는 것뿐 아니라 […] 말하고 있는 나 역시 […] 그들이 진실하다고 여기는 사람이라는 것이다"(HER, 405). 뿐만 아니라 진실과의 이런 관계가 주체성을 구성하는 요소라는 사실도 드러나야 한다. 다시 말해 푸코의 설명대로, 파레시아를 실천하는 사람은 "나는 내가 진실이라고 말하는 것을 진실이라고 여기고 그렇게 느낄 뿐 아니라, 심지어 그것을 사랑하고 애착을 느끼며 내 온 삶이 그것에 지배를 받는다"(HER, 405)는 걸 보여 주어야 한다는 의미다. 그러므로 우리는 자기 실존의 진실함을 분명하게 드러내기 위해 실존 양태의 일부를 담론에 도입해야 한다. 푸코는 다음과 같이 말한다.

> 리베르타스와 파레시아 개념에서 결정적인 요소는 […] 행해진 담론의 파레시아(솔직함)를 보장하기 위해, 말하는 사람이 실제로 말하는 내용을 통해 그의 실존이 정확히 인식될 수 있어야 하는 것이다. (HER, 405)

고대의 자료들과 푸코가 전개한 내용들에서 시각적 은유의 급격한 증가는 담론적 상황으로부터 멀리 벗어나 있음을 말해 주는 한편, 지각할 수 있는 경험의 영역에 파레시아를 위치시킨다. 견유주의의 아스케시스는 단순히 화법을 넘어서서 진실과의 관계에 대한 시각적인 수행으로 이동하는 만큼, 견유주의는 파레시아의 권리를 주장하는 고대의 여러 학파들 가운데 단연 가장 성공적이었다고 말할 수 있다. 사실상 고대 견유주의자들이 사유하거나 생각하거나 기록한 내용들 외에 그들이 양식화한 상징들도 서양의 상상력에 확고한 영향력을 미쳤다. 심지어 일부 견유주의의 전략을 못마땅하게 여겼던 세네카조차 언어와 관계없이 점검이 가능한 비오스와 로고스, 이 둘 사이의 관계는 여전히 이상적이라고 말한다. 견유주의가 파레시아의 활동을 아름다움에 연결시키는 것도 바로 이런 이유에서다. 푸코의 설명대로 진실은 아름다울 뿐 아니라 진실 그 자체로 아름다운 존재와 관련되어야 할 무엇이다. 그러므로 견유주의의 파레시아는 신중하게 양식화된 존재를 진실을 소유하기 위한 전제조건으로 만들어, 진실과 아름다움이라는 전형적인 한 쌍을 극한까지 끌고 간다 (GSA2: 2월 29일, 21). 그러나 우리가 앞에서 보았듯이 푸코는 추함과 물리적인 가치 하락에 대한 견유주의의 역설적인 확언에 대해 의구심을 갖기도 하는데, 그럼에도 불구하고 우리는 이것을 푸코뿐 아니라 견유주의자에게도 아름다운 진실과 존재의 관계라고 말할 수 있다. 푸코가 자기만족적인 주체화 형태를 저해할 방법을 모색할 때, 삶 자체가 미학적으로 심취할 수 있는 대상이 될 수 있고 그럼으로써 진실을 표현할 수단이 될 수 있다는 생각에 매료되었으리라는 것은 의심할 여지가 없다.

9. 견유주의의 전략과 근대 예술에 대한 기대

진실-말하기와 철학적 실천을 위해 다른 철학 학파들이 취한 엘리트주의적 방식과 대조적으로, 견유주의자들은 자신들의 메시지를 대중에게 전파한다. 파레시아가 점차 대인 관계, 주로 정부 관리와 철학적 조언자 사이의 관계에 국한되던 시기에 견유주의자들은 이 놀이를 완전히 개방시켰다. "그들은 자신들의 가르침이 매우 대중적이고, 쉽게 이해할 수 있으며, 화려하고, 자극적이며, 때로는 불미스러운 삶의 방식으로 이루어져야 한다고 생각했다."(FS, 117) 푸코의 설명대로 견유주의자의 자기 이해는 소크라테스가 남긴 유산에 대한 특정한 해석으로부터 비롯되며, 이를 통해 견유주의자는 사회적 위치와 관계없이 모든 사람을 대화에 참여시키는 공적 인물이 된다. 이것은 곧 그들의 담론의 현장과 형식이 높은 위치에 있는 사람들과의 대화에서 벗어나 누구나 쉽게 접근할 수 있는 대중적인 영역으로 이동했음을 의미하기도 한다.

견유주의의 전통 안에서 파레시아는 푸코가 "비판적 설교"(FS, 119)라고 일컬은 것으로 점차 변화되어 갔다. 이런 공개적인 비난은 제도나 법, 윤리적 관습, 불필요한 문화적 부가요소, 자유와 자기 충족에 제한을 두는 그 밖의 모든 요소들을 향했다. 견유주의의 설교는 소박함과 꾸밈 없음을 기반으로 한 자기 배려의 형태를 촉구했다. 이처럼 공개적인 설교 방식은 두 가지 이유에서 역사적으로 매우 중요하다. 이 방식은 관습과 주제의 두 가지 측면에서 그리스도교로의 개종을 예견하며, 자기에 대한 배려라는 철학적 주제를 일반 대중에게까지 확대시킨다. 이렇게 견유주의의 설교는 진실에 대한 관심이 엘리트 철학자만의 전유물에서 벗어나 대중에게 전달되는 방식 가운데 하나라고 할 수 있다. 설교는 "진실은 사회의 가장 훌륭한 구성원, 다시 말해 특권층뿐 아니라 사회 전 구성원에게 전달되고 가르쳐져야 하는 것이라는 생각과 관련"되므로(FS, 120), 진실과 주체성 사이의 관계에 대한 역사에서 핵심이 되는 순간이다. 이것은 곧 파레시아를 실천하는 사람의 공적인 인격이 신중하게 양식화되어야 하고 그 개입 또한 신중하게 계획되어야 한다는 걸 의미한다. 다시 말해 파레시아를 실천하는 사람의 존재와 담론은 특정한 미학적 특성을 띠어야 한다.

집단적인 습성과 의견에 도전하기 위한 몸짓으로 이해되는 견유주의의 불명예스러운 행동은 견유주의의 파레시아가 취하는 방식 가운데 하나다. 푸코가 지적한 대로 이런 행동들은 주로 전설의 형태로 오늘날까지 전해져 내려오며, 철학자란 모름지기 삶의 전형을 구축해야 한다는 견유주의 입장의 연장선상에 있다. 쉽게 인식할 수 있는 주의나 정전으로 여겨지는 원문이 거의 없는 견유주의 운동에서는, 삶과 행동으로 많은 것을 이룬 실제 인물 혹은 신화 속 인물인 '철학적 영웅'에 대한 고찰에서부터 반성이 시작된다. 따라서 견유주의는 지지자들의 삶 속에서 이루어지는 주요 사건과 행동을 분석함으로써 전파된다. 또한 삶의 양식화를 통해 전파되기도 하고 이러한 주체성을 대중의 상상력 속에 자극적으로 주입함으로써 전파되기도 한다. 디오 크리소스토모스의 진술대로 디오게네스는 이스트미아 제전 운동경기에서 벌어지는 어리석은 행위에 이의를 제기했다. 디오게네스는 주최측과 관중들의 신경을 잔뜩 긁고 나서는, 마치 자신이 이 제전의 승리자라도 된 양 소나무 가지로 직접 화관을 만들어 썼다. 그는 경기장을 나서기 직전, 오로지 자신만이 악덕·욕망·가난이라는 무시무시한 적들을 물리칠 수 있는 승리자라고 주장했다. 나중에 두 마리 말이 싸우는 광경을 지켜본 후, 디오게네스는 늠름하게 제 위치를 지킨 말의 머리에 화관을 씌웠다. 푸코에 따르면 이런 몸짓은 상을 배부하는 행위가 기본적으로 얼마나 독단적인지 보여 주는 것이다. 도덕성을 겨루어 상을 준다면 디오게네스 외에 상을 받을 만한 이는 아무도 없겠지만, 육체의 힘을 발휘하는 것으로 상을 주는 것이라면 당연히 말도 왕관을 써야 한다는 것이다(FS, 121~122). 이렇게 견유주의 전통에서 몸짓과 행위, 공개적인 개입은 철학적 반성의 필수적인 출발점을 이루었다. 푸코의 해석을 재구성함으로써 알 수 있듯이, 이것은 견유주의 사상이 전파되는 주된 방법 가운데 하나였다.

도발적인 대화는 대화를 적대적으로 주고받음으로써 대화 상대자를 진실로 인도하고자 하는 또 하나의 견유주의적 기술이다. 푸코는 다음과 같이 설명하면서 이런 대화 방식을 소크라테스의 대화법과 비교한다.

> 소크라테스의 대화법이 무지한 이해로부터 무지에 대한 자각으로 향하는 복잡하고 구불구불한 길을 밟는다면, 견유주의자의 대화는 대단한 공격성과 평화롭고 고요한 순간의 정점에서 벌이는 싸움, 전투, 전쟁과 아주 흡사하다 ── 물론 평화로운 의견 교환 역시 대화 상대자에게 씌우는 또 하나의 덫이 되겠지만. (FS, 130)

디오게네스와 알렉산드로스의 만남에 대한 이야기에 매번 견유주의자가 알렉산드로스의 허영심을 공격하는 대목이 나온다는 점은 매우 의미심장하다. 푸코에 따르면 대화를 주고받는 동안 디오게네스의 공격이 알렉산드로스 대왕의 무지를 깨닫게 할 정도는 아니었지만, 디오게네스가 왕의 정치적 열망을 조롱하고, 왕의 용기에 의혹을 제기하며, 왕을 사생아라고 부르는 등 왕의 자부심에 상처를 입히자 왕은 극도로 불쾌해졌다(FS, 124~133). 푸코는 이런 적나라한 대화가 일어나는 상황을 분석하며, 이런 상황에서는 늘 한쪽이 응징을 두려워하지 않고, 모든 내용을 있는 그대로 말해도 된다는 암묵적 동의가 이뤄진다고 말한다.[23] 견유주의

---

23 "이것은 [⋯] 위험을 무릅쓰고 진실을 말하는 사람과, 소위 파레시아적 놀이의 핵심이라고 할

의 파레시아는 진실이 전달되는 계약 관계에 끊임없이 이의를 제기하므로 "관습에 대한 도전에 가깝다"(FS, 127). 견유주의자들은 그들이 대화를 시작하는 방식, 그들의 공격적인 담론, 단순명쾌한 몸짓을 통해 이러한 계약의 경계를 시험한다. 따라서 근대 예술가가 일반적으로 받아들여진 예술적 실천 관례에 의문을 제기하는 것과 마찬가지로, 견유주의자들은 파레시아 전달의 한계가 드러나는 지점까지 파레시아를 확장시켰다. 그리고 마침내 그들이 성공했을 때 비로소 새로운 단계로 나아갈 수 있고 그에 따라 규칙도 변형시킬 수 있었다. 앞에서 보았듯이 이것은 마네에 대한 푸코의 분석에서 단절이라 불리던 이행과 동일하다. 이 실천을 유도하는 동인은 담론성의 규칙을 바꾸고 이 규칙 안에서 진실의 직접적인 전달을 지연시키는 모든 내용을 제거하려는 열망이다. 그러나 성공적인 실천을 위해 견유주의의 파레시아는 익숙한 담론적 환경의 규칙에 의문을 제기하는 일종의 사건으로 스스로를 구축해야 한다.

푸코에 따르면 근대 예술의 움직임을 특징짓는 것이 바로 이런 움직임 — 위반하려는 경향과 놀이를 본질적인 요소로 만들려는 경향 — 이다. 견유주의의 진실이 초기에는 좀처럼 받아들여지지 않았던 것처럼, 근대 예술 작품 역시 초기에는 과거에 만들어진 작품들과 경쟁을 벌임으로써 진실이라고 인식될 수 있는 환경을 만들었다. 일반적으로 인정되는 일련의 규칙과 관습에 부딪치면서 근대 예술가는 어느새 '화폐의 가치를 변화시켜야 하는' 견유주의의 입장에 서게 된다. 앞에서 보았듯이 진실이 직접적으로 그리고 노골적으로 전달되는 이런 중요한 역할은 견유주의적 삶의 방식을 전제로 한다. 다시 말해 진실에 도달하고 진실을 선포하

수 있는 그 말을 듣는 사람 간의 약속이다." GSA2: 2월 1일, p. 23.

는 주체의 가치로움을 보장하는 것은 바로 견유주의적 아스케시스인 것이다. 푸코에 따르면 모더니티의 예술에서 가장 핵심 요소인 진실은 예술을 창작하게 될 주체에 의해 이와 같은 종류의 변화가 일으켜질 것을 상정한다. 진실은 물질적 안락함을 거부하든, 혹독한 견습 생활을 하든, 아름다운 존재를 만들기 위해 노력하든 어느 정도 대가를 치른 후에야 비로소 미학적 도전에 의해 그 본질이 발견되고 문화 전반에 그것이 전달될 수 있을 것이다. 그리고 스캔들과 위험이 근대 예술에 반드시 필요한 요소라면, 진실은 결코 그냥 주어지는 것이 아니라 도발을 통해 발견된다고 하는 이런 형태의 진실에서 그 전제조건을 찾을 수 있기 때문일 것이다.

결론

현대 독자들에게 특히 불미스러운 점은, 말할 것도 없이 기술적·과학적 지식의 근대 시기에 속하는 진실에 대해 이처럼 영적인 이해를 재개한다는 사실이다. 철학에서 우리는 예술의 문제를 과학의 개입이 중단되고 그릇된 문제를 밀고 나가는, 미학이라고 하는 모호한 영역으로 격하시키는 한편, 마치 예술과 시각은 아무런 역사를 갖지 않으며 삶과 거의 관계가 없는 것처럼 취급하는 데 익숙하다. 그러나 견유주의의 용어가 추가됨에 따라 예술적 실천과 삶의 실천 사이의 밀접한 관계가 더욱 강조된다. 모더니티 안에서 견유주의가 부여하는 진실에 대한 특권적인 접근권과 삶의 방식의 결합은, 그 자체로 모더니티의 윤곽에 의해 드러나는 주체-중립적 지식의 후기 데카르트적 패러다임에 대한 도전으로 해석되어야 한다. 일부 해석에 따르면, 근대의 과제가 도덕적이고 인식론적인 지식의 영역으로부터 미학을 분리시키는 것이었다면, 푸코는 예술의 실질적인 실천과 비교해 그러한 이론들이 얼마나 솔직하지 못한지 보여 준다. 푸코는 모더니티에 대한 이해 — 우리는 누구이고, 생활과 작품에서 무엇을 기대해야 하는가에 대한 이해 — 를 기반으로 이런 작업을 한다. 철학적 미학의 표현을 빌리자면, 푸코는 미학적 결과물을 인간적 맥락으로부터, 그리고 무엇보다 모든 남녀가 스스로를 더 나은 모습으로 변화시키기 위한, 푸코가 윤리학으로 간주하는 기타 예술로부터 분리시켜 생각하려는 노력을 거부한다. 푸코는 베르너 슈뢰터와의 대화에서 다음과 같이 주장했다. "나는 자신의 실존을 작품으로 여기는 사람들과 작품을 만들며 살아가는 사람들을 구분하지 않는다. 실존 자체가 완벽하고도 숭고한 작품일 수 있다."[24] 두 창조 방식 간의 근본적 유사성에 대한 이 주장은 푸코가 고대 그리스 견유주의의 윤리적 양식화로부터 차용한 개념을 전개할 때에도 똑같이 드러난다. 미학의 개념을 확대한 이 주장은 근대 예술 고유의 성격을 등한시하지 않으며, 그와는 반대로 계보학적 접근을 통해 예술과 삶이 서로를 뒷받침한 시기를 분리시켜 생각한다. 푸코에 따르면 근대 예술 작품에서 작용하는 진실과의 정신적 관계는 진실을 알릴 만한, 그에 상응하는 주체성의 결과물을 필연적으로 동반한다. 이것은 예술가의 삶을 낭만적으로 그리려는 노력도, 철학적 인류학과 전기 비평과 '저자의 기능'에 대해 상당한 의혹을 가졌던 이 사상가의 전적인 지지도 아니다. 이것은 우리가 거주하는 문화권이 우리의 주체성에 요구하는 다분히 근대적인 방식에 대한 인식이다. 이런 예술의 기능을 등한시한다면 한낱 관람자의 관점에서만 미학의 문제를 제기하게 될 것이다.

---

24 Foucault, "Conversation avec Werner Schroeter", DE2, p. 1075.

그림 목록

참고문헌

Ariès, Phillipe, ed. *Michel Foucault, la littérature et les arts*. Paris: Éditions Kimé, 2004.

Arnason, H. H. *History of Modern Art*, 3rd edn. Revised and updated by Daniel Wheeler. New York: Harry N. Abrams, Inc., 1986.

Barthes, Roland. *Camera Lucida: Reflections on Photography*. Translated by Richard Howard. New York: Hill and Wang, 1982.

Bataille, Georges. *Manet*. Paris: Éditions d'Art Albert Skira S.A., 1994.

Baudelaire, Charles. *The Painter of Modern Life and Other Essays*. Translated by Jonathan Mayne. New York: Phaidon Press Inc., 2005.

Belting, Hans. *Art History After Modernism*. Translated by Caroline Saltzwedel, Mitch Cohen, and Kenneth Northcott. Chicago: The University of Chicago Press, 2003.

Benjamin, Walter. *Selected Writings, Volume 3, 1935-1938*. Translated by Edmund Jephcott, Howard Eiland, et al. Cambridge, Massachusetts: The Belknap Press of Harvard University Press, 2002.

Bernauer, James W. *Michel Foucault's Force of Flight: Toward an Ethics for Thought*. Amherst, New York: Humanity Books, 1990.

Bernauer, James W., Edward F. McGushin, and Joseph J. Tanke, eds. *Philosophy and Social Criticism* 31, no. 5~6 (2005). Special issue commemorating the 20th anniversary of Foucault's death.

Bishop, Sherman C. "Aldrovandi's Natural History." *University of Rochester*

Library Bulletin V, no. 2 (1950), pp. 32~34.

Buchloh, Benjamin H. D. "The Group that Was (Not) One: Daniel Buren and BMPT." *Artforum* XLVI, no. 9 (May 2008), pp. 311~313.

Courthion, Pierre. *Manet*. New York: Harry N. Abrams, Inc., 2004.

Danto, Arthur C. *After The End of Art: Contemporary Art and the Pale of History*. Princeton, New Jersey: Princeton University Press, 1997.

Deleuze, Gilles. *Foucault*. Translated by Seán Hand. Minneapolis: University of Minnesota Press, 1988.

_____, *The logic of Sense*. Translated by Mark Lester and Charles Stivale. New York: Columbia University Press, 1990.

_____, *Difference and Repetition*. Translated by Paul Patton. New York: Columbia University Press, 1994.

_____, *Negotiations: 1972-1990*. Translated by Martin Joughin. New York: Columbia University Press, 1995.

Dreyfus, Hubert L. and Paul Rabinow. *Michel Foucault: Beyond Structuralism and Hermeneutics*. 2nd edn. Chicago: University of Chicago Press, 1982.

Durham, Scott. "From Magritte to Klossowski: The Simulacrum, between Painting and Narrative." *October* 64 (1993), pp. 17~33.

Eribon, Didier. *Michel Foucault*. Translated by Betsy Wing. Cambridge: Harvard University Press, 1991.

Foucault, Michel. *Les mots et les choses: Une archéologie des sciences humaines*. Paris: Éditions Gallimard, 1966.

_____, "Ceci n'est pas une pipe." *Les Cahiers du chemin* 15, no. 2 (1968), pp. 79~105.

_____, *The archaeology of knowledge and The Discourse on language*. Translated by A.M. Sheridan Smith. New York: Pantheon Books, 1972.

_____, *Ceci n'est pas une pipe*. Paris: Fata Morgana, 1973.

_____, "La force de fuir." *Derrière le miroir: Rebeyrolle*, no. 202 (1973), pp. 1~8.

_____, *Language, Counter-Memory, Practice: Selected Essays and Interviews*.

Edited by Donald F. Bouchard. Ithaca, New York: Cornell University Press. 1977.

_____, *This is Not a Pipe*. Translated by James Harkness. Berkeley: University of California Press, 1983.

_____, *"Le Gouvernement de soi et des autres: le courage de la vérité."* Unpublished transcript of course at the Collège de France, prepared by Michael Behrent, 1984.

_____, *Death and the Labyrinth: The World of Raymond Roussel*. Translated by Charles Ruas. New York: Doubleday & Company, Inc., 1986.

_____, *The Care of the Self: Volume 3 of The History of Sexuality*. Translated by Robert Hurley. New York: Vintage Books, 1988.

_____, *The History of Sexuality: Volume 1: An Introduction*. Translated by Robert Hurley. New York: Vintage Books, 1990.

_____, *The Use of Pleasure: Volume 2 of The History of Sexuality*. Translated by Robert Hurley. New York: Vintage Books, 1990.

_____, *The Birth of the Clinic: An Archaeology of Medical Perception*. Translated by A. M. Sheridan Smith. New York: Vintage Books, 1994.

_____, *The Order of Things: An Archaeology of the Human Sciences*. New York: Vintage Books, 1994.

_____, *Discipline and Punish: The Birth of the Prison*. Translated by Alan Sheridan. New York: Vintage Books, 1995.

_____, *Foucault Live*. Edited by Sylvère Lotringer. New York: Semiotext(e), 1996.

_____, *Ethics: Subjectivity and Truth: Essential Works of Foucault, 1954-1984, Volume One*. Edited by Paul Rabinow. New York: The New Press, 1997.

_____, *Aesthetics, Method, and Epistemology: Essential Works of Foucault, 1954-1984, Volume Two*. Edited by James D. Faubion. New York: The New Press, 1998.

_____, *Power: Essential Works of Foucault, 1954-1984, Volume Three*. Edited by James D. Faubion. New York: The New Press, 2000.

_____, *Fearless Speech*. Edited by Joseph Pearson. Los Angeles: Semiotext(e), 2001.

_____, *Foucault: Dits et écrits I, 1954-1975*. Edited by Daniel Defert, François Ewald, and Jacques Lagrange. Paris: Éditions Gallimard, 2001.

_____, *Foucault: Dits et écrits II, 1976-1988*. Edited by Daniel Defert, François Ewald, and Jacques Lagrange. Paris: Éditions Gallimard, 2001.

_____, *Abnormal: Lectures at the Collège de France, 1974-1975*. Translated by Graham Burchell. New York: Picador, 2003.

_____, *La Peinture de Manet*. Edited by Maryvonne Saison. Paris: Éditions du Seuil, 2004.

_____, *The Hermeneutics of the Subject, Lectures at the Collège de France, 1981-1982*. Translated by Graham Burchell. New York: Palgrave Macmillan, 2005.

_____, *History of Madness*. Translated by Jonathan Murphy and Jean Khalfa. London: Routledge, 2006.

_____, *Le gouvernement de soi et des autres: Cours au Collège de France, 1982-1983*. Paris: Seuil/Gallimard, 2008.

Fromanger, Gérard. *Gerard Fromanger: Le désir est partout*. Paris: Galerie Jeanne-Bucher, 1975.

Greenberg, Clement. *Art and Culture: Critical Essays*. Boston: Beacon Press, 1989.

Hickey, Dave. *Air Guitar: Essays on Art & Democracy*. Los Angeles: Art issues Press, 1997.

Jouffroy, Alain and Jacques Prévert. *Fromanger: Boulevard des Italiens*. Paris: Editions Georges Fall, 1971.

Kostelanetz, Richard, ed. *Moholy-Nagy: An Anthology*. New York: Da Capo Press, 1970.

Lautréamont, Comte de. *Les Chants de Maldoror*. Translated by Guy Wernham. New York: New Directions Publishing Corporation, 1966.

Lenain, Thierry, ed. *L'Image: Deleuze, Foucault, Lyotard*. Paris: Librairie Philosophique J. Vrin, 1998.

Levy, Silvano. "Foucault on Magritte on Resemblance." *The Modern Language Review* 85, no. 1 (1990), pp. 50~56.

Macey, David. *The Lives of Michel Foucault: A Biography*. New York: Pantheon Books, 1993.

Martin, John Rupert. *Baroque*. New York: Harper & Row, Publishers, 1977.

McGushin, Edward F. *Foucault's Askesis: An Introduction to the Philosophical Life*. Evanston, Illinois: Northwestern University Press, 2007.

Meuris, Jacques. *René Magritte*. Translated by Michael Scuffil. Los Angeles: Taschen, 2004.

Michals, Duane. *A Visit with Magritte*. Providence, Rhode Island: Matrix Publications Inc., 1981.

_____, *Duane Michals: Photographies de 1958 à 1982*. Paris: Paris Audiovisuel/Direction des Affaires Culturelles de la Ville de Paris, 1982.

Moreno, Ana Martín. *Las Meninas*. Translated by Nigel Williams. Madrid: Aldeasa, 2003.

Néret, Gilles. *Édouard Manet: The First of the Moderns*. Los Angeles: Taschen, 2003.

Paoletti, John T. and Gary M. Radke. *Art in Renaissance Italy*. New York: Harry N. Abrams, Inc., 1997.

Rancière, Jacques. "The Emancipated Spectator." *Artforum* XLV, no. 7 (2007), pp. 271~280.

Richards, Judith Olch, ed. *Inside the Studio: Two Decades of Talks with Artists in New York*. New York: Independent Curators International, 2004.

Rosenblum, Robert and H. W. Janson. *19th-Century Art*. New York: Harry N. Abrams, Inc., 1984.

Sayre, Farrand. *Diogenes of Sinope: A Study of Greek Cynicism*. Baltimore: J. H. Furst Company, 1938.

Scharf, Aaron. *Art and Photography*. London: Allen Lane, The Penguin Press,

1968.

Shapiro, Gary. *Archaeologies of Vision: Foucault and Nietzsche on Seeing and Saying*. Chicago: The University of Chicago Press, 2003.

Simon, Joan, ed. *Bruce Nauman*. Minneapolis: Walker Art Center, 1994.

Soussloff, Catherine M. *The Absolute Artist: The Historiography of a Concept*. Minneapolis: University of Minnesota Press, 1997.

Stiles, Kristine and Peter Selz, eds. *Theories and Documents of Contemporary Art: A Sourcebook of Artist's Writings*. Berkeley: University of California Press, 1996.

Trouille, Clovis. *Clovis Trouille*. Paris: Editions Filipacchi, 1972.

Warhol, Andy. *The Philosophy of Andy Warhol*. New York: Harcourt Brace & Company, 1977.

Warhol, Andy and Pat Hackett. *POPism: The Warhol '60s*. London: Pimlico, 1980.

Wilson, Sarah, ed. *Gérard Fromanger: Photogenic Painting*. Translated by Dafydd Roberts. London: Black Dog Publishing Limited, 1999.

철학의 정원 36
푸코의 예술철학: 모더니티의 계보학

발행일 초판1쇄 2020년 3월 14일 | **지은이** 조지프 J. 탄케 | **옮긴이** 서민아

펴낸곳 (주)그린비출판사 | **펴낸이** 유재건 | **주소** 서울시 마포구 와우산로 180, 4층

주간 임유진 | **편집·마케팅** 방원경, 신효섭, 이지훈, 홍민기 | **디자인** 권희원

경영관리 유하나 | **물류유통** 유재영, 이다윗

전화 02-702-2717 | **팩스** 02-703-0272 | **이메일** editor@greenbee.co.kr | **신고번호** 제2017-000094호

ISBN 978-89-7682-166-9 93100

이 도서의 국립중앙도서관 출판예정도서목록(CIP)은 서지정보유통지원시스템(http://seoji.nl.go.kr)과 국가자료종합목록구
축시스템(http://kolis-net.nl.go.kr)에서 이용하실 수 있습니다. (CIP제어번호: CIP2020005737)

철학과 예술이 있는 삶 **그린비출판사**